广州市教育科学规划重大课题

"'三元融合'中高职衔接贯通培养机制研究"成果

编委会

"三元融合"
中高职衔接培养机制研究

朱志坚　谢继延　范　琳◎主编

暨南大学出版社
JINAN UNIVERSITY PRESS

中国·广州

图书在版编目（CIP）数据

"三元融合"中高职衔接培养机制研究/朱志坚，谢继延，范琳主编 . —广州：暨南大学出版社，2020.4
ISBN 978 – 7 – 5668 – 2897 – 2

Ⅰ . ①三… Ⅱ . ①朱…②谢…③范… Ⅲ . ①职业教育—教育研究—中国—文集 Ⅳ . ①G719. 2 – 53

中国版本图书馆 CIP 数据核字（2020）第 062903 号

"三元融合" 中高职衔接培养机制研究
SANYUAN RONGHE ZHONGGAOZHI XIANJIE PEIYANG JIZHI YANJIU

主　编：朱志坚　谢继延　范　琳

出 版 人：张晋升
策　　划：黄圣英
责任编辑：颜　彦
责任校对：刘舜怡　康　蕊
责任印制：汤慧君　周一丹

出版发行：暨南大学出版社（510630）
电　　话：总编室（8620）85221601
　　　　　营销部（8620）85225284　85228291　85228292　85226712
传　　真：（8620）85221583（办公室）　85223774（营销部）
网　　址：http://www.jnupress.com
排　　版：广州市天河星辰文化发展部照排中心
印　　刷：佛山市浩文彩色印刷有限公司
开　　本：787mm×1092mm　1/16
印　　张：15
字　　数：300 千
版　　次：2020 年 4 月第 1 版
印　　次：2020 年 4 月第 1 次
定　　价：60.00 元

前　言

　　中高职衔接是构建国家现代职业教育体系的重要内容之一，是增强职业教育支撑产业发展能力的重要改革举措。《教育部等六部门关于印发〈现代职业教育体系建设规划（2014—2020 年）〉的通知》（教发〔2014〕6 号）指出，要完善职业人才衔接培养体系，加强中高职衔接，推进中等和高等职业教育培养目标、专业设置、课程体系、教学过程等方面的衔接；《教育部关于深化职业教育教学改革全面提高人才培养质量的若干意见》（教职成〔2015〕6 号）进一步指出，提升系统化培养水平，积极稳妥推进中高职人才培养衔接，要在坚持中高职各自办学定位的基础上，形成适应发展需求，产教深度融合，中高职优势互补、衔接贯通的培养体系。以上两个文件不但明确了中高职衔接的具体工作内容，而且特别强调了中高职衔接要坚持产教深度融合，实际上就是要加强高职、中职和企业的"三元融合"。广东省 2009 年启动了"中高职三二分段"试点工作，在全国率先开展中高职衔接三二分段招生试点工作。广州市作为广东省的前沿阵地，为了加快构建现代职业教育体系，培养适应广州建设全球城市和国家重要中心城市所需的技术技能型人才，2017 年出台了《广州市职业教育发展规划（2016—2020 年）》，对促进职业教育产教融合、中高职衔接，具有十分重要的指导意义。

　　为了响应国家、省市加快构建现代职业教育体系的文件精神，广州科技贸易职业学院于 2017 年联合中职学校、企业申报并获得了广州市教育科学规划重大课题"'三元融合'中高职衔接贯通培养机制研究"立项。项目研究团队深入省内外中高职学校、企业以及有关政府机构开展了广泛的调研工作，对中高职学校、合作企业共同参与的广州市中高职衔接培养机制进行了深入的探索研究，旨在就如何建立高效、科学、完善的管理体系，制定和健全教学管理制度，优化组合教学要素，充分发挥高职、中职以及企业的各自优势，构建具有广州特色和时代特点的"三元融合"中高职衔接贯通培养机制进行有效的探索和实践，为政府制定中高职衔接的有关政策提供参考，同时对推进广州市属乃至广东省其他高职院校中高职衔接三二分段人才贯通培养工作具有一定的借鉴作用。

本书所收集项目研究成果的某些观点还有待实践的进一步检验，不足之处希望读者批评指正。

编　者

2019 年 10 月 20 日

目　录

模块三　中高职衔接人才培养与其他研究

模块四 中高职衔接课程教学研究

模块一

中高职衔接调查研究

国内中高职衔接贯通培养机制的经验及启示

朱志坚　谢继延①

摘要：根据研究工作需要，课题组采用政策调研和实地访谈等方式，对北京、上海、广东、湖南、山东、浙江、江苏等省市中高职衔接贯通培养试点进行的调研结果进行总结，汇总政策调研结果，主要通过查阅当地中高职衔接相关政策文件，了解该地区中高职衔接情况，以及进行实地访谈，为广州市探索实现中高职衔接、技能贯通和一体化培养机制，以及招生与招工相结合、人才培养与用工就业高质量无缝对接提供政策借鉴。

关键词：国内　中高职衔接　贯通培养　启示

课题组根据研究工作需要，开展了对国内中高职衔接贯通培养机制的充分调研。调研主要采用的方式是政策调研和实地访谈，选取了北京、上海、广东、湖南、山东、浙江、江苏等省市中高职衔接贯通培养试点进行调研。政策调研主要通过查阅当地中高职衔接相关政策文件，了解该地区中高职衔接情况。同时，根据调研需要，通过实地访谈进行补充，为广州市探索实现中高职衔接、技能贯通和一体化培养机制，以及招生与招工相结合、人才培养与用工就业高质量无缝对接提供政策借鉴。

访谈对象涵盖各地区中高职学校的校领导、专业负责人、教务处处长、招生就业处处长、负责中高职衔接的管理人员、行业企业领导、教育行政职能处室分管业务工作的领导等人员。访谈对象的单位涵盖国家示范（骨干）院校、国家重点普通中专学校和校企合作联系紧密的大型企业集团等。访谈方式有一对一的深度访谈，也有多对多的普及性座谈。访谈时间地点的选择既有预约后到被访谈对象单位专题调研，也有会议期间临时访谈。

访谈提纲主要包括8个问题，涵盖了课题研究意义、研究要素、选题实践、顶层设计、理论研究、保障措施等范畴。具体见表1：

---

① 作者单位：广州科技贸易职业学院。

表1 调查访谈内容

序号	访谈内容	问题类别
1	请谈一下您认为中高职的专业目录存在什么问题	研究意义
2	请谈一下您认为中高职在人才培养目标的衔接上存在什么问题，如何进行有效衔接	研究要素
3	请谈一下您认为中高职在专业课程标准的衔接上存在什么问题，如何进行有效衔接	
4	请谈一下您认为中高职在专业教学资源的衔接上存在什么问题，如何进行有效衔接	
5	贵单位在实践中是如何进行衔接的，一些好的做法是什么	选题实践
6	请谈一下您对现在中高职专业衔接政策的看法，有什么进一步完善的建议	顶层设计
7	您理想中的中高职专业衔接的模式是什么	理论研究
8	您认为保障中高职专业有效衔接的体制机制是什么	保障措施

一、各地区中高职衔接调研情况

（一）北京市中高职衔接状况

1. 试点学制模式

（1）"2+3+2"。

（2）"3+2+2"。

2. 教学管理方式

（1）1至2学年执行中职学校学籍管理办法，3至5学年执行高职院校学籍管理办法，完成5年学习任务，成绩合格者取得高等职业教育毕业证书；完成高等职业教育阶段学习，通过专升本转段考试进入本科阶段学习，完成6至7学年学习任务，成绩合格者取得普通高等教育本科层次（专升本）学籍。

（2）面向中职学校招录的学生，1至3学年执行中等职业学习任务，成绩合格者取得普通中等职业教育毕业证书；4至5学年进入高等职业教育阶段学习，成绩合格者取得高等职业教育毕业证书；完成高等职业教育阶段学习，通过专升本转段考试进入本科阶段学习，完成6至7学年学习任务，成绩合格者取得普通高等教育本科层次（专升本）毕业证书。

3. 中高职衔接特点

（1）整合优质教育资源，聚焦创新人才培养。试点院校与合作院校、合作企业建立联合培养机制，共同设计一体化人才培养方案，整合校内外教师、设施、实验、实训等资源，构建整体设计、系统培养、贯通实施、校企合作、协同育人的人才培养新机制。瞄准首都高端产业结构，在调整改造试验项目院校现有专业的基础上，建设一批针对试验项目学生培养的高端专业。选拔优秀学生到国外高水平大学进行访学研修，推进创新人才培养。

（2）深化教育教学改革，着力提升学生面向未来的核心素养。基础文化课程整合先进高中课程体系，开展通识教育和大学先修课程教育，培育和践行社会主义核心价值观，提升学生的人文素养、科学素养、健康素养，增强学生的创新精神、实践能力和社会责任感，培养学生的国际交往能力和可持续发展能力。专业教育课程瞄准高精尖产业人才需求，通过与国内外高水平大学、国际大型企业的合作联合培养，共同制订人才培养方案和计划，培养国际化、高水平、创新型、复合型人才。

（3）加强组织领导，明确各方职责。北京市教委成立"高端技术技能人才贯通培养试验"工作领导小组，指导相关学校做好改革试验的各项工作，协调解决试验推进过程中的重大问题。对试验院校开展改革试验所需经费按照学生人数给予保障。支持试验院校引进国内外优质教育资源。支持试验院校从国内外引进紧缺优秀师资和管理人员，实行聘用制保障其相应的薪酬待遇，明确各方责任。

（4）强调共同参与管理。与试验院校合作的示范高中责成一名校领导具体负责合作教学管理工作，指定各学科带头人指导基础文化课程的教学工作，选派部分优秀骨干教师通过兼职兼课等形式直接承担教学任务；协助试验院校制定课程标准、选用教材、开发教材；协助试验院校进行实验室建设；接受试验院校相关教师培训或挂职。

（二）上海市中高职衔接状况

1. 试点学制模式

（1）四年一贯制。

（2）五年一贯制（"3＋2"或"2＋3"）。

（3）六年一贯制（"3＋3"）。

（4）套办制：与五年一贯制相似，两年后设置选拔机制，不合格学生按四年制中专毕业。

2. 教学管理方式

学籍管理分两段实施，中职学段按中等职业学校学生学籍管理规定进行管理，学费按本市中等职业学校收费标准执行；高职学段按高等职业院校学生学籍管理规定进行管理，学费按本市高等职业院校收费标准执行。

贯通培养的学生原则上不分流，但允许试点学校在学生学完一年课程后进行甄别，不适合继续学习或不愿意继续在同一专业学习的学生，可转入中等职业学校相近专业学习。

3. 中高职衔接特点

（1）贯通培养试点方案要求一体化设计，不分中高职阶段。选择符合条件的本市中等职业学校、独立设置的高等职业院校、本科院校高职学院进行贯通培养试点，自主招生。优先选择属同一职教集团的中高职学校进行试点。不属同一职教集团的中高职学校应建立确保试点顺利进行的机制。

（2）整体设计人才培养方案。开展贯通培养试点的院校根据社会需要和企业相关职业岗位的工作要求，按照国家相关职业（行业）标准和职业资格鉴定考核要求，明确专业培养目标，整体设计人才培养目标，改革技能型人才培养模式，制订相应的专业教学计划、教学考核要求和考试大纲等。

（3）建立保障机制。开展贯通培养试点的院校建立保障机制，规范管理，加强对学生学习兴趣的培养和引导。要成立贯通培养的相关教学和管理工作小组，负责制定相应的教育教学管理文件，组织实施教育教学（实习实训）。

（4）加强中高职招生制度上的衔接。开展贯通培养试点的院校招生制度上的衔接是中高职衔接的关键一步。由牵头院校和参与院校共同制定招生章程，从招生入学条件、资格认定等方面予以确认。

（三）广东省中高职衔接状况

1. 试点学制模式

（1）五年一贯制。

（2）"3＋2"分段式。

（3）高职自主招生模式。

2. 教学管理方式

高职自主招生模式是完善高等教育多样化选拔机制的试点，是高考的组成部分。目前广东省高职院校主要是在现代学徒制招生试点与专业网络测试加理论学考两类中招收中职学校的学生，学生入校后与统招的学生待遇相同。

3. 中高职衔接特点

（1）强调共同制订人才培养方案。中高职衔接"3＋2"分段式由高职院校负责牵头组织对口中职学校，共同制订定位准确、一体化的专业人才培养方案。对接院校共同建立教学管理小组，定期组织中高职学校教师开展教研活动。中职学校按照一体化的专业人才培养方案负责实施前三年的教学和学生管理工作，组织学生参加相关专业技能证书考试，确保教学质量。高职院校负责督导中职学校执行人才培养方案，实施后两年的教学和学生管理工作；组织和召开管理协调机构会议，研究解决教学、学生管理的相关问题。

（2）要求体现职业教育特色，建立淘汰机制。各试点中职学校以就业为导向、以技能为核心，在班级管理、教学管理、选拔考核等方面体现职业教育特色，充实各试点专业教学资源，不断提高中职学段学生的人才培养质量。为提升人才培养质量，保证培养工作的连续性，中职学校试点专业录取学生采用"2.5 + 0.5"的培养模式（2.5 年理论学习 + 0.5 年顶岗实习），中职学校试点专业不得接收外校或外专业学生转入学习。适当建立淘汰机制，高职学段招生时，视对口中职学校相应专业招生规模、教育教学质量和学生意愿情况最终确定高职院校对口招生计划，对达不到要求的试点中职学校将缩减对口招生规模或取消试点资格。

（3）开展转段考核机制。高职学段的转段采取考试的方式来选拔，中职学段非试点专业的学生不得中途转入试点专业，试点专业的学生学习期间不得转入试点的其他专业。高职学段的转段选拔考核由高职院校会同对口中职学校自主组织，原则上在中职学段的第四学期末至第五学期进行，具体时间和方式由中高职对口学校协商确定，考核内容包括综合文化知识、专业知识和专业技能。

（4）组织保障。中高职衔接三二分段试点招生工作在省对口自主招生工作领导小组领导下进行。各试点院校所在地级以上市教育局负责试点招生的宣传发动、学生报名、中职学段招生组织、高考报名和随迁子女资格审核等工作。各试点中高职学校成立试点工作领导小组和工作小组，制订试点工作实施方案，明确工作职责，落实工作任务，严格把好中高职学段招生入门关。积极探索制定中高职衔接专业教学标准和课程标准，设立教改课题，开展相关教学改革研究与实践，并设立专项经费予以支持。

（四）湖南省中高职衔接状况

1. 试点学制模式

（1）"3 + 2""2 + 3""3 + 3"等。

（2）五年一贯制。

2. 教学管理方式

（1）对通过中高职衔接改革试点招收的学生可实行"3 + 2""2 + 3""3 + 3"等多种形式的联合培养，第一阶段的培养在中职学校完成，第二阶段的培养在高职院校完成。顶岗实习环节统筹安排在高职培养阶段。

（2）五年一贯制高职分段培养。开展中高职衔接试点的高职院校利用中职学校优质教学资源，将试点专业五年制高职学生放在中职学校完成第一阶段培养，第二阶段培养在本校完成。学生在高职院校的学习时间不得少于两年。

3. 中高职衔接特点

（1）专业设置、定位、培养目标衔接。建立适应市场需求的专业动态调整机制，密切跟踪区域产业升级、职业岗位和技术变化，科学确定专业定位。形成以产业发展需求为导向、以中职专业为基础、依次递进、中高职衔接的专业体系。明确中高职不同职业岗位、不同层次技术技能人才的知识、技能和素养要求，科学确定人才培养目标，制订人才培养方案，形成中高职衔接、学生职业生涯可持续发展的人才培养格局。

（2）课程体系衔接。按照教学设计分层递进、教学组织梯度推进、教学内容编排由简到繁的总体思路，构建中高职衔接的能力递进课程体系，形成内容完善、对接紧密、特色鲜明的中高职衔接课程设置。按照由简单到复杂再到综合的逻辑线索设计教学内容，并与岗位要求和职业资格相衔接，体现新知识、新技术、新工艺、新标准、新方法、新设备。试点中高职学校共同开发5门左右专业核心课程。全面构建中高职联合开发、校企共同开发的课程开发机制，实现核心课程建设中高职衔接和共建共享。

（3）人才培养模式、顶岗实习、质量评价、教学管理等衔接。制订科学系统的人才培养方案，探索"3＋2""2＋3""3＋3"等多样化的分段培养方式。大力推进校企合作、工学结合、"订单培养"和"现代学徒制"等多样化的人才培养模式。顶岗实习与社会实践时间原则上安排一年，在高职培养阶段进行，确保顶岗实习与社会实践取得实效。中高职联合、校企合作共同制定质量评价标准。逐步建立以能力为核心、以作品为载体、有明确的梯度和层次要求的质量评价方式。探索建立行业企业、社会组织多方参与的质量评价制度。由高职院校牵头，共同建立健全日常教学、实习实训、考核评价、学籍管理等各项教学管理制度。明确各自的分工，强化教学管理职责，确保教学管理规范、科学、高效运行。

（4）专业、教师队伍、实训基地、资源共建共享。通过试点中高职学校联合、校企深度合作，形成专业建设共同体，有效加强试点专业建设。建立中高职教师相互兼职、跟班学习制度，高职院校选派优秀专业教师到试点中职学校承担教学任务和进行业务指导，中职学校有计划地安排教师到高职院校跟班学习，形成"教师互派、定期研讨、常态沟通"的机制。联合企业共同建设校内外实习实训基地，开发教学资源，建设与课程相配套的数字教学资源库，探索建设空间课程、微课程和职业教育慕课，共同开展教育教学研究。

（五）山东省中高职衔接状况

1. 试点学制模式

（1）"3+2"贯通培养。

（2）"3+4"贯通培养。

2. 教学管理方式

（1）"3+2"贯通培养。学生在完成高职阶段学业后，须参加全省专升本公共课科目考试及衔接本科高校组织的专业基础知识和专业基本技能测试，通过后进入本科院校就读。

（2）"3+4"贯通培养。学生在完成中职阶段学业后，须参加春季高考知识部分的文化基础知识考试及衔接本科高校组织的专业基础知识和专业基本技能测试，通过后进入本科院校就读。

3. 中高职衔接特点

（1）"3+2"贯通培养。"3+2"贯通培养高职阶段招生范围为已参加普通高等学校招生全国统一考试，且高考成绩达到省首次划定的本科普通批录取控制线下50分（含）以内的考生。考生录取由省教育招生考试院统一组织，考生在专科（高职）普通批按文史类或理工类填报志愿，由高职院校根据高考录取规则择优录取并办理录取手续。"3+2"贯通培养学生在完成高职阶段学业且过程考核合格后，须参加全省专升本公共课科目考试及衔接本科高校组织的专业基础知识和专业基本技能测试，通过后可进入本科院校相应专业学习。

（2）"3+4"贯通培养。"3+4"贯通培养中职阶段招生范围为各区市参加初中学业水平考试的应届初中毕业生，要求学籍注册地为所在市，且初中学业水平考试成绩位次排名在所在市报考高中阶段学校学生的前55%，非考试科目的考查科目成绩在合格以上。初中学业水平考试成绩以分数呈现的按各科总分排名计算，以等级呈现或以"分数+等级"呈现的参照前55%的比例由各市确定报名资格。"3+4"贯通培养学生在完成中职阶段学业且过程考核合格后，须参加春季高考知识部分的文化基础知识考试及衔接本科高校组织的专业基础知识和专业基本技能测试，通过后可进入本科院校就读。

（六）浙江省中高职衔接状况

1. 试点学制模式

（1）对口升学模式。

（2）五年一贯制。

（3）"3+2"模式。

（4）高职自主招生模式。

2．教学管理方式

（1）对口升学模式中，部分中职毕业生在完成三年中职学习后，通过对口升学考试，进入专业对口的高职院校接受三年高职教育。

（2）五年一贯制是在高职院校内部实施的衔接模式。实施五年一贯制的高职院校招收初中毕业生，学生通过中考，学制五年。

（3）"3＋2"模式是指高职院校和中职学校签订合作协议，由中职学校出面招收初中毕业生。学生前三年在中职学校学习，第五学期末参加转段考核，升入高职院校再学习两年。

（4）高职自主招生模式中，获得高考报名资格的中职生，可自主选择有一定资质的高职院校报名，参加该校的自主招生考试。

3．中高职衔接特点

（1）对口升学模式。这是指中职学校与高职院校根据各自的学制和教学计划进行教学，让部分中职毕业生在完成三年中职学习后，通过对口升学考试，进入专业对口的高职院校，再接受三年高职教育。在这种模式下，中职毕业生可以自主选择报考当年在省内招生的高职院校，中高职之间没有校与校的合作关系。

（2）五年一贯制。这是在高职院校内部实施的衔接模式。实施五年一贯制的高职院校招收初中毕业生，学生通过中考，学制五年。学生前三年完成中职阶段的学习，达到毕业要求后，可通过选拔进入高职院校，完成后两年的高职阶段学习，修业期满达到要求者，获颁高职教育学历证书。

（3）"3＋2"模式。这是指高职院校和中职学校签订校与校的合作协议，由中职学校出面招收初中毕业生。学生前三年在中职学校学习，学校按中职学校教学计划实施教学；第五学期末，由高职院校根据学生前五个学期的学业成绩和升学考试成绩，择优选拔，学生升入高职院校再学习两年。学生完成高职阶段学业后，经考试合格获得高职毕业证书。

（4）高职自主招生模式。获得高考报名资格的中职生，可自主选择有一定资质的高职院校报名，参加该校的自主招生考试。考试通过后，按照"校考单录"模式操作的（国家级示范或骨干院校）考生可不参加高考，直接获得高职院校入学资格；按照"校考＋高考"模式操作的（省级示范院校）考生在参加高考后，可获得高考加分 20～30 分，最高为 50 分。

（七）江苏省中高职衔接状况

1．试点学制模式

（1）一贯制模式。

（2）对口升学模式。

（3）分段衔接模式。

2．教学管理方式

（1）一贯制模式。通常叫五年一贯制，分"3＋2"和"2＋3"两种。

（2）对口升学模式。中职学校与高职院校各自根据自己的学制年限进行教育，部分中职毕业生完成三年中职学习，通过对口升学考试进入专业对口的高职院校接受两年至三年的高职教育。

（3）分段衔接模式。完成三年中职学习的毕业生，通过特殊的招生考试，到专业对口的高等院校学习三年到四年，完成大专或者本科阶段的学习。这种中高职衔接模式包括"3＋3"和"3＋4"两种形式。

3．中高职衔接特点

（1）一贯制模式。该模式在教学上统筹安排教学计划，避免了学习内容的重复性，具有总体上的办学优势，有利于教学质量的提高和办学效益的发挥。目前这种模式在苏州地区被广泛采用，该地区有约十年的办学经验。

（2）对口升学模式。对口对接学校紧紧围绕人才培养质量，加强联系，紧密合作，开展中高职衔接项目各个环节的制度化设计，实施人才联合培养。同时建立联合培养联席会制度，定期开展多形式的师资、教育教学、学生管理等方面的合作交流，共同制定前后衔接的新的人才培养模式和实施方案，最终实现对口升学的目标。

（3）分段衔接模式。分段衔接培养的典型特征是"两层直通，两校协同，两段衔接"，在高职院校发挥带头作用的同时，中高职学校通力合作，培育系统掌握专业理论知识、具有娴熟实践技能的高素质技术技能型人才，这种衔接模式受社会推崇，效果很好。

二、国内中高职衔接特点

（一）衔接的模式

从调研来看，我国中高职衔接发展至今，衔接模式的不同主要体现在选拔方式和学制设计上，不同的模式在运行过程中均表现出各自的优势和不足。

1．一体贯通式

一体贯通式是指由中职学校或高职院校直接招收初中毕业生入学，在课程、教学等方面统筹安排、整体设计，学生在校连续学习五年，毕业时取得高等教育专科文凭的中高职衔接模式。我国从1985年开始试点这种模式，其规模在持续发展。

根据一体化形式的不同，一体贯通式又可分为一贯制和套办制。一贯制根据学段安排不同分为四年一贯制（2、2分段）、五年一贯制（2、3分段或3、2分段）和六年一贯制（3、3分段），其中以五年一贯制为主体。以上海市、浙江省试点居多。套办制是上海市试行的一种改革试点模式，与五年一贯制很相似，不过在两年后设置选拔机制，不合格的学生按四年制中专毕业。一贯制和套办制的比较如表2所示。

表2　一贯制和套办制的比较

衔接方式	选拔方式	学制形式	招生对象	优点	缺点
一贯制	中考	四年一贯 五年一贯 六年一贯	初中毕业生	实现专业、课程衔接	无淘汰机制，管理机制不完善
套办制	中考	四五套办	初中毕业生	有淘汰机制，实现专业、课程衔接	管理机制不完善

2．分段贯通式

所谓的分段贯通式，是指中职阶段和高职阶段作为两个相对独立的阶段分别开展教学，在中职阶段的教学任务完成后，经过选拔，认定合格的学生进入高职院校继续学习，毕业后取得高等教育专科文凭的中高职衔接模式。

分段贯通式根据进入高职阶段的选拔方式不同，分为对口升学、自主招生、高考招生三种。对口升学是指完成三年中等职业教育的毕业生通过"3＋X"招生考试，到专业对口的高职院校学习两年到三年，最后取得高等职业教育文凭。三种方式的比较如表3所示。

表3　对口升学、自主招生、高考招生的比较

衔接方式	选拔方式	学制形式	招生对象	优点	缺点
对口升学	"3＋X"单考单招、推荐入学	3＋2 2＋3 4＋2	中职毕业生	专业对口衔接	有应试教育倾向，未实现课程的衔接
自主招生	高职院校自主选拔	3＋3 3＋2	普通高中和中职毕业生	增强了高职院校招生自主性，选拔优秀人才	无专业衔接、人才培养方案衔接、课程衔接

（续上表）

衔接方式	选拔方式	学制形式	招生对象	优点	缺点
高考招生	全国统一高考	3＋3	普通高中和中职毕业生	高职院校不用单独组织考试	无专业衔接、课程衔接，应试教育

（二）衔接模式的特点

1. 一体贯通式

这种一体贯通式的办学模式主要有四年一贯制、五年一贯制。一般指初中毕业的学生入学后接受三年或两年中职教育，在不离校的基础上再接受两年或三年高职教育。有些高职院校的五年一贯制实施的是"2＋2＋1"分段式教学，即先进行两年中职教育课程学习，再进行两年高职教育课程学习，最后一年为企业顶岗实习。

（1）一体贯通式的优点。

一是人才培养速度快。在传统培养模式中，学生从普通高中入学到高职院校毕业取得学历，培养时间需要六年，而五年一贯制培养模式缩短一年，用五年的时间即可取得大学专科学历。这种衔接模式在一定程度上提高了人才培养速度，可较快地为社会岗位培养高职教育毕业生，有利于迅速填补社会上技能型人才的空缺。

二是一体化教学设计可避免课程内容重复。在衔接过程中，高职院校可以统筹安排中职教育阶段和高职教育阶段的教学计划，全程参与两个阶段的管理和教学，一体化安排五年的课程建设、技能教学、实训实习等，避免了两个阶段出现不必要的课程重复设置，能够保证教学计划的顺利执行，有利于提高教育质量，从而保证高素质、高技能人才培养的质量。但学生在五年一贯制的学习过程中淘汰率低，因此学习的积极性会受到影响。

三是更有利于培养技术技能型人才。首先，在五年一贯制的课程设计中，中职与高职课程衔接比较好，课程设置重复率低，有利于学生掌握知识。其次，在五年一贯制模式中，学生在接受中职教育时就具备了高职教育预科生的水平，在中职与高职教育的衔接中几乎不会受到毕业、升学考试和实习等方面的压力，也很少受到社会的影响和干扰，用于提高技能素质和参与实践的时间更多。最后，五年一贯制学生对于培养目标定位很明确，不会产生对未来走向和就业前景的迷茫和焦虑感。由于有升入高职院校的明确目标，而且在衔接时适当加入了竞争机制，他们会比普通中职学生学习更加勤奋，积极性更高，更有利于培养技术技能型人才。

（2）一体贯通式的缺点。

一是文化基础知识薄弱，这是五年一贯制学生提升的瓶颈。研究表明文化基础知识对大学生的后续学习有较大的影响，有些职业能力需要以扎实的理论知识为基础，而由于五年一贯制学生入学时中考分数线较低，他们的文化基础知识成绩普遍比普通高中生源学生差，从而阻碍了他们向高级技术技能型人才发展。

二是学制时间不足造成技能操作能力不强。部分高职院校的五年一贯制教学安排中，由于学制总学时压缩了一年，前三年在中职教育阶段没有安排足够的实习时间，学生实践技能不如同届普通中职生。而后两年高职教育阶段学习时间比普通高职生少，操作技能实训的时间相对减少，不利于培养学生的高级操作技能，部分学生对专业技能只掌握了皮毛就走上了工作岗位。

三是基础知识教学目标要求低，导致学生基础综合能力不足。如学生应对工作、学习和生活应具备的组织协调能力、阅读理解能力、口头与书面写作能力、数学计算能力及计算机应用能力等基础综合能力不足，影响学生的进步和发展。

2. 分段贯通式

分段贯通式衔接模式指中职学校与高职院校合作实施的联合办学模式，包括"3+2""3+3""2+3"等学制形式。先安排招收到的初中毕业生在中职学校进行学习，在结束这一阶段的学习且通过毕业考核后，再到高职院校继续学习。"3+2"模式是指初中毕业生进入中职学校（中专、职高、技校）学习三年，掌握一定的文化知识和专业技能，再经过考试进入有合作关系的高职院校学习两年，前后两个阶段分别获取中职教育毕业证书和高职教育毕业证书。与五年一贯制相比，"3+2"模式中学生的两个学习阶段分别在两所学校学习，从而减轻了中职学校或高职院校的办学压力，而且可以在中段设置的升段考试中进行合理筛选，保证入学质量。而中职学校通过与高职院校合作，培养目标、课程设置都有了明确的方向。学生在学习时目标明确、积极性高，在中职学校就读时的就业压力将会减轻。

（1）分段贯通式的衔接特点。

第一，分段贯通式要求中职学校和高职院校直接对接，展开合作办学。通过合作办学，双方互相了解培养目标和专业特点，在院校建设上取长补短，从而使专业设置和人才培养更有针对性，学生学习目标更明确、积极性更高。

第二，分段贯通式要求两所院校在人才培养方案、课程设置上实现一体化。中高职学校从培养计划、课程设计、实训安排等方面可以统筹规划，避免课程重复设置，有效利用各方教学资源。高职院校可以得到学生中职阶段的平时表现、考核成绩等的有效反馈，从而能够综合把握学生专业知识、职业技能掌握程度，有助于择优录取，保证了人才培养的连贯性。

第三，分段贯通式明确培养目标要有层次性，中高职学校分工合作完成衔接工作。中职学校可利用与校外企业的合作优势，把培养目标放在学生基础专业知识和基本职业技能的培养上，为专业技能的提升打下良好的基础。高职院校可以利用自身科研优势，注重高等职业技能的培养和职业技术创新等方面，使学生的能力水平层层提高，避免学生因中高职课程相近而产生厌学心理。

第四，分段贯通式衔接考核。中职学校和高职院校可根据专业特点，自行设置考核方式和考核标准。尤其是对应产业结构调整引起的社会人才需求变化，可以紧跟形势灵活设置。录取时在保证升段考试文化课成绩的基础上，为学生中职阶段每学期考试成绩、社会实践活动、考取岗位证书、省赛国赛成绩等都设置一定分值，同时可在部分专业根据需要设置面试、体检等环节。通过中职学校和高职院校之间的沟通，保证了生源的综合素质，避免了按一次考试成绩决定是否升学的做法，也提高了学生投入学习、大赛和社会实践的积极性。

（2）分段贯通式的缺点。

一是中职阶段学生缺乏职业体验。例如在"2＋3"模式下，中职教育的两年学制使学校无视职业教育的职业属性，人为地压缩专业课和实践课教学，增加文化课教学，造成的结果是不仅丢掉了自身特色，也无法真正改变中职学生与普通高中生源学生在文化素质方面的差异。

二是专业设置的局限性较大。专业目录及社会的因素造成中职学校、高职院校的专业设置不尽相同，甚至差别很大。因此在衔接过程中，由于专业设置存在差别，中高职学校有限的优质教育资源不能得到充分利用，甚至造成浪费，并且会出现优质的中职生源上不了高职院校的热门专业，高职院校的热门专业招不到理想生源的现象，使得很多学生在升入高职院校时常常要面临重新选择专业的尴尬。

3．自由式对接模式

一般有对口升学招生考试、单招考试等模式。中职毕业生通过参加对口升学招生考试被录取到专业对口的高职院校，再接受两年或三年的高职教育。对口升学招生考试是目前中职升高职的主要途径之一，中职毕业生自由选择报考高职院校，中高职学校没有合作关系。但在实践中存在着通过这种方式进入高职院校学习的中职毕业生很少的现象，原因是作为中考失利者的中职生一般学习基础较差，对纸笔考试有一种天然畏惧感。单招考试是高职院校面向中专、技校、职高毕业生单独组织高考，招收中职毕业生实施高职教育的形式。一般采取单独制订和实施教学计划、单独组织教学、单独进行教学评价的"三单独"措施，保持职业教育技能培养特质。

自由式对接模式招收对象为完成中职三年教育的毕业生。这些毕业生通过春季高考或单招考试，被专业对口的高职院校录取后继续学习。"3＋X"是当前高职院校常用的一种对口升学招生考试形式，面向对象一般是专业对口的中职毕业生。这种衔接模式不但可以实现教育资源的有效利用，同时有助于高职教育目标的顺利达成，进而培养出满足社会发展需求的高素质、高技能人才。

自由式对接模式有以下特点：对口升学招生、单招与统招在高职学历上没有任何区别，前两者凭中职毕业证书入学，后者凭普通高中毕业证书入学。与普通高考相比，对口升学招生、单招考试的优点表现在定专业早、参加考试人数少、门槛低、考试难度小、升学录取率高、费用低、就业前景广阔等方面。

对口升学招生、单招的衔接依据主要是入学考试。报名考试条件要求考生为具有正式学籍的中职学校毕业生，由所在学校审查推荐，需要本人填写申请表，可报名进行对口升学招生、单招考试。考试一般采用文化考试与技能考核相结合的方法。文化考试命题参照教育部颁布的当年普通高考考试大纲及其考试说明。技能考核一般由考生所报考学校组织相关系部的专业教师对考生进行考核，一般采用现场考核和问答的方式进行，主要考查考生专业基本技能、逻辑思维能力、语言沟通能力等。

与贯通式衔接模式相比，自由式对接模式衔接的是更加独立的两个阶段，中高职教育分别由相应的中职学校和高职院校单独完成，双方一般不存在直接的联系。

以上分析希望能为广州市探索实现中高职衔接、技能贯通和一体化培养机制，以及招生与招工相结合人才培养与用工就业高质量无缝对接提供借鉴。

广州市"三元融合"中高职衔接贯通培养情况及存在问题研究

谢继延　曾兰燕①

摘要：中高职衔接是现代职业教育的重要任务，是构建现代职业教育体系、增强职业教育支撑产业发展能力、促进供给侧需求转型的关键所在。本文从广州市中高职学校、合作企业等多角度开展调研，分析目前广州市中高职衔接试点在执行中遇到的主要问题，有利于开展构建"三元融合"中高职衔接贯通培养机制的探索和研究。

关键词：广州市　中高职衔接　贯通培养

中高职衔接是当前职业教育中的热点问题。国家提出构建中等和高等职业教育协调发展的职教体系，国务院提出"推进中等和高等职业教育紧密衔接"及"推动专业设置与产业需求对接"等五个对接，教育部制定文件要求"合理确定中等和高等职业学校的人才培养规格""研究制定中高职衔接专业教学标准"。中高职衔接是现代职业教育的重要任务，是构建现代职业教育体系、增强职业教育支撑产业发展能力、促进供给侧需求转型的关键所在。广州市作为广东省的前沿阵地，为了提升本市职业教育整体吸引力，加快构建现代职业教育体系，培养适应广州建设全球城市和国家重要中心城市所需的技术技能型人才，加紧现代职业教育体系建设步伐，2017年出台了《广州市职业教育发展规划（2016—2020年)》，以促进各高职院校产教融合、中高职教育衔接，探索技术技能型人才一体化培养新途径，搭建人才成长"立交桥"。本文从广州市中高职学校、合作企业等多角度开展调研，分析目前广州市中高职衔接试点在执行中遇到的主要问题，探索构建"三元融合"中高职衔接贯通培养机制。

调研主要采用了问卷调查法、访谈调研法，其中针对中高职教育、企业分别设计了不同的调查问卷，通过问卷调查对相关问题进行调研。同时根据中高职专业衔接的现状，现场采访了广州市内三二分段试点中高职学校的教务处处长、科研处处长、招生办主任、专业课教师、学生，以及职业教育专家学者和行业企业界专家等，了解和掌握中高职专业衔接的基本状况、发展困惑及解决路径。

---

① 作者单位：广州科技贸易职业学院。

调研中，课题组共发放问卷 240 份，回收问卷及有效问卷 237 份。其中向高职院校教师发放 30 份，实收 30 份，有效问卷 30 份；向中职学校教师发放 30 份，实收 30 份，有效问卷 30 份；向高职院校学生发放 80 份，实收 79 份，有效问卷 79 份；向中职学校学生发放 70 份，实收 68 份，有效问卷 68 份；向行业企业及职教专家发放 30 份，实收 30 份，有效问卷 30 份。

一、中高职衔接贯通培养调研情况

（一）中高职学生问卷分析

（1）中高职的课程设置问题。72% 的学生认为中高职教学内容重复，衔接不好，也没有区分中高职教学层次的差别。主要体现在公共基础课、专业理论课和专业技能训练课。

（2）中高职学校资源共享问题。从问卷中可以发现，72% 的学生认为中职学校很少使用高职院校的实训设施，78% 的学生认为中职学校很少使用高职院校的校外实训基地，84% 的学生认为中职学校很少使用高职院校的图书馆资料。

（3）中高职教学管理问题。67% 的学生认为高职院校的专业课老师很少到中职学校授课或开设讲座，由此可以看出，高职院校较少提前介入中职学校的教学管理。

（4）中高职交流问题。14.3% 的学生认为经常有交流，52.7% 的学生认为交流很少，23.7% 的学生认为没有交流。可以看出，当前中高职学校交流活动较少，学生不能充分了解高职院校的学习内容。

（5）升学问题。受调查人员中，有 54% 的学生表示想升入高职院校，15% 的学生表示不想升入高职院校，愿意选择五年一贯制的学生约占 74%。从调查情况来看，有大多数的学生愿意选择五年一贯制的方式学习，就是希望接受中高职的系统教育，而且希望中高职衔接比较顺畅，可以从中职学校直接进入高职院校学习，因而五年一贯制是首选。

（6）课程重复问题。38.1% 的学生认为学校没有很好地考虑五年的连贯性，三二分段中存在课程重复、脱节情况。而且认为公共基础课、专业理论课、专业技能训练课重复开设的学生比例达到 72.8%。可以看出，中高职衔接在课程设置上还存在很大问题，当前应重点解决。

（7）教学问题。只有 12.7% 的学生认为"教师对以前教过的课程知识专业基础漠不关心，只按自己的计划进行授课"，可以看出，高职阶段的教师还是比较认真负责的，注意到了中高职衔接问题。

（8）在征求学生意见时，学生们普遍认为，一是学校要多联系符合专业的实习单位；二是在校学习期间要增加实训及专业实习模块，在强化技能的同时，切实采用符合社会需求的人才培养模式。可以看出中高职阶段的实习实训做得还不够好，这也是当前职业教育迫切需要解决的问题。

总的来看，当前有很大部分的学生还是愿意接受中高职衔接的教育，但是在高职教师为中职生开展讲座、开放实训、提供实习基地等方面还不尽如人意，没能很好地发挥高职院校的资源优势和带动作用。在课程设置中，仍存在重复开课、衔接不畅等问题，也应引起高度重视。

（二）中高职教师问卷分析

（1）专业课程衔接方面。56%的教师认为中高职专业有差异；77%的教师认为高职、本科专业有差异；44%的教师认为中高职理论课程有衔接，但不明显。在课程衔接方面，衔接不好的主要是专业技能训练课和专业理论课。

（2）教学计划和教学管理方面。对于对口的中高职教学计划的制订，67%的教师认为中高职学校之间有一定的联系，但联系不紧密；78%的教师认为教学计划执行较差或没有执行。这些都说明，中高职学校之间有一定的联系，但联系不密切，导致中高职的教学计划衔接不好，教学计划执行较差。

（3）教学内容方面。84%的教师认为中高职衔接是很有必要的，45%的教师认为在专业技能训练课上中高职衔接不够，51%的教师未注意到教学内容的衔接。这与学生问卷调查相吻合，证实中高职专业衔接中，课程设置必须要进行大的改革，体现中高职的衔接性和层次性。职业教育是以提高技能、掌握就业本领为主的教育，如果学生从中职升入高职后专业技能得不到提高，继续学习的积极性必将受到打击，因而，要想很好地实现中高职衔接，必须在课程设置上充分论证，真正实现中职打基础、高职育人才的职业教育目标。

在存在的问题和建议中，教师也提到知识内容的衔接不够突出、注重实训、未充分体现职业教育技能型人才培养目标等问题，这与学生问卷结果相一致，比较充分地反映了我们需要了解的现实状况。因而做好中高职专业衔接是教育主管部门及中高职学校当前须解决的关键问题。

（三）企业问卷分析

1. 企业参与中高职衔接三二分段合作积极性不高

在我们的调研中，有30%的企业知道中高职衔接三二分段模式，但完全了解的企业只占17%，参与三二分段合作的企业占3%，校企合作共同开展中高职衔接三二分段工作有待进一步深入。

2. 学校人才培养方案和企业需求相脱节

从调研情况来看，多数企业表示在中高职专业中常常出现人才培养方案和企业需求脱节的情况。企业需要学校培养的是综合技能优秀的人才，而学校只能培养知识层面的"产品"，缺乏对学生综合能力的训练，课程体系往往只是简单的拼盘式设置，未能构建校企合作进行整体培养、整体设计、完全融合的科学体系。并且课程整合、内容规划不够合理，中高职两个阶段专业课程知识点交叉重复较多，理论学时与实践学时的分配不合理。

3. 学生对"学徒"身份的认知不全面

校企合作共同建设中高职衔接三二分段试点的主要方式是开展现代学徒制人才培养模式改革。试点的企业反馈在现代学徒制试点中，学生普遍对"学徒"身份认知不全，"比较模糊"，对行业、专业了解浅显，归属感不强，多数对前途感到茫然，缺乏学习目标、动力和信心，学习的主观能动性较弱，吃苦耐劳思想淡化，有些学生年龄小，对劳动风险的意识不强。

4. 学校教学与企业需求不匹配

对于进行三二分段课程体系设计和教学的团队来说，企业的多岗位需求对教学提出了更高的挑战。由于学校双师型教师较缺乏，多数教师缺少企业训练与指导，教学模式与教学方法陈旧落后，工作过程导向教学方法应用不够，未能针对中职学生的特点和实际进行设计，难以实现教学以学生为中心的根本转变。

5. 课程设计与企业发展不适应

在科技高速更迭的今天，企业要求人才培养迅速跟上企业的发展，而不管是中职还是高职，在课程设计上，都要遵循"调研、定标、论证、审批"等程序，跟不上企业发展速度。这就要求中高职衔接三二分段试点的人才培养要加强校企合作实训基地建设，积极引入真实的企业项目运作，缩短与企业的距离，校企协同育人，促进人才培养质量提升。

二、中高职衔接中存在的问题

1. 专业衔接问题

对于现代职业教育而言，完整的专业规格体系是职业教育体系建设的前提，有机衔接的专业目录是体系建设的保障。目前职业教育上只存在中职、高职层次，本科正在做试点，还未成规模，硕士、博士还未被提上日程；中职、高职走的仍是两套专业目录，还未做到有机衔接，而在专业研究生层面，还没有相应的职业教育专业目录。

多头管理的体制导致专业目录的分割与专业标准不一样。目前我国的职业教育还是一种政府主导的体制，发挥行业企业及社会力量参与职业教育的规划、运行、评价还需要诸多配套改革。中职、高职、本科的管理部门不同，专业目录的衔接目前还未实现突破，中职、高职、本科专业目录大多数无法对应。如在《中等职业学校专业目录（2010）》中，汽车专业类别属于交通运输类，但是在高职专业中，汽车相关专业却放在了装备制造大类里，明显不对应。

以学历提升为导向的中高职衔接，对专业规格层次缺乏系统设计。现代职业教育体系建设，需要搭建职业教育晋升体系路径和满足社会的学历提升要求。然而，现在职业院校学生在每一个学历层级几乎都会遇到调整专业或者调整学习路径的状况。目前虽然可以通过春季高考、高职自主招生等方式升入高职院校，但实际情况却是对口率较低。大部分学生到了高职以后仍要从零学起。一方面，高职高专毕业生中只有很少一部分比例的人可以"升本"；另一方面，高职、本科院校数量少且专业选择有限，许多高职专业找不到对口的专业，只能转专业，有些学生选择的不是职业教育系列的本科院校，其学习路径则由技术路径转向学术研究，自然也会出现许多衔接不顺畅的情况。另外，专升本的毕业生在继续考研的过程中，也经常会遇到不被承认学历、不让报考的情况。

国家虽然在普通教育与职业教育之间积极实施学分互认、学历互通、学籍互转的政策，但要做到这一点却非常难。因此，学生一旦选择了职业教育，普通教育的大门就几乎被关上了。

2. 专业培养目标衔接问题

2011 年之前，高职教育人才培养目标是培养生产第一线需要的"高素质、高技能型"的"双高"专门人才，中职教育人才培养目标是培养具有综合职业能力的生产、服务一线高素质技能型人才和劳动者。对比可以看出，二者之间没有进行明确的差异定位，"高素质""技能型""人才"都被列入了关键词，重点都是学生的职业（岗位）技能。虽然属于同一种类型，但高职的培养目标并非建立在中职的基础上，未体现专业人才培养的层次衔接，究其原因，主要是中职、高职专业因多头管理导致各行其是，缺乏系统设计。

3. 课程结构问题

当前我国的职业技术教育体系中，中高职之间没有考虑系统性和递进关系，课程结构层级模糊。国家、各地尚没有制定统一的中高职课程标准，缺乏贯通的教材。例如对中职三二连读大专阶段学生的调查显示，多数学生认为学校没有很好地考虑或完全没有考虑五年的连贯性，中高职两个阶段存在课程重复或脱节现象。重复开设的课程集中在公共基础课、专业理论课、专业技能训练课。在高职学生的调查中也有约 50% 的学生认为中高职的课程区别不大，65% 的学生认为公共基础课、专业理论课、专业技能训练课重复开设，可以看出中高职衔接在课程设置上还存在很大问题。

当前，除个别高职院校与中职学校之间开展了较为紧密的中高职人才培养工作衔接外，普遍存在中高职教育衔接不紧密、缺乏系统化设计的问题。通常表现为专业课程重复设置，以及学生中职阶段基础不扎实导致高职阶段课程学习吃力。这种状况随着升入高职的学生人数、比例逐年升高，已经严重影响到人才培养工作的开展和培养质量的提高。因此，中高职衔接的课程设置是当前应重点解决的问题。

4. 专业师资交流问题

在中高职学生的调查中，对于"在中职时有没有请高职院校的教师前来授课或开设讲座"，回答"有，但很少"或"从来没有"的占到49%。可以看出当前的中高职教师之间交流活动较少，高职院校还没有充分展现应有的吸引力。因此，如何加强中高职学校的交流活动，实现让更多的学生接受更好的职业教育，也是中高职衔接存在的一个问题。

5. 专业教学资源问题

在中职生的调查问卷中有"你所在学校有没有使用过高职院校的校内实训设施（如到高职院校上实训课或实习）"和"你所在学校有没有使用过高职院校的校外实习基地（如组织学生到高职院校签有实习基地协议的企业参观或实习）"这两个问题，结果有52.87%和57.97%的学生选择"从来没有"。高职生在回答"中职阶段有没有使用过高职院校的校内实训设施（如到高职院校上实训课或实习）"和"中职阶段有没有使用过高职院校的校外实习基地（如组织学生到高职院校签有实习基地协议的企业参观或实习）"时，则有72%和78%的学生选择"有，但很少"或"从来没有"。

由此可以看出高职院校的校内实训设施和校外实习基地不仅数量不足，而且使用效率不高，高职院校没有发挥应有的资源优势，做到和中职学校资源共享，造成了中职和高职设施的重复建设。

国外中高职衔接贯通培养的经验及启示

曾兰燕　范　琳①

摘要： 20 世纪 70 年代以来，职业教育的隔绝状态在很多国家被打破，形成了职业教育办学衔接模式，归结起来大致有两种模式：一种是以英国和澳大利亚为代表的在国家层面确认职业教育与普通教科文凭双轨制衔接模式，另一种是以美国为代表的在办学实体层面进行一体化课程、学分互认的单轨制衔接模式，本文对此展开论述。

关键词： 中高职衔接　贯通培养　启示

20 世纪 70 年代以来，很多国家的职业教育的隔绝状态被打破，形成了职业教育办学衔接模式。在世界范围内，归结起来大致有两种模式：一种是以英国和澳大利亚为代表的在国家层面确认职业教育与普通教科文凭双轨制衔接模式。英国属于国家职业资格框架建立较早的国家，而澳大利亚则在继承了英国的做法后，又对资格框架体系进行了创新。另一种是以美国为代表的在办学实体层面进行一体化课程、学分互认的单轨制衔接模式。本文选取英国、澳大利亚、美国作为典型代表来论述。

一、英国中高职衔接模式

英国是最早开始产业革命的国家，是最老的发达国家之一，也是学徒制起源的国家。1988 年，英国政府推出国家职业资格制度；1992 年，推出普通国家职业资格证书；2004 年，又在职业科目中引入普通中等教育证书，建设了比较成熟的职业教育体系，其中高职衔接主要依据资格制度来完成。英国中高职衔接模式的特点如下：

1. 重视职业资格证书、中高职课程的融合

20 世纪 80 年代中期，英国对职业资格制度进行了一定调整，按照十一个行业的存在与发展设置了五个等级标准，使职业资格证书与学历教育文凭一样为人们所认可。为了确保这两项教育资格的等同和价值权威性，国家职业考试委员会与中学教育考试委员会共同承担起职业资格教育课程的编排、审定工作，紧接着

---

① 作者单位：广州科技贸易职业学院。

英国又增加了"只有达到累计学分才能毕业"的新要求，为中高职衔接的有效推动提供了有利的政策环境。在中高职衔接模式方面，英国较为成功的创新是创立了中高职单元衔接模式。也就是中职与高职的课程相融合后进行重新划分，制定出相互衔接的教学单元，让课程重复的概率降到最低，使教学效率增长到最高。虽说是有效统一，但还是有高低之分的，从层次上来说基本上分为五个阶段，其中中职占前三个阶段，也就是Ⅰ、Ⅱ、Ⅲ，而高职则占据了Ⅳ、Ⅴ两个阶段。阶段Ⅰ有效而紧密地和初中课程相衔接，每个阶段之间可以自然过渡、相互衔接。这种模式顺序合理、逻辑清晰、单元之间分段明晰、衔接紧凑而高效、没有重复设置，学生在学习过程中可以快速适应并进入角色。中职课程与高职课程统一编订，形成数以千计的教学单元，各相邻层次的教学单元之间也分别进行有机衔接。学生毕业之时可以依照其所学教学单元总数的最低值来颁发相应等级的毕业证。在这种衔接的作用下，各教育教学单元之间逻辑顺序更加清晰，相互之间联系更加紧密，彼此之间没有断档或重复现象出现，这就显著增强了职业教育教学的适应性。

2. 注重与普通教育之间的有机衔接

英国在发展中高职教育的同时还十分注重其与普通教育之间的有机衔接，这种衔接也是促进并保证英国中职教育与高职教育有机结合的重要组成部分。为了使职业教育和普通教育有同等的地位，英国采取了一些具体有效的方法策略。例如，采用了基础、中级、高级三级资格的国家职业资格证书制，让国家职业资格和中级国家职业资格与普通教育高级水平资格一样为教育领域和人们所认可，使接受中职教育的学生能够实现均衡流动，有机会进入高校进一步深造。

二、澳大利亚中高职衔接模式

随着世界各国中高职教育的发展，澳大利亚的中高职教育衔接也有了一定的变化。澳大利亚的中高职衔接模式如下：①资格框架（AQF）：澳大利亚的中高职教育是通过资格框架进行衔接的。1995年，资格框架由澳大利亚政府确认并实施。②"培训包"课程：澳大利亚资格框架内的证书、文凭和学位的相互转换和衔接是通过"培训包"课程来实现的。"培训包"课程的内容具有先后连续性，并且在澳大利亚同时执行。"培训包"课程由澳大利亚行业培训咨询委员会和各企业、行业共同开发，最后由国家统一制定发布。其内容包括能力标准、评估指南和国家资格三个部分。澳大利亚中高职衔接模式的特点如下：

1. 注重内容衔接

澳大利亚的资格框架规定，各个级别的证书、文凭和学位都必须有明确的资格标准，"培训包"课程应该有明确的学习目标和学习内容，而且相互之间应有紧密衔接。由此可见，澳大利亚中高职衔接模式注重的是内容衔接，而不是时间衔接。近年来，澳大利亚的教育体系实行了一项重大改革，即以能力为基础的教育改革。这一改革的中心就是使学习者具备行业发展所需要的能力。学习者达到资格框架中的能力目标，即可获得相关资格。

2. 衔接体系全面

澳大利亚的中高职衔接体系具有全面性，且系统比较成熟。在澳大利亚的职业教育体系中，中职学校所设置的专业，在高职院校中均能找到与之对应或相关的专业。这样，中职教育的学生就有了晋升的空间和渠道。澳大利亚的很多中职学校都与高职院校签订了合作合同，所以澳大利亚的中高职衔接十分畅通。同时，澳大利亚的职业教育还涵盖了不同层次培训的衔接，这种衔接主要通过学分转换来实现。除此之外，澳大利亚还实行自定计划学习法等各种灵活的职业教育教学方法，也为职业教育衔接提供了便利。由此可见，澳大利亚的职业教育衔接是相当全面、系统、成熟的。

3. 行业深度参与

深度吸纳行业和企业的意见，对澳大利亚中高职衔接起到了不可替代的作用。20 世纪 90 年代开始，澳大利亚政府将中高职衔接教育的载体——"培训包"课程能力标准授权给行业制定，由澳大利亚行业部门负责开发。行业部门深度参与中高职教育衔接，为职业教育满足行业需求提供了足够的保证。相同行业不同级别的"培训包"课程的紧密衔接，也为中高职教育衔接奠定了坚实基础。澳大利亚行业部门参与中高职衔接的深度和广度由此可见一斑。

三、美国中高职衔接模式

美国于 20 世纪 90 年代开始实施职业教育改革。2006 年，美国政府颁布了《卡尔·D. 帕金斯职业和应用技术教育法案》。该法案明确要求：中职教育和高职教育内容要避免重复，在此基础上还要达到相互融合，从而实现中职教育和高职教育课程的有效衔接。

美国目前正在推行的中高职教育衔接模式是单轨制。具体是由美国教育行政主管部门统一制定中高职衔接的一体化教学大纲，通过课程衔接实现中高职教育的衔接。美国的中职教育和高职教育的教学大纲和课程具有典型的系统性。以教学大纲和课程为依托，实现了中职教育与高职教育的无缝衔接。美国单轨制职业教育衔接模式的基础是强大的学分互认和转换系统，它实现了中高职教育的高度融合。美国中高职衔接模式具有以下特点：

1. 培养目标的连贯性

美国政府于 1918 年 6 月颁布了《中等教育基本原则》。该原则明确指出中学教育阶段必须开展职业教育。这标志着职业教育首次被确立为中学阶段教育。1942 年开始，美国各州先后发展综合性中学（中职教育的主要办学形式）。1963 年，美国政府又出台了《职业教育法》。《职业教育法》指出：职业教育的对象应扩展到社会成员，不局限于在校生，要使社会成员能够享有职业技术培训及再培训的权利。目前，美国中职教育的培养目标为：培养适应社会和市场需求，具备职业技能，能够继续升学的人才。由此可见，美国中职教育的培养目标兼顾了就业和升学。

美国高职教育的主要形式是社区学院。它是美国中职教育和高职教育衔接的重要通道。《卡尔·D. 帕金斯职业和应用技术教育法案》规定：职业教育不仅要以市场需求为目标，还应注重受教育者的全面协调发展。职业教育应适应个人的发展，实现中等教育和中等教育后的衔接。

美国职业教育的培养目标明显地展现出职业教育的连贯性，并且兼顾了受教育者的升学和就业，为中高职教育衔接奠定了扎实的基础。

2. 课程设计的合理性

从小学开始，美国各学校就按照级别制订职业课程计划。职业课程计划用于培养学生的职业意识，可以为学生就业提供导向。学生根据自身情况和兴趣选择"职业群"课程，从而确定课程内容和学分计划，实现与社区学院的无缝对接。"职业群"课程的编制必须以职业需求为依据，并进行广泛的专业调研。"职业群"课程的目标有以下几项：①让学生掌握职业知识和技能；②提供真实的实习环境，使受教育者毕业后可以直接上岗；③发掘学生的职业兴趣和天赋。"补习"课程是高职教育阶段开设的课程，开设的目的是帮助已进入社区学院的新生，使其经过补习后达到高职院校的入学要求。

3. 招考渠道的宽松多样性

美国高职院校的招生政策相当宽松。一般情况下，学生完成高中阶段的学业即可参加社区学院的入学考试。入学考试的主要目的是指导学生选择专业，决定学生是否参加"补习"课程，并非选拔性考试。因而，绝大部分参加高职教育入学考试的学生均能进入社区学院学习。此外，美国各社区学院还开展"双学分运动"，帮助高中生顺利升入社区学院。"双学分运动"由高中和社区学院合作开展。它允许高中学生选修社区学院课程。教师和课程由社区学院提供，高中学校负责召集学生，准备教学场地。"双学分运动"使学生在完成高中学分的同时兼修了社区学院的学分，实现了美国"不让一个小孩掉队"的教学战略，让更多的学生在高中阶段就接受职业教育，培养职业意识。

4. 政策法规的规范性

为保障中高职衔接教育的顺利进行，美国联邦政府和各州政府提供了强有力的财政保障和支持，为职业教育受教育者提供助学金，以帮助其完成学业。除此之外，联邦政府还为美国所有的职业教育受教育者提供助学贷款、奖学金和勤工助学岗位。美国各州对中高职学校都有援助政策。加利福尼亚州是美国社区学院最多的州。该州不仅为中高职学校提供援助，还提供高额的奖学金，以保证学生顺利完成学业。1917 年，美国联邦政府颁布了《史密斯—休斯法案》。该法案指出：联邦政府和各州政府在职业教育发展中有不可推卸的责任，要为职业教育发展提供资金保证。该法案大大推进了美国职业教育的制度化，对美国职业教育的发展起到了巨大的促进作用。1958 年，美国联邦政府颁布了《国防教育法》。该法进一步要求加强职业教育的教学经费投入，为中高职衔接教育提供了保障，同时也进一步推动了美国职业教育的规模扩张。《卡尔·D. 帕金斯职业和应用技术教育法案》中明确了美国联邦政府、各州政府和地方政府在职业教育资助和管理中的权责，强调职业教育的实施重心应放在地方政府。

四、与我国中高职衔接的比较与借鉴

（一）我国的中高职衔接

从 20 世纪 80 年代开始，我国开始试行中高职衔接教育。根据中高职之间的关系和衔接方式，我国的中高职衔接模式可以分为"一贯制"式、"分段制"式和对口招生式三种。

1. "一贯制"式

我国最早的中高职衔接模式是"一贯制"式。目前实行的有四年一贯制、五年一贯制和六年一贯制等衔接模式。其中，五年一贯制最具代表性。"一贯制"式中高职衔接模式是指受教育者在一所中职学校或者高职院校学习，毕业后可以获得高职院校毕业证。其生源主要是初中毕业生。"一贯制"式中高职衔接模式的特点如下：

（1）教学效益最大化，教学计划和课程设计比较系统、完整；

（2）让学生在一所院校学习，可以避免课程重复现象，降低教育成本。

同时，"一贯制"式中高职衔接模式也存在诸多弊端：

（1）生源层次不同，学生基础差异大，教学过程困难多；

（2）不能充分发挥双方学校的优势，不能很好地整合现有资源，容易造成教学资源浪费；

（3）学习周期长，缺乏竞争，学生容易产生学习倦怠。

2. "分段制"式

"分段制"式中高职衔接模式是指中职学校和高职院校进行合作，学生先在中职学校学习，而后转到高职院校学习。中职学校和高职院校事先签订培养协议，协商好具体的共同培养事宜。具体形式有"3+2""3+3"和"4+2"等模式。"分段制"式中高职衔接模式虽然回避了"一贯制"式的诸多问题，但本身也存在不少缺陷：

（1）在具体合作过程中，双方习惯于自身的教学或管理模式，容易造成双方合作过程中的不稳定性；

（2）入学考试由合作的高职院校出题，难以保证考试的规范性和含金量；

（3）中职学生毕业时，继续学习的院校原则上已确定，没有更多的选择机会。

3. 对口招生式

对口招生式中高职衔接模式是指高职院校通过对口专业的招生考试来招收学生，其招生对象为中职学校毕业生。招生考试由当地教育行政部门统一组织，学生就读的中职学校与报考的高职院校之间不存在合作关系。对口招生式解决了"分段制"式中的考试规范性问题，但本身也存在诸多不合理之处：

（1）考试本身偏重基础文化课程，背离了职业教育的本质；

（2）中职学校为了追求升学率，把更多的教育资源放在学生基础文化教育课程上，忽视了学生的技能培养；

（3）容易出现教育资源浪费现象，因为学生就读的中职学校与报考的高职院校之间不存在合作关系，所以容易造成课程设计、教学内容重复的情况。

（二）比较与借鉴

1. 建立学分制和资格证书相结合的体制

无论是英国、澳大利亚还是美国的中高职衔接模式，都有一个共同的特点：以强大的学分转换系统为基础，以资格证书为依据。这一点值得我们借鉴和学习。目前，我国的中高职衔接教育存在的主要问题是衔接渠道不够畅通。建立学分制和资格证书相结合的制度，可以打通中高职教育衔接的"任督二脉"，极大地拓宽职业教育招生途径，使招生形式呈现多样性，给更多的人员提供受教育的机会。

学分制和资格证书相结合的制度实行之后，中高职课程可以分阶段的形式开展。一个阶段的学习结束后，如果受教育者达到相应的标准，就可以获得相应的学分以及相应的资格证书。受教育者可在职业培训机构培训后，参加国家统一考试，获得一定的学分和资格证书，参加高职院校的招生考试。学分制和资格证书相结合的制度的实施，需要国家出台相关的管理规定和标准要求。打通中高职衔接渠道，还可以提高职业教育的地位和社会认可度。

2. 设定连贯的培养目标

美国和澳大利亚的中高职衔接培养目标具有连贯性和一致性，不会导致培养方向出现问题。然而，目前我国的中高职教育培养目标明显缺乏连贯性。《教育部关于制定中等职业学校教学计划的原则意见》明确规定了我国中职教育的培养目标：培养与我国社会主义现代化建设要求相适应，德、智、体、美全面发展，具有综合职业能力，在生产、服务一线工作的高素质劳动者和技能型人才。高等职业教育的培养目标为：培养德、智、体全面发展的生产、管理、服务等社会各行业第一线的高级应用型专门人才。由此可以看到两者之间缺乏有效的衔接。要使中高职教育有效衔接，必须设定两者连贯的培养目标。培养目标的连贯性直接关系到中高职衔接的紧密性。如果培养目标不一致，就无法谈论中高职衔接的紧密程度。就目前来说，设定连贯的中高职教育培养目标也是亟待解决的问题。

3. 构建中高职衔接课程体系

课程是中高职衔接的核心和载体，对实现中高职衔接有重要意义。美国的"职业群"课程和"补习"课程很好地承担了中高职衔接载体的角色，澳大利亚的"培训包"课程也体现了这一特质。目前，我国的中高职教育课程还远远不能达到中高职"立交桥"式贯通的要求，所以构建中国特色的中高职衔接课程体系已迫在眉睫。中高职衔接课程体系的构建，需要由国家教育行政部门或省级教育行政部门牵头，并且要注意以下四点：

（1）深入融汇行业部门的意见，成立行业教学体系指导委员会，由行业教学体系指导委员会来负责制定课程体系；

（2）课程体系的构建要有地方特色，满足地方行业产业的人才需要；

（3）课程体系要循序渐进，由易到难，合理安排课程；

（4）中高职衔接课程体系的构建要与一定的学分制和资格证书相对应。

4. 建立健全中高职衔接法律保障体系

法律是社会有序发展的重要保障。从1917年的《史密斯—休斯法案》到2006年的《卡尔·D. 帕金斯职业和应用技术教育法案》，美国的中高职衔接一路有法律为其护航。相比之下，我国目前的中高职衔接法律体系尚不完善。中高职衔接的平稳、顺利发展离不开政策法规的保障，无保障就无从谈发展。我国的职业教育法律体系必须适应职业教育的发展趋势，为我国培养现代化人才提供保证，对我国目前和今后的职业教育发展起到保驾护航的作用。

5. 充分认识中高职衔接的重要性

在倡导终身学习、学习终身的社会中，中职学校和高职院校肩负着正式教育形式社会化、实践化、灵活化的职业培训任务。中高职学校可以基于行业或产业在学位、学历、职业资格等范围内采取深入合作模式，并相应制定出高效、适应性强、对口的各级各类职业技术培训方式。这就要求中高职有效衔接，以充分满足社会多样化需求。必须以对应的职业资格证书制度作为出发点，实施以模块式课程为素材的培训，以便更好地适应社会需求。与正式的中高等职业教育衔接相映照，模块式职业培训的灵活性得以很好地发挥，它与中高等职业教育相互作用，在社会人力资源开发上形成合力，为促进全民终身学习和社会经济发展提供更好的服务。

6. 国家在政策与管理体制上予以大力支持

发展职业教育离不开国家教育主管部门与各级政府的大力支持，只有国家政策加以保障，才能实现长期的可持续发展。各级政府不仅要从政策上关心，更要从思想认识上高度重视，进而让其在一个优良的环境下茁壮成长，在这方面，各国提供了许多值得借鉴的经验与启示。许多国家在中高职衔接方面采用政府以法案形式推动、制定具体技能标准，各行业积极参与等方式来实施。要让职业教育法规和政策更加健全、准确，政府就必须找准定位，积极推动。应结合我国职业教育实际，实行累计学分与转学分制度。目前，英、美等国家在保证中高职教育有效衔接方面主要依靠累计学分与转学分制度来实现。学生在不同类别的学校（普通教育学校或职业教育学校）中所积累的学分可以通过教育模式的有效衔接来加以利用。我国也可以借鉴这种做法，将其补充到我国中高职课程内容的构建上来，及时有效地与普通教育学校沟通，充分扩大中职学生的升学机会，以此来扫清普通教育与职业教育、中职教育与高职教育之间相互衔接的障碍。

7. 改革职业教育考试内容与招生方式

近年来，我国中职学生考试制度出现了多样化形态：参加全国范围的统一高考、"3＋X"对口招生考试、五年一贯制、三二分段等，为中高职毕业生的升学提供了广阔空间。但由于社会各界存在不同看法，有些方式和制度运作时间不长，究其原因，我们认为这些方式忽略了职业教育的"职业性"和"技能性"，与职业院校学生特点不符。而英国在中升高时主要以统考为准，适量测试，能达到基本要求即可，升学考试的概念基本不涉及。可借鉴这种方法，适时对我国中高职"接口"升学和招生考试的规章制度加以改革，采取"文化＋技能"的方式设计考核环节，文化达到基本要求即可，适度进行技能测试，"宽进严出"，兼顾职业教育"职业性"和"技能性"特征。

8. 实行职业学校弹性学习制度

弹性学习制度的实施势在必行。从英国、澳大利亚、美国等国中高职衔接的经验来看，终身教育的发展需要通过中高职衔接的一步步完善来实现，其中只有让弹性学习制度在中高职衔接中得以实施并发展，才能让终身教育的顺利发展有所保证。弹性学习制度让学生可以分段完成学业，在职业教育招生和入学方面扩大了年龄范围，有利于中高职培养目标的实现。学生从入学开始就为拿到学分努力，可以根据学分制的规章制度灵活选择活动课程模块，不受时间限制，只要拿到规定毕业的学分就可以提前走出校园，实现就业或创业，并可以根据自身发展需求继续返校深造。

广东省中高职衔接特点研究

谢继延　陈金兰①

摘要： 国家对中高职衔接提出了许多要求，但在操作层面上，依然遇到许多阻碍和挑战。本文通过调研，分析目前广东省中高职衔接试点在执行中遇到的主要问题，探索如何构建"三元融合"中高职衔接贯通培养机制。

关键词： 广东省　中高职衔接特点

为适应广东产业转型升级构建现代产业体系的要求，广东省委、省政府提出了加快建立现代职业教育体系的战略目标，将职业教育作为一种教育类型，构建中职、高职、应用型本科、专业学位研究生教育纵向衔接，学历、学位教育与职业培训统筹发展、横向贯通，服务现代产业体系的技能型人才培养系统，中高职衔接成为推动广东职业教育科学发展的重要举措。

广东省很早便启动了中高职衔接三二分段试点工作，招生专业包括机电、电工电子、机械、建筑、化工、计算机等，主要涉及工科专业。此后每年进一步扩大试点范围，至 2019 年，高职院校中职生源比例达到 30% ~ 40%。中高职衔接三二分段主要采取"3 + 2"培养模式，由中职学校和高职院校对应专业共同制订一体化人才培养方案。中职学段学习三年，高职学段学习两年，取得专科毕业证书和高级职业资格证书。中高职衔接的人才培养体系正在形成。全省教育工作会议提出，广东省将进一步构建适应经济发展方式转变和产业结构调整要求、中高等职业教育纵向衔接、职业学历教育和职业培训横向贯通的现代职业教育体系。本文通过调研，分析目前广东省中高职衔接试点在执行中遇到的主要问题，探索如何构建"三元融合"中高职衔接贯通培养机制。

一、广东省开展中高职衔接三二分段的意义

1. 为中职学生提供成长通道，拓宽高职招生来源

中高职衔接三二分段考核采取中职学校推荐与高职院校考核专业理论和技能的方式，真正体现了职业教育的特点和职业院校的自主权；并且将过程性考核和

---

①　作者单位：广州科技贸易职业学院。

终结性考核相结合，改变了传统的"一考定终身"的应试教育模式，非常适合职业教育学生的成长规律，拓宽中职学生进入高职院校的渠道，为高职院校提供了一个新的生源路径，可有效缓解因适龄人口减少而带来的高职生源不足问题。

2. 实现中高职学校对与区域产业对接的高素质技能型人才的系统培养

中高职一体化培养实现从初级到高端的高素质技能型人才培养，促进中职学校和高职院校专业对接，提供合作交流的平台，通过共同制订人才培养方案、共同开发课程和教学资源，发挥高等职业教育的引领作用，有效提升中职学校对口专业的办学水平和教师的教学能力。

3. 促进政府、中高职学校、行业企业的"三元融合"

促使政府、中高职学校、行业企业"三元融合"，共同研发中高职衔接的专业标准、课程标准和评价标准，实现技能人才培养过程的标准化和规范化，推动职业教育的标准化建设。

二、广东省中高职衔接试点存在的问题

1. 高职院校动力不足

广东省是人口大省，目前高中毕业生的数量尚处于上升期，普通高中生源较充足。由于要单独编班、制订人才培养方案和教学计划，会占用较多的教学资源，导致教学资源更加紧张，因此不少高职院校不愿意拿出优质专业来参与中高职衔接三二分段，也不愿意将规模扩展得太快。

2. 中职学校积极性不够

中职学校参与中高职衔接三二分段的主要动力是提升学校影响力，吸引更多更好的学生就读。目前中职第三学年普遍安排顶岗实习，中高职衔接三二分段则要求半年顶岗实习、半年进行衔接课程的学习，这样会加大中职学校的办学成本。中高职衔接三二分段需要中职学校投入资源，虽然从长远来看对中职学校有利，但短期利益体现不足。

3. 中高职衔接的标准缺失

中高职衔接三二分段的前提是中职学校和高职院校准确定位，共同开展人才培养，这就需要制定人才培养规格、专业建设、课程和人才评价方面的统一标准。目前这方面标准的建设尚处于起步阶段，还不能完全满足实践的要求，导致中高职学校在人才培养中定位不清、分工不明、评价缺失，严重影响了人才培养质量。

4. 中高职衔接课程体系开发有待推进

中高职衔接关键在于形成一套适应职业教育学生成长的课程体系。与普通高中生源学生相比，中职生源学生在技能方面有较好的基础，但文化基础和专业理

论方面比较欠缺，需要制订专门的人才培养方案和开发相应的衔接课程进行分类培养。

5. 社会和企业参与度不高

广东省三二分段试点自 2009 年开始已有 11 年，但社会和企业关注度不高，与高考的影响力无法同日而语。大多数企业对中高职衔接三二分段缺乏了解，大部分学校没有主动邀请企业参与人才培养方案的制订和课程的开发，导致中高职衔接高技能人才培养无法很好地适应行业企业需求。

6. 中高职衔接三二分段发展不均衡

从生源地区分布看，珠三角地区中职学校学生和家长对通过中高职衔接三二分段读高职意愿较强，但粤东、粤西、粤北地区则由于经济、观念等方面的原因，升学意愿相对较弱。从专业分布看，文科类专业中职学生升学意愿较强，而工科类专业学生意愿则较弱，往往倾向于就业后再进行继续教育。从中高职学校的意愿看，发达地区的中高职学校对接意愿较强且衔接工作较顺畅，欠发达地区的中高职学校可能是受经济和资源的影响，对接意愿较弱且衔接不顺。

三、广东省中高职衔接三二分段试点工作政策建议

1. 成立中高职衔接工作委员会

委员会由中高职学校领导牵头，其他成员包括相关二级学院负责人、专业带头人（负责人）、企业与行业领导等。主要职责包括整合各中高职学校职业教育资源，开展联合办学，促进优质资源共享；制定中高职衔接工作委员会章程和工作制度；定期召开中高职衔接教学研讨会，研究中高职衔接的人才培养模式；统筹规划技能型人才系统培养的制度和形式，共同确定人才培养目标、制订人才培养方案。

2. 制订中高职紧密衔接一体化人才培养方案

按照"共同制定培养目标，共同制订教学计划，共同制定评价方法"的思路制订中高职衔接三二分段的专业人才培养方案，应以培养学生优秀职业素质为主线，以培养本专业合格毕业生为导向，立足教学过程，对教学模块选择配置、有效组合和合理排序。中职学校负责实施前三年的学生管理工作和教学任务，其间高职院校进行督查及监管。

3. 建立健全过程监控的管理制度

为保持学生学习积极性，取得较高质量生源，衔接转段设立"优胜劣汰"机制，按照"转段遴选、综合评价、择优录取"的思路进行。即转段时，试点中高职学校采取过程监控与专业水平考核相结合的方式联合对学生进行遴选。由高职院校牵头，采取过程监测手段，与对口的中职学校联合跟踪监管对接专业学

生三年学习情况，派督导进行不定期听课。根据中高职衔接三二分段专业人才培养方案要求，按照学习模块，每学期选取 2~3 门核心课程，由高职院校派教师到中职学校实施教学，并对试点中职学校衔接专业学生进行统一测试。各门课程测试成绩累积后取平均值作为转段成绩的重要组成部分。

4. 探索技能大赛获奖学生免试入学制度

为促进中职学校加强技能教育，鼓励优秀中职毕业生报读高职院校，加快广东省高级技能人才培养，应建立技能大赛获奖学生免试入学制度，规定获国家、省级技能大赛奖项的学生，在毕业当年可免试升入高职院校相关专业就读，选拔优秀的技术技能型人才。

5. 加快中高职衔接专业和课程标准建设

随着中高职衔接试点的不断推进，全省参与试点的专业越来越多，规模越来越大，迫切需要中高职衔接的专业标准、课程标准作为支撑。建议政府成立中高职衔接三二分段教学指导委员会，采用项目的方式，推进中高职衔接课程改革理论与实践项目研究，组织行业企业和职业院校教师参与，从专业岗位能力入手，开展中高职衔接专业和课程标准研究。借鉴国内外经验，重点解决中高职课程重复、衔接不当的问题，开展新一批中高职衔接专业和课程标准研究，并将成果应用于中高职衔接专业的人才培养之中。

6. 改变衔接的时间

针对中职学校"2+1"教学模式，中高职转段考核可于学生在中职学校学习第二年下学期末进行，对升入高职院校的学生可以实施升学奖励等，减少中职学校的利益损失，提高中职学校衔接的积极性。

7. 中高职学校共同参与管理

中高职学校应责成一名校领导具体负责合作教学管理工作，指定各学科带头人指导基础文化课程的教学工作，选派部分优秀骨干教师通过兼职兼课等形式直接承担教学任务。中职、高职和企业三方积极参与一体化人才培养方案的整体设计，共同制定课程标准、开发教材、进行实验室建设、接受试点院校相关教师培训或挂职，做好在招生录取、专业建设、课程改革、质量评价等方面的衔接工作，确保人才培养质量。

广东省中职学校中高职衔接试点情况及启示

邬厚民① 黄宇光②

摘要： 为了推进中高职衔接三二分段贯通培养机制研究，必须深入了解中职学校在中高职衔接三二分段培养等方面的需求与具体工作措施。本文通过对多所中高职衔接对口中职学校进行调研，总结衔接培养试点存在的问题以及启示，为中高职衔接三二分段贯通培养机制的构建奠定基础。

关键词： 中职 中高职衔接 调研

为了推进中高职衔接三二分段贯通培养机制研究，深入了解中职学校在中高职衔接三二分段培养等方面的需求与具体工作措施，课题组赴广州市信息工程职业学校、广州市番禺区职业技术学校、广州市电子信息学校、南海信息技术学校、胡锦超职业技术学校、东莞信息技术学校等多所中高职衔接对口中职学校进行调研。调研采取集中调研、对口交流、问卷调查的方式进行，针对专业的衔接、课程设置的衔接、人才培养目标的衔接、教学管理的衔接等核心问题开展。

一、广东省中职学校"三元融合"中高职衔接试点存在的问题

1. 中高职衔接教学管理制度不灵活，限制了人才培养方案的衔接

中高职学校在教学管理制度方面的差异，给课程的调整和衔接带来阻碍，中职教育偏重对学生操作技能和就业能力的培养，存在着轻基础、重技能，轻理论、重实践，轻理解、重操作的现象，学生进入高职院校后，很难适应高职院校更广、更深的基础理论学习，达不到高职院校所要求的"理实并重"的高端技能型人才培养基本要求。

2. 教学计划的制订主体过于单一，缺少修订制度

目前三二分段教学计划的制订，大多是由高职院校单方面参照原有三年制教学计划进行延长和扩展，缺少中职教师及企业行业专家的共同探讨。一方面，缺

---

① 作者单位：广州科技贸易职业学院。
② 作者单位：广州市信息工程职业学校。

少对中职学校实际教学条件和中职生源情况的了解，导致教学计划不能保证因材施教、因地制宜；另一方面，缺少行业企业专家的指导，不能保证三二分段人才培养的数量和规格符合用人单位的需要。此外，在教学计划的执行过程中，缺少对教学计划反馈信息的收集、汇总、分析和总结，不利于在今后的修订工作中加以纠正和完善。

3. 课程设计缺乏系统化，结构体系设置不合理

长期以来，中职教育和高职教育按照各自的教学体系培养人才，各自构建自己独立的专业课程体系，没有衔接和连贯的系统标准，从而造成一些专业课程在中高职阶段内容重复的现象，甚至有不少课程，中高职采用的是同一版本的教材。目前的中高职教育，在文化基础课教学内容和要求上存在着一定的脱节现象。中职文化基础课的安排遵循"必要、够用"的原则，而高职教育则从高等教育的要求出发，以普通高中文化基础课为参照系。技能资格等级考核不统一，未按照国家统一的各种职业资格不同等级的理论水平和实践能力标准，分为初、中、高三个层次，形成阶梯递进的形式。由于没有很好地与中高职教育的培养目标进行衔接，职业资格和等级考核也同样存在严重的脱节现象。

4. 教学资源管理欠合理，缺少互助共享

教学资源主要包括学校硬件设施、师资、图书资料配置等。在中高职衔接三二分段模式的资源配置上，挂钩的高职院校往往已经配备了相应的教育资源，而中职学校在师资、实训设施等方面都相对欠缺。但由于中高职衔接在教学过程中互助不足，缺乏合理的教学资源共享机制，中职学校大多利用现有资源，在本校范围内自行解决教学问题，尽量避开无法解决的问题，这对于提高教学效果是不利的，高职院校的教学资源也没有得到充分的利用。

5. 教学质量评价管理体系不完善，缺少相互监督

教学质量管理应包含两方面的内容：一是教师教学质量的监控，二是学生学习效果的监控。三二分段合作办学的中高职学校很少建立共同的教学质量监控体系，对于实际教学是否达到预期的人才培养目标缺乏督导。学生学习效果的监测多采用一锤定音的终结性考核，未能够真实反映学生的学习效果，不能对学习过程起到有效的激励督促作用。

6. 中职学生分流，转段生源堪忧

中职学生在毕业时会出现分流，一部分学生毕业后直接就业，一部分学生参加成人高考继续深造。成人高考为学生提供了进入理想学校以及再次选择专业的机会，而三二分段则还需学生拿出两年的学费和时间去指定的高职院校继续学习专业。令人担忧的是中职学生的众多选择使三二分段转段生源大大减少。

二、中高职衔接三二分段贯通培养机制构建的启示

1. 规范三二分段管理工作，共同成立教学管理组织机构

为了加强中高职教学管理机制衔接，建立健全中高职衔接教学管理组织机构，三二分段合作院校可共同成立由学院领导、教务处、二级学院、专业团队四个层级参与的中高职衔接管理机构，负责制定有效的管理制度和措施，督导学生的教育，定期组织有关人员召开管理协调机构会议。在教学实施过程中，应在专业所在院系层面由高职院校和对口中职学校共同组建教学管理小组，并由双方各指定一名组长作为总负责人，小组成员包括双方教学主任、专任教师、教学秘书、班主任等。按照统一连贯的专业人才培养方案，中职学校负责实施前三年的教学和学生管理工作，高职院校负责督导中职学校执行人才培养方案，确保教学质量；高职院校根据前三年的中职教学管理，因地制宜地实施后两年的教学和学生管理工作。

2. 确立"中、高、企"多方共定教学计划制度

规范教学计划制订与实施制度，由中高职两校专任教师和行业企业技术人才共同参与，探讨企业对专业人才的需求、就业岗位和在中高职两个阶段应具备的职业能力等多方面的因素，统筹协调中高职两个阶段的人才培养定位，明确两个阶段的人才培养目标，整体设计两个阶段的知识能力和素质结构，制订衔接贯通的教学计划。同时确定中高职双方认可的教学计划实施、变更、修订制度，以保证教学计划的顺利施行。教学管理小组在日常工作中加强对教学计划反馈信息的收集、汇总、分析、总结，及时发现教学计划与实际教学工作不相符的地方或其他不合理之处，并在今后的修订工作中加以纠正和完善。

3. 制定一体化课程结构体系，增强专业内涵建设

中高职教育衔接的本质是人才培养模式上的衔接，具体体现在人才培养方案的制订上，避免在教学内容上重复，注重专业内涵建设衔接。按照工作任务和职业能力要求来设置课程和教学内容，以职业能力为核心重新构建课程结构体系。根据不同阶段的培养目标要求，系统地构建整体性的课程体系，课程设置遵循由浅入深的原则。这样不仅能避免中高职课程内容的简单重复，提高教学效果，而且能突出职业教育的特色，有利于造就高技能人才。（在课程结构体系中，中高职的课程要各有偏重：中职课程重实践操作，强调应用性；高职课程重基层管理，培养学生的创新能力。做到深度有所递进，层次分明，并以一体化贯通人才培养方案为基础，配套建立系统的中高职一体化课程标准、教材、教学资源库等内容，增强专业内涵建设，进一步提高中高职人才的培养质量。）实行统一的职业资格和等级考核制度。可根据职业资格不同等级的理论水平和实践能力标准，

分初、中、高、技师等几个层次，形成阶梯递进的形式，与中高职教育的培养目标相衔接，逐步从根本上消除中高职在专业理论教学和职业技能培养上的重复和倒挂现象。

4. 建立教学资源共享机制

建立教学资源共享机制，推动中高职学校之间的深度融合，做到物尽其用和资源利用最大化。高职院校充分发挥辐射功能，将自身的实训教学资源、课程教学资源和师资队伍合理调度和充分利用，为中职学校的人才培养提供最大限度的支持。高职院校的专业负责人或专业教师有计划地前往中职学校交流教学经验、指导专业建设、召开教师座谈会、面向三二分段中职阶段的学生举办讲座等，并可在中职学校承担一定的教学任务。中职学校选派专业教师定期进入高职院校学习专业理论知识和行业动态，更好地把握高职教育人才培养目标和专业定位，有利于回校后教学工作的开展和人才培养方向的正确把握。建立图书资源共享制度，通过向三二分段中职阶段学生开放高职院校图书资源、高职院校向中职学校推荐和赠送专业图书资料等途径，让三二分段学生开拓专业视野和提升文化素养。

5. 构建中高职贯通式质量评价体系

加强对教师教学质量的监控。高职院校提前介入中职教育的质量监控体系，建立中高职教育质量监控评价网络，通过随机听课、师生座谈会、教学检查、评教评学等途径，建立信息的采集、分析、反馈机制，把发现的问题、对中职的教学建议等及时向中职学校进行反馈，实行质量监控，提高人才培养质量，逐步推进贯通式培养模式的质量监控评价体系建设。

加强对学生学习效果的评价。针对职业院校学生学习主动性差、应试惯性强的特点，采用多种考核方式，注重过程考核，降低期末考试成绩所占比例，提高学习过程评价分值，督促学生重视平时学习，并建立合理、有效的转段选拔考核机制，督促和激励学生学习。

进行第三方人才培养质量评价。建立由就业（用人）单位、行业协会、研究机构等利益相关方共同参与的人才培养质量第三方评价制度，将实习期间和毕业之后企业用人的满意度及毕业生的就业率、创业成效等作为衡量三二分段人才培养质量的重要指标，检验三二分段实习生和毕业生是否适应社会的需要。

6. 增加对三二分段的宣传力度，确保转段有充足的生源

由于中高职衔接三二分段试点工作从 2010 年开始，发展时间短，实践经验还不够丰富，很多学生和家长根本不了解甚至没听说过该项政策。可以通过官方网站、微信、微博等公众媒体平台增加对中高职衔接三二分段的宣传力度，让更多的学生和家长明白中高职衔接三二分段人才培养模式的政策和意义，解决观念意识问题，正确、全面、客观地了解中高职衔接教育工作，并为其提供全方位的信息服务，提高中职学生学习的积极性，确保高职院校有充足、合格的转段生源。

总之，本文通过对多所中高职衔接对口中职学校进行调研，总结衔接培养试点存在的问题以及启示，为中高职衔接三二分段贯通培养机制的构建奠定基础。

广东省中高职衔接企业调研情况研究

王爱晶　郑婷婷①

摘要：中高职衔接是建设现代职业教育体系的必然要求。为了推进中高职衔接贯通培养与企业的融合，课题组选取了广东省实施中高职衔接三二分段试点专业的合作企业进行了调研，了解企业层面对中高职衔接工作的意见和建议，希望对构建政府、中高职学校、行业企业"三元融合"的中高职衔接贯通机制提供借鉴。

关键词：中高职衔接　企业　调研

中高职衔接是建设现代职业教育体系的必然要求、完善终身教育体系的重要措施。曾有人比喻普通大学是"牛顿式"（学术）人才的摇篮，高等专科学校则是"爱迪生式"（应用型）技术人才的温床。据调查，目前企业最为急需的应用型人才类型是技能操作型，约占50%。而技术应用型和技术创新型两项相加也近50%。技能操作型主要面向的是中职学历，技术应用型和技术创新型则主要面向高职、大专及以上学历，说明企业对中职教育人才的需求只占一半的空间，另外一半则是高职、大专及以上学历人才。近年来，随着招生规模进一步扩张，为了推进政府、中高职学校、行业企业"三元融合"中高职衔接贯通人才培养，课题组开展了对企业的调研，走访了沃天下（原心怡）物流、顺丰快运、百世物流、明通物流、屈臣氏食品饮料等40家中高职衔接试点专业的合作企业及相关企业，了解企业层面对中高职衔接贯通培养的意见和建议。

调研采取现场访谈及网络问卷调研结合的方式，以广州科技贸易职业学院牵头组建的广州市物流职教集团中的企业为调研对象展开。在广州科技贸易职业学院开展的中高职衔接三二分段试点项目中，广州市物流职教集团承接了重要的试点项目，并正进一步探索课程标准的可复制化和合作模式的多样化。调查问卷主要包括项目的开设情况、实施情况、管理情况、实施中的成绩经验及存在问题、参与项目试点企业或意向企业对项目的了解及开展研究的情况等，并围绕学生学习现状、学生对专业了解程度、中职阶段教师的教学情况、高校的课程设置情况、中高职阶段专业课程教学内容的衔接情况、对中高职人才培养目标的看法、

---

① 作者单位：广州科技贸易职业学院。

实训教学环节的落实和中高职教师的沟通、培养满意度等方面进行详细调查。

一、推行中高职衔接试点探索的有利条件

第一，政策护航，措施保障。宏观上，政府出台多项政策，各部门大力配合，出台相关配套措施，为开展现代职业教育体系试点工作提供了政策支持与保障。

第二，组织落实，沟通顺畅。试点专业成立了专项小组，安排专门人员负责项目的运行，为项目的实施制定了一系列的考核检查制度，选择优质教师承担教学任务。特别是广州市物流职教集团在探索集团化办学方面做出了积极的尝试，调动了多方资源参与项目共建，并积极在集团内进行经验分享和项目推广。

第三，领导重视，招生规范。试点项目学校领导亲自巡查督导招生，招生工作规范公平，过程把握严格，生源质量较好。

第四，高职引领，校企合作。试点项目里高职院校的引领作用较明显，不仅有效促进了中职学校的专业建设，也促进了校企合作。在项目实施过程中，中高职学校之间的沟通衔接，有力地促进了中职学校的专业建设，高职院校在科研水平、专业建设理念、课程体系建设、实习实训管理等方面都为中职学校提供了很好的学习平台。中高职衔接中，专业师资的对接，有力地提升了中职学校师资的专业水平和教学能力。试点项目很好地推进了校企合作的深度和维度。

第五，产教融合，创新举措。中高职衔接项目管理中，各试点院校都在充分挖潜，想方设法提高管理质量。例如立足区域需求，结合自身优势进行校企合作，开展中高职衔接人才培养；高职联合中职、企业开展人才培养方案制订、专业师资配备、专业课程实施、实训及考工安排、技术开发等；高职、中职与合作企业采用现代学徒制促进中高职贯通培养，管理模式运行、试点项目申报、合作中高职学校对接、教学管理文件制定、师资配备与协调、质量监控等均体现了"校企双主体"特点。

二、企业推行中高职衔接试点的主要问题

企业认识有待提升。企业对"3＋2"权责利的认识不够全面，参与的积极性不高。在我们的调研中，仅有少数企业能完全理解"3＋2"中高职衔接的人才培养模式，占17%，参与"3＋2"合作往往是学校"一头热"。

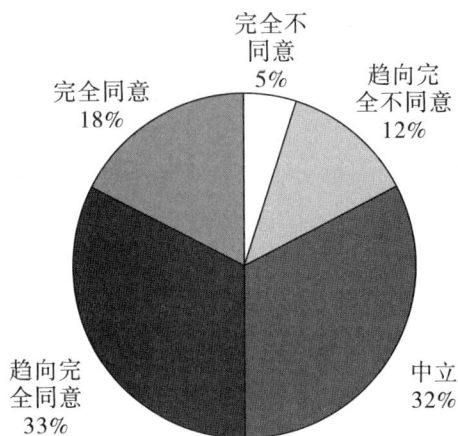

图1 "贵公司曾经接触或了解过中高职衔接"数据分析

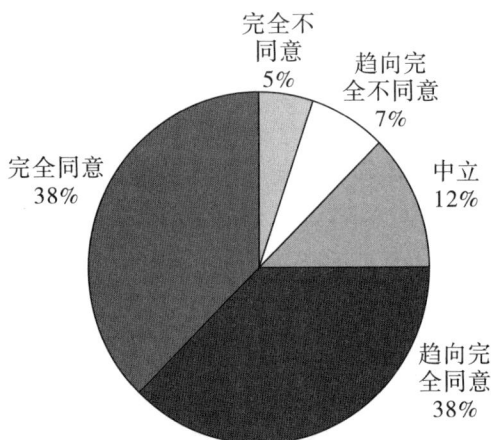

图2 "贵公司认为中高职衔接可以满足部分岗位的人力资源需求"数据分析

中高职课程定位不清，专业课程层次性模糊。根据企业调研，对专业设置、课程体系、教学内容的对接协调，及课程结构、课程标准和课程内容在社会职业类型和岗位技术结构上衔接贯通的问题主要包括：

（1）学校的人才培养和企业的岗位人才需求不匹配。企业需要的是能力层面的优秀人才，学校培养的是知识层面的"产品"。课程衔接缺乏科学依据，仅仅是课程名称的融合、课程内容的简单分割，没有形成整体培养、整体设计、完全融合的科学体系，课程整合不够，课程内容规划不够合理，中高职两个阶段专业课程知识点存在交叉重复，理论学时与实践学时分配不合理。在能力要求指标中，企业更重视的是职业道德和团队意识。

表 1　能力要求指标数据分析

能力维度	重要性平均分	排序
职业道德（忠于职守、服从调度、遵守制度）	4.8	1
专业知识（了解产品、熟悉技术）	4.1	4
沟通能力（资料阅读、文件读写、口头表达、人际交往）	4.2	3
创新能力（合理化建议、技术创新、产品研发、市场开拓）	4	5
团队意识（与他人合作、帮助他人、听取意见、退让和自我牺牲）	4.7	2

（2）学生对"学徒"身份的认知不全面。现代学徒制作为"3＋2"中高职衔接人才培养模式中的新探索，以下方面需要进一步改善：一方面学生到企业觉得不适应，另一方面企业认为"学徒"能力不足。学生对专业的了解渠道较少，对行业非常缺乏了解，对对接高校了解少、归属感不强，对将来自然一片茫然，更谈不上职业定位，缺乏学习动力，学习信心缺失。普通中学学生考大学的目标十分明确，而中高职衔接试点班的学生没有把自己定位到这个高度，因此在学习上主观能动性发挥远远不够，吃苦耐劳思想没有树立。

（3）存在用工安全的问题。现代学徒制提供的学徒年龄小，对于劳动风险防范意识不强，不满 18 岁的员工，还会存在用工安全问题。

（4）企业用工需求是多岗位的，中高职衔接试点班需要从课程设置上个性化。这向进行课程体系设计和教学的团队，提出了更高的挑战。双师型教师比例尚须提高，教师的教学研究活动呈现自由式、分散式的特点，缺少系统规划和指导。教学模式与教学方法陈旧落后。项目教学、案例教学和工作过程导向教学方法应用不够，没有针对中职学生的特点和实际，未能实现从以教师为中心到以学生为中心的根本转变。

（5）现代学徒制的双重管理，导致管理责任不清的情况出现。现代学徒制出现双重管理，反而造成管理责任不清的局面。各种政策文件中未明确现代学徒制的学生性质，导致家长存有疑虑。

（6）与企业用人需求有"时差"。中职和高职，在课程设计上，都要执行"调研、定标、论证、审批"等程序，审批流程长，时间久，在科技高速更迭的今天，企业最大的成本是等待的时间成本，人才的培养模式要求"短平快"，这就要求"3＋2"试点的人才培养建立真正的"校中厂"实训基地，引入真实的项目运作，缩短与企业的距离，或者朝现代学徒制人才培养模式改革，校企协同育人，促进人才培养质量提升。

三、企业推行中高职衔接试点困难的原因

1. "学"与"工"的脱节

职业院校人才培养方案虽然从职业岗位的需求出发分析工作过程和岗位能力，但尚未针对具体的工作流程，没有具有本校特色和符合企业生产实际的校本课程，导致理论学习与实际工作脱节。学生在工学结合中从事的工作与所学的专业关联度不大。有时虽然有一定的关联，但仅是专业中某些技能的简单重复，无法使学生做到"学"的认知在"工"时实践，"工"的体验在"学"时升华，偏离了工学结合的宗旨和目的。企业希望用真实场景训练学生，这样能加速其转化为职业人的进程。

2. 合作方管理理念和方式的差异

校方普遍缺少对项目建设发展起指导、推动与保障作用的正式文件和政策，如试点项目班教师的激励机制等。企业感觉与校方的合作不同步，学校的跟进普遍"慢半拍"。这也和双方管理机制的差异直接相关。

3. 内部协同机制不顺畅

中高职学校分属不同的管理体系，内部协同机制不畅。职业教育多头管理、政出多门，中高职不隶属同一管理部门等历史积弊均不利于试点项目的实施。从目标定位层面看，课程标准应该根据人才培养的目标制定，试点项目人才培养目标是总体设置、分段实施；从实际操作层面看，具体课程必然或归属中高职学校，或归属合作高校；从历史层面看，职校、高校分属不同的主管部门与教育序列，教学信息互不畅通，互不了解彼此的教学理念、教学目标、教学内容、教学方法。中高职衔接不是中职教育与高职教育两个层级的简单衔接，而是两个层级在多种特征上兼容性的繁杂适配。因而，在项目试点过程中，仅通过合作双方的简单划分，由相应的个体教师承担课程标准的撰写工作，就势必会产生"目标要求谁都说不清，课程标准谁都写不好"的现象，进而导致课程教学过程中出现教学目标模糊不清、教学内容难以确定、考核标准无法落实的具体问题。中高职专业目录设置的时间、名称各不相同，且专业设置的口径宽窄不一，专业名称、分类、要求也不规范，高职专业数量远大于中职专业数量，这使得中高职衔接从结构上无法实现无缝对接。

引领作用难以深度体现。虽然明确了高职院校作为主要引领方，但目前，并没有任何一个机构能够为课程标准提供较为成熟、较为权威的背书，专业教学指导委员会也还没有有力的支持，职能部门、学校和教师都是无所适从的。中高职教育尽管同属职业教育，但在培养目标上具有层次上的差异，中职教育重点培养技能型人才，而高职教育重点培养高端技能型人才，中高职衔接首先应是培养目

标的衔接，即预期的工作岗位的层次衔接。目前许多研究认为，工作岗位的科学定位在于国家职业标准，但在我国，国家职业标准存在突出的问题，难以全面指导中高职衔接的培养目标定位。也有部分学者认为国家职业标准在制定过程中缺乏行业协会、企业的参与，制定程序简单，职业分类不尽合理，职业标准的覆盖率、权威性、实时性有待提高。另外，行业和企业未根据经济发展方式的转变和经济结构的调整，及时向全社会公布相关职业岗位需求和职业能力标准，导致培养目标滞后。中国的改革开放之路，就是摸着石头过河，一步一步走过来的。明智之举是采用行业标杆企业、用工大户企业作为岗位标准的制定者，以企业为主，行业协会和院校辅助，共同编制培养目标、用工标准、课程体系和评价标准。在实行过程中不断完善，在完善过程中进行复制和推广，在推广反馈中继续完善，这样才能形成真正的螺旋循环。

企业参与课程体系建设的热情很高，但合作机制尚须进一步探讨。这里涉及课程互认和教师身份互认的问题。

教学思维惯性难以迅速转变，师资结构与教学思维模式无法完全适应人才培养目标的转变。长期以来的教学思维惯性导致中高职教育以"教会""够用"为主要教学目标定位，学生自主学习相对较少；高等教育往往以"学会学习"为主要教学目标定位，学生自主学习相对较多。教师的知识结构也存在着类似的问题，中高职教师相对更擅长实操，教学理论和教学能力相对欠缺；高校教师相对更擅长理论教学，实践与实践教学能力相对欠缺。

四、企业参与中高职衔接试点工作的建议

中高职衔接属于一种职业教育实践。它要求中高职教育共同适应和满足地方经济社会发展，特别是产业转型升级对高素质技术技能型人才的需求，通过选择具体的衔接模式，建设中高职学校资源共享平台，构建人才培养质量保障体系，实现高素质技术技能型人才的联合培养。由此，可以将中高职衔接的关键问题概括为三个层面，即衔接模式、资源共享平台和质量保障体系。这三个层面之间相互影响、相互作用，共同构成中高职衔接人才培养的整体架构。衔接模式是建设通道，资源共享平台是核心工作模式，质量保障体系是推动力和加速器。

1. 整合衔接模式

有研究者将中高职衔接模式总结为梯次衔接、螺旋衔接和系统衔接三种模式。梯次衔接认为低阶梯的中职教育是高职教育的预备教育，高阶梯的高职教育是中职教育的延伸教育，这种衔接方式较为普遍。螺旋衔接认为晋级时以低层次的学历资格为基础，工作经验也是重要条件之一。系统衔接即中职、高职之间界限淡化和课程内容融合渗透。四年一贯制、五年一贯制、六年一贯制等衔接模式

是系统衔接的外在表现形式。我们认为，中国特色的中高职衔接，应是这三种模式的结合体：既要实现宽口径对接，又要结合工作实践，还要体制化、系统化实施。中高职专业衔接宜以专业群的形式宽口径衔接，这样可增强中高职相近专业的相容性和衔接性，解决课程体系建设工作存在的瓶颈问题。

应制定系统衔接的统一课程标准，确定合理科学的教学顺序与实施路径，避免课程内容的重复与交叉，促进课程衔接的连续性、逻辑性与整合性。然后进行课程体系开发研究，形成一体化的课程体系，设计整体培养的人才培养方案。最后，在课程互认上有所突破，避免课程资源的浪费。具体措施如下：

（1）在准确定位中高职专业课程目标的基础上，课程设置应区别中职与高职的教学理念，即通过职业岗位分析、工作任务分析与职业能力分析，确定出一般技能人才和高级技能人才的不同培养规格，再根据知识、能力、素质要求确定中高职不同层次的课程内容。对于中职而言，应注重基础知识学习与应用以及职业素质教育，而高职则鼓励在实践的基础上进一步创新，加强知识、技能与职业素质的全面培养以及高技能的开发与运用。企业所看重的职业学校毕业生的职业能力：职业道德（忠于职守、服从调度、遵守制度）、专业知识（了解产品、熟悉技术）、沟通能力（资料阅读、文件读写、口头表达、人际交往）、创新能力（合理化建议、技术创新、产品研发、市场开拓）和团队意识（与他人合作、帮助他人、听取意见、退让和自我牺牲）是必要条件。以上的 5 种能力中，有 3 种是非智力因素。目前中职、高职毕业生还没有达到"完全能适应"企业的发展要求，甚至还有较大的差距，职校毕业生的沟通与协作能力有待提高。因此，要科学设置和提高通用能力课程的比例。专业课程则以工作任务链条来组织内容，进而形成课程内容衔接的有效模式——业务模块课程。

（2）在课程结构的衔接上，要打破现有的"三段式"学科课程结构，形成阶梯式结构的课程衔接模式，让前一阶段的课程成为后一阶段课程的基础，实现能力的递进。以广州科技贸易职业学院省级重点专业——物流管理专业为例，其与广州市商贸职业学校合作"3+2"培养模式，并开展了现代学徒制的尝试，在广州市物流职教集团中，选取了具备合作意向和需求、前期合作基础较好的百世物流和明通物流企业作为现代学徒制和"3+2"培养模式的试点企业。中职、高职和企业三方共同研究了企业岗位需求状况，形成了一个阶梯式递进循环发展模式：

第一步，从企业需求开始，集中所有可应用"3+2"培养模式的岗位，形成目标岗位池。第二步，高职院校作为中间引领者，带着岗位池需求状况，与中职学校进行生源分析，找出优秀生源专业学科和技能表现（例如技能竞赛获奖状况），让优秀生源对接企业岗位。实际操作中，我们发现学生对科技型物流企业很感兴趣，中职学校在单证处理和物流系统操作两个维度上有专业特色，学生获得过很多省市大赛奖项。第三步，确认培养的目标岗位是自动化仓储系统操作和管理岗。第四步，与企业确认岗位需求，获取岗位能力素质要求，参考中职课程设置和优势项，与企业共同制定高职教学目标和课程设置。这样，避免了断层和盲点，高职院校也真正起到了引领作用。因为百世物流具有行业代表性和科技领先性，所以这一案例不仅可以在企业内循环，还可以在行业内其他企业进行复制。

（3）试点项目双方学校要进入对口企业开展专业调研。只有在弄清楚衔接项目符合中高职各学段的专业能力目标的情况下，才能构建由企业参与的合理专业课程体系。要针对课程体系中的核心课程，开发课程标准，完善教材建设。高等职业技术教育主要培养高端技能型人才，课程设置必须面向企业岗位，构建专业模块化的课程体系，同时为了与企业岗位对接，课程内容基于工作过程、项目构建，针对企业岗位技能要求形成模块化的课程体系以及针对产品项目流程和制作情景的课程内容。最好能集中剖析一个案例作为范本提供给其他试点学校参考，冀望由点到面、由典型到一般，为中高职专业衔接提供现实依据。

（4）改革专业课程评价体系。现行的学业评价忽视过程性和实践性评价，与职业教育的培养目标相悖。

（5）真正落实学分制管理和课程互认机制。课程作为学习内容最集中的体现，应该是一个联系性与灵活性并存的系统。采用学分制和课程互认机制，既能有效避免课程的重复学习，又能保证学生的学习质量，减少因课程内容重复造成的一系列资源浪费现象，促进中高职专业课程的有效对接。同时，应按一定的比例导入企业课程，这与企业师傅的作用类似。

2. 搭建资源共享平台

（1）深化校企合作机制。校企协同推动专业建设的合作形式，是中高职专业建设提升水平的必然选择。学校、行业企业、建设专业（群）协同打造特色专业，专业协同共建，优势互补、互动共赢是基础，整合力量、共享资源是核心，形成长效协同机制是关键，要制定相关制度激励院系开展专业协同共建。

（2）区域协同专业联盟形式。以区域内专业联盟为发展推手，实现专业发展的协同效应，为区域行业企业提供协同服务，打造专业特色，形成特色专业和品牌课程；整合行业需求打包定制，凸显规模培养效应；应用专业区域公共实训中心教学模式，提升实践实训教学效果，还可以进一步整合线上线下资源，探讨合作院校共建数字化专业教学资源库和网络学习平台，设立专业信息、培养方案、课程标准、教学设计、案例视频、资源拓展等模块，建设数字化教学资源信息管理服务系统等；引进企业实践项目案例，推进数字化教学资源共享和更新；

活化教师资源，让优秀师资发挥更大效应，带动落后，提升教学水平。

（3）积极推进职教集团化专业衔接模式，整合政、行、校、企多方资源。将多方资源整合捆绑一体，多渠道营造衔接氛围。建立与市场接轨的运行机制，可采用紧密型与松散型相结合的模式。紧密型集团化办学体现在可建立董事会运作方式，教产研训紧密结合，通过自建和引进项目，实现集团、学校和行业企业资源共享，打造产业品牌，形成特色与集成整合优势。松散型集团化办学，是指可吸收行业企业、咨询服务机构加盟，成立就业指导委员会或专业建设指导委员会，把某一方面的教育资源配置做强、做精、做优，使之形成综合性的竞争优势。

（4）打破多头管理及本位主义壁垒，加强企业、中高职对接学校之间的联系和信息互通。职教集团的优势在于打破多头管理及本位主义壁垒，加强企业、中高职学校之间的联系和信息互通，实现三方任课教师之间的合作与交流，且真正互助合作培养。专业教师、企业人员可以通过互相任课、共同立项课题等形式捆绑在一起，真正做到交流合作、共同研究，促进专业教学改革。鼓励政、行、校、企参与共建多元教学实践基地，打破资源和地域限制，体现实践的就近、仿真原则，实现以点及面、复制深化的目标。

3. 建设质量保障体系

（1）进一步明确招生计划问题，探索招生制度的进一步改革，加大项目的宣传力度，保证中高职衔接取得好的生源，从源头上提升衔接的质量。给予企业一定的优惠政策，解决高校开展试点项目工作的后顾之忧。

（2）给予校企共建更多的政策倾斜和明确的政策导引。校企合作追求的是学校、企业、学生的多赢局面，合作模式应以企业具体需求为主，按照真实企业状况定制。而这一方面如果涉及资源共享，希望能有一定的灵活性。

（3）加强双师队伍建设，设立双师特别通道，进入教学体系，参与体系建设。可以参考美国的经验：美国职业教育教师专业标准，成为美国多数州职教师资专业发展的基础。教师的任职资格要求包括获得教师资格证书，其获取方式有两个路径：一是基于传统的教师培养模式获得，即通常通过大学学位课程学习、实习和毕业考试来获得。二是由基于工作经验的替代模式获得。大部分州都对特殊专业进行特别分类，用以评定相应教师资格，用实际工作经验年限的要求替代对大学学位的要求。

（4）针对分段培养的关键环节，加大专项经费支持力度。现代职业教育体系建设试点项目是广东省职业教育教学改革的新探索，需要构建新的培养机制和体制，涉及培养方案的制订、课程体系的构建与开发、教学组织的实施、师资的培养培训等多方面内容，如果没有经费支持，这些工作难以高效、持续开展。

（5）加强对项目落实情况的跟踪检查，视导工作形成常态，建立试点项目的质量保证体系和持续改进机制。

（6）打通试点项目与更高学历层次通道。由于试点项目学生较早进入专业学习，本科阶段的专业课程学习压力较普通本科小；且由于培养目标、教学目标要求不同，无法满足部分试点项目学生提高学历层次的要求，若高校兼顾这部分学生的目标要求，势必会牺牲部分项目人才培养目标成果，弱化项目人才培养优势。因而，进一步打通试点项目与更高学历层次通道，延伸高技能人才培养"立交桥"，可以一定程度上在政策层面保障试点项目人才培养本科阶段的一贯性。

（7）进一步加强宏观调控，突出牵头院校的主导作用。加强省教育行政部门的宏观调控，突出牵头院校在项目建设中的质量管控作用，督促合作双方共同建立中职学生升学预警机制，确保试点项目的生源。保证高职院校对中高职衔接专业教学计划的制订及实施进行全面的指导和监控。

模块二

中高职衔接探索与运用研究

"三元融合"中高职衔接贯通培养机制与政策研究

朱志坚　谢继延　王颖颖①

摘要：为适应地方产业结构调整升级的要求，需要构建具有新时代职业教育特色的中高职衔接创新机制。本文通过组织开展中职、高职、企业三方调研，分析在政府引导下，中高职学校与行业企业在中高职衔接贯通中如何实施产教融合，搭建人才成长"立交桥"，构建终身职业教育体系，全面提高中高职衔接人才培养质量。本文通过研究对"三元融合"中高职衔接贯通培养机制与政策提出了相关建议，以供职业教育行政主管部门与中高职学校参考。

关键词：三元融合　中高职衔接　机制与政策　建议

当前中高职衔接贯通培养机制存在中高职学校各自为政，影响一体化培养质量，教学计划编制不规范，实施管理工作欠缺，中高职师资间缺乏沟通且普遍实践经验不足，教学衔接配合不够，教学运行管理不规范，质量评价体系不完善，监控保障队伍各自为政等多方面问题。究其原因，主要是我国职业教育起步晚，各项制度不够完善，社会各界对职业教育存在思想偏见，职业院校自身重视不够等，这些都是有碍职业教育发展的因素，同时也是导致职业教育在发展中高职衔接的过程中面临重重困难的因素。为了解决这一困境，政府、中高职学校及合作企业有必要建立中高职衔接的保障运行机制，推动产教融合、校企深度合作，做好专业衔接、人才培养目标衔接和课程体系衔接，加强师资队伍的建设，促进各高职院校产教融合、中高职衔接贯通，探索一体化技术技能型人才的培养。

一、培养机制建议

1. 明确培养目标，做好专业、课程和评价衔接

为保障中高职专业衔接紧密，专业设置必须以行业、产业、企业、职业对人才的实际需求为导向，筹划接口与设置。专业口径必须宽窄有度，中职专注一线生产的具体细则，高职专注综合与创新，培养目标分层细化，避免冲突与重叠。据2015年我国颁布的普通高等学校高等职业教育专业目录注释，中高职可衔接专业达306个。应以此为依据，明确中高职专业不同层次、不同专业、不同培养

---

① 作者单位：广州科技贸易职业学院。

目标与任务，以及完善评价体系，使衔接细节落到实处。开设新专业时，中高职学校应基于经济发展和产业实际，对新专业的人才需求层次、人才需求规模深入论证，还要考虑到新专业中高职衔接的培养分层、衔接需求。

2. 制定衔接标准，确保人才培养高质量

为保障中高职有效衔接，实现人才培养目标，首先要制定相应的"职业标准"，以使人才培养内容有具体的层次性、侧重点。当前大多数专业、职业虽有对应的职业资格考核，但职业资格证书与职业教育人才培养间存在断层，故针对不同岗位层次，细化规范不同等级职业标准极有必要。新型职业标准的开发，须政府、行业、学校、企业携手参与。其中，政府负责整体布局、制定政策、提供资源支持、监督评估开发过程及质量。行业协会在技能分析基础上，对本行业技能发展进行规划，依据行业需求、职业需求，分析职务角色及功能，界定业内核心技能。中高职学校开发职业标准时，要充分考虑到岗位层次性与衔接性：一方面要分析学生成长规律及接受程度，另一方面要将职业标准与教学内容有机融合，这才能使中高职教育人才培养目标有效衔接。

3. 加强课程体系建设，确保中高职学校一体化

中高职衔接最终落实于课程体系衔接上，在此过程中必须打破学科体系局限，以职业岗位群、技术领域对人才能力的要求为依据，制定教学内容。在衔接中，要紧紧把握"减少重复""避免脱节"两项原则。制定衔接的课程体系时，必须以学生为本，以学生身心发展规律为依据。课程体系衔接过程中，一定要做好实践教学的衔接：中职方面，应以就业为导向，重点培养单项特定职业的基础从业技能，课程以技能操作训练为主，辅以传授与专业相关的基础知识以满足岗位需求，对知识的结构性、系统性、体系性可适度放宽。高职方面，除以就业为导向外，还要注重专业的技术属性，课程内容既要有实践操作，又要有设计、管理、创新、组织等综合能力养成，既要重视培养学生的动手能力，又要注重理论知识系统传授。

4. 加强师资队伍的建设，提高教学水平

提升教师的职教能力，可从两个层面入手：一是政府层面，应针对职业教师职教能力建立相关的制度和法规，增加财政投入、建立培训基地、加强教师职业能力培训，通过优惠政策鼓励更多行业企业加入中职学校和高职院校培训这一项目。二是学校层面，应积极引进有企业实践经验且有志投身职业教育事业的人才，聘用企业技术骨干在校内成立"大师工作室"指导实践课程，做到专兼职教师协调发展。同时，学校应为教师创造更多的国内外行业交流、学习及培训机会，拓宽教师国际视野，使其能够精准把握专业发展趋势，在教学中不断更新自身教学知识。此外，学校应拓宽教师职业素养的评价考核维度，结合理论、实

践、信息技术应用等进行全面评价，不受限于传统评价维度，确立新型教师评定标准，以期培养出更多具有跨行、跨界能力的综合型人才。

5. 促进三方深化改革，合作实现培养目标

中高职教育间的衔接贯通，亟须中职学校、高职院校企业行业携手合作，通过突破各主体间的壁垒，充分释放彼此间人才、资本、资源等协同要素活力而实现资源和要素的有效汇聚和深度合作。通过深层次交流、深度合作，整合与共享人才、信息、技术、资本等优质资源，实现各方优势互补、创新发展。中高职学校与合作企业积极协同创新，可以提高人才培养质量和创新水平，进一步增强办学活力，共同建立健全质量保障体系，实现高素质技术技能型人才培养目标。高职院校尤其要发挥好引领作用，带动中职学校在人才培养、教学模式、专业设置、课程体系、教育科研、招生路径、就业分配等各项工作中全面改革，以与中高职衔接更匹配适需。在衔接贯通过程中，中高职双方有必要组建第三方评价机构，定期对中高职衔接质量实施评价与监控，以使发展方向保持正确，不偏离既定的轨道。

6. 发挥政府作用，推进职教体系构建

在中高职衔接过程中，政府应充分发挥其主导作用，运用行业指导作用夯实校企间合作，促进中高职衔接健康有序发展。政府须以规范制度为抓手，通过出台相关职业教育政策法规，系统规划、统筹管理中高职衔接。一是加大职业教育宣传力度，加强社会各界对职业教育的关注度，吸引更多、更优资源向职业教育汇聚靠拢；二是调动激发职业教育办学活力，进一步开放职业院校自主招生权，合理配置资源，加大各项资源投入。

7. 减少中职学生顶岗实习时间，保证生源

目前，中职学生在毕业前到企业进行顶岗实习已作为中职学校的一项基本教学制度被确立下来。学生参与顶岗实习后，容易被社会因素影响，在顶岗实习结束后选择参加工作，不太愿意回到高职院校继续读书，学生生源流失，给高职院校工作带来了一定的影响。由此，中职学校可以探索减少中职学生顶岗实习时间的办法，允许学生到企业进行一般性的认知实习。通过减少顶岗实习时间，保证中高职一体化衔接执行到位。

8. 严进严出，中职转高职应有淘汰率

目前，中职升高职的转段考试内容较简单，除去放弃升入高职的学生外，中职升高职的升学率几乎是100%。长此以往，中职学生容易没有压力，认为不管学得怎么样都可以通过转段考试，不注重提高文化课成绩，进而影响其接受高等职业教育，也给高职院校教师教学增加一定的难度。因此，中职升高职应坚持严进严出的原则，控制一定的升学率，给中职学生适当的压力。中职升高职的入学

率应不超过95%，即淘汰率至少达到5%。

9. 高职院校应加强责任意识，定期巡察中职学校

中高职衔接涉及两个办学主体，二者在办学层次、办学历史、院校文化与特色、专业资源与条件等方面存在着很大的差异，为了促进中职学校、高职院校、企业之间的沟通与联系，保证人才培养的连贯性和适切性，高职院校应加强责任意识，定期到中职学校进行巡察，通过听课、座谈会的方式对学生上课情况进行调研了解，加强与中职学校的沟通，走内涵式衔接道路。

10. 企业深度参与中高职衔接贯通培养过程

中高职衔接人才培养过程是一个多主体共同参与的开放过程。企业作为人才的直接使用者，有必要参与中高职衔接贯通培养过程，具体从以下几方面着手：

（1）参与专业设置论证。作为最了解社会市场变化的主体，企业参与院校专业设置论证，有助于协助院校有前瞻性地预测经济社会发展趋势，及时调整现有专业设置，充分实现专业设置与产业需求相对接，使人才培养更好地适应区域经济与市场需求。

（2）参与人才培养方案制订。作为人才培养的输出机构，高职院校应把中职学校、高职院校的专业负责人及相关企业专家召集到一起，对中职升高职的专业人才培养方案进行分析比较，科学设计并有机整合，根据职业人才成长规律，按照知识与技能双螺旋上升的培养方式，实现中职教育到高职教育两个阶段培养目标的有机统一。

（3）参与教学过程实施。企业可以会同中高职学校共同开发产学研合作特色课程，为学校某些实践课程提供企业实习场地，也可派企业中的兼职教师来学校独立或与校内教师共同实施课程教学。

（4）参与人才培养质量评价。职业教育人才的培养有其特殊的一面，更强调实践性和创造性。因此，在具体的质量评价中，亟须在企业的参与下，形成以职业能力评价为导向，企业等用人单位、院校教师、校外指导教师等多主体共同参与质量评价的体系。

11. 中职学校、高职院校、企业三方共建共享开放平台和资源

高职院校应联合起中职学校、高职院校、企业的资源，牵头搭建起开放性平台。这种平台既包括实体平台，如产学研平台、经验交流平台，也包括虚拟的网络教育平台，如办公自动化系统、网络教研平台、精品课程资源库等。通过开放平台，中职学校与高职院校之间、中高职学校与企业之间，可有效地实现信息的共享、发布与交换，提高三方合作的效率。同时实现师资和专业优势互补，优化配置职业教育资源，掌握市场发展趋势和企业用工信息。

中职学校、高职院校、企业具有不同的资源优势，中职学校拥有丰富的实训资源，尤其是国家级重点中职学校个别专业的实训基地建设甚至要超过高职院校。高职院校拥有丰富的教育资源，具有一定的技术优势和人才优势。企业具有真实的实践环境，拥有先进的技术设备和大量具有丰富实践经验的工作人员。有鉴于此，中职学校、高职院校、企业可以通过协同共建，实现信息资源、师资资源、实训实验基地资源等共享。如中高职学校可与企业共同建立一个专门网站，用于随时了解招生信息、毕业生就业信息、企业用工信息等信息资源。高职院校和中职学校可以打破体制障碍，根据教学需要，互相允许对方的教师来校授课，互通互帮，促进优势资源流动共享。中高职学校也可以吸纳企业的兼职教师到校授课。在实训资源上，中高职学校可互通有无，最大限度地解决资金不够、实习实训设备不足的问题。

二、政策建议

1. 政府引导、推动、保障中高职衔接贯通培养机制创新

政府是优质公共产品和服务的主要提供方，凭借其特殊身份成为三者契约关系的来源，起到宏观性的引导作用。首先，建议政府在中高职衔接贯通培养机制中，要根据现代产业发展战略，结合区域产业发展政策制定现代职业教育体系建设规划，为中高职衔接指明方向，引导和支持中高职衔接贯通。其次，中职与高职是两种不同层次的教育，中高职衔接需要各级教育行政主管机构的配合和支持，政府要推动各级机构对中高职学校两个教育主体之间的有效协调合作负责。最后，建议政府要从制度和经济两方面为中高职衔接提供保障。政府应根据产业发展和产业结构调整需要设计中高职衔接的整体框架，并出台符合地区经济发展的院校衔接、专业对接战略，以制度形式保障中高职衔接的行业配合。同时，建设现代职业教育体系是一项大工程，中高职衔接是工程的具体项目，政府应该在财政预算上保障中高职衔接过程经费所需。

2. 顶层设计精心规划，加快建设现代职业教育体系

应坚持以服务发展为宗旨，以促进就业为导向，以提高教育教学质量为核心，立德树人，创新发展，协同育人，推进中职教育和高职教育紧密衔接。建议结合区域产业发展政策制订现代职业教育体系建设规划，为中高职衔接指明方向，优化专业结构，深化体制机制改革，探索优质高效的育人发展新模式，构建人才培养"立交桥"，加快现代职业教育体系建设。建议广州市中高职衔接的类型应包括中职与专科高职、专科高职与应用型本科的衔接。按照建设现代职业教育体系的要求，推动中职和高职教育协调发展，系统培养适应经济社会发展需要的高素质技术技能型人才。

3. 注重组织领导，实现优势互补，共同参与管理

建议广州市教育局成立中高职衔接工作领导小组，科学制订实施方案与工作计划，完善工作机制，明确任务分工，精心组织实施，协调解决试点推进过程中的重大问题。建议政府积极推动合作的中职学校、高中和本科高校建立紧密联系，签订合作协议，明确各方责任，建立健全协作机制，推进资源共享，实现优势互补。支持试验院校从国内外引进紧缺优秀师资和管理人员，可以实行聘用制，并保障相应的薪酬待遇，明确各方责任。建议在政府主导、行业指导和企业配合下，推进中高职学校专业设置与产业需求对接、课程内容与职业标准对接、教学过程与生产过程对接，做到学以致用，构建现代职业教育体系，提高职业教育服务经济社会发展的能力。

4. 全面推进人才培养模式改革

建议在中高职衔接培养机制中，全面推进人才培养模式改革，包括自主招生、三二分段、五年一贯制和现代学徒制等多种模式。建议在政府主导、行业指导和企业配合下，推进中高职学校专业设置与产业需求对接、课程内容与职业标准对接、教学过程与生产过程对接，做到学以致用，构建现代职业教育体系，提高职业教育服务经济社会发展能力。

5. 大力推行现代学徒制人才培养模式

建议组织合作高职院校承担人才培养方案的研究制订、过程监管、质量监控、师资支持等。高职院校负责牵头中职学校与企业联合制订一体化人才培养、转段选拔考核、招生录取、质量监控、师资支持等方案。在面向企业职工的招生中，对具有一定工龄、有较强实际操作经验的考生试行"注册入学""申请入学"等优惠政策。创新和完善教学管理与运行机制，通过"弹性学制"和"学分制"，更加灵活地安排企业岗位工作和学校学习。

6. 融通中高职衔接，加强国际交流与合作

为了适应广州国际大都市建设发展的要求，建议推进市属中高职学校与境外高校开展合作，探索对接国际标准，在符合广州对外交流与合作战略的专业进行中高职衔接。政府应在项目立项、中高职衔接、资金支持和管理模式建设等方面积极推进中高职学校与境外企业的合作培养，采取建立海内外基地等方式进行合作。

7. 加大中高职衔接宣传力度，做到家喻户晓

建议政府加大职业教育宣传力度，广泛宣传中高职衔接的政策、意义和优势，尤其要加强对中职学校学生和家长的宣传，提高学生的积极性，增加社会各界对职业教育的关注度，创设良好的舆论环境，为适合选择职业教育的考生提供全方位的信息服务，组织中高职学校衔接试点招生现场咨询推介会、职业规划讲

座及职业院校校园开放日活动，吸引更多、更优资源汇聚靠拢职业教育。

8. 管办评分离，调动职业教育办学活力

建议政府加快职能转变，重点加强发展战略、规划、政策、标准等的制定和实施，落实职业教育投入责任，避免部门职责交叉和分散，减少对学校教育教学具体事务的干预，创设有利于产教融合、校企合作和社会力量参与办学的良好制度环境。建议进一步推进管办评分离，激发职业教育办学活力，开放职业院校自主招生权，合理配置资源，加大各项资源投入和宏观监管力度，委托第三方专业评估机构对中高职衔接贯通人才培养机制和人才培养质量进行客观公正的评价。

9. 鼓励企业参与中高职衔接质量保障，完善质量保障主体

职业教育是一种特殊形式的教育，其所培养的人才和市场必须"零距离"接触，甚至要先于市场发展，其培养目标、课程设置、教学设施设备在遵循教育发展规律的同时，还要随着时代的发展和科技的进步而不断创新和改革，随着经济的发展更新。也就是说，职业教育在达到政府教育部门所规定的各项教育质量指标的同时，还要满足行业企业的发展需求、不断变化的人才市场的需求以及职业教育院校自身的发展需求。因此，职业教育的质量需要体现政府、社会、职业院校自身的发展要求。然而我国的质量保障主体形式以政府为主，行业企业参与度不高，学校的质量保障主体作用发挥不够，很难适应新形势下的职业教育发展需求。因此，建议建立由政府、企业和学校共同组成的多元合作型质量保障主体，引入第三方评估机构。政府要通过制定政策和评估监督来发挥其"方向盘"的职权作用；企业作为用人单位，要注意不断将毕业生在企业生产过程中的表现向学校和政府反馈；学校要严把课程、教学、师资关，共同起到对职业教育质量的保障作用。

三、结语

中高职教育两者之间实现融通对职业教育的未来发展影响重大，中高职有效衔接可加快构建现代职业教育体系，适应国家转变经济发展和产业升级的迫切要求，系统培养高素质技术技能型人才。在我国教育政策的指导下，中高职衔接已经迈进一个新的发展阶段，在实践层面取得了一定的进展，但目前仍然存在着衔接渠道不畅、总体规模不大、培养目标定位不清楚、一体化人才培养方案与质量保证体系建设仍须着力完善落实等问题，这些问题亟待进一步有效的解决。

校企合作背景下中高职衔接工作的实践与探索

——以高职会展策划与管理专业为例

彭慧翔[①]

摘要：本文分析了中高职衔接三二分段工作中高职会展策划与管理专业教育教学实践中发现的问题，并提出合理选择对口专业、探索校企密切合作改革实践教学模式、构建合适的课程体系、运用信息化教学手段等解决问题的方法，探索完善中高职衔接工作。

关键词：会展策划与管理专业 三二分段 中高职衔接

中高职衔接三二分段教育指中职学校与对口的高职院校建立联系，初中毕业生先在中职学校学习三年，然后转入合作的高职院校继续学习两年，毕业后获取普通高职毕业证书的一种高等职业教育模式。广东省 2009 年启动中高职衔接三二分段试点工作。2010 年，《关于 2010 年开展职业院校对口自主招生三二分段试点工作的通知》下发，正式展开中高职衔接三二分段自主招生。广州科技贸易职业学院（以下简称"科贸学院"）会展策划与管理专业于 2013 年起与广东省民政职业技术学校联系并展开三二分段衔接教育合作，合作试点持续三年。2017年 9 月，第一批符合条件的中职毕业生进入科贸学院展开两年的高职会展策划与管理专业学习。2019 年，此批学生已经顺利获得国家正规大专学历并就业。展开三二分段衔接教育以来，出现不少问题与困惑，同时也获得一定的经验与教训，此文对中高职衔接三二分段教育的实践与探索作总结，为有效实施对口自主招生中高职衔接三二分段政策、切实有效地促进广东省高等职业技术教育的大发展提供借鉴。

一、实践发现问题

1. 高职生源流失情况严重

有人认为中高职衔接三二分段招生对初中毕业生来说很有吸引力，因为学生五年后毕业能获得国家正规大专学历，而且所读的专业均为重点专业，师资力量

---

① 作者单位：广州科技贸易职业学院。

雄厚，对以后的就业很有帮助。但是从科贸学院会展策划与管理专业对口中职学校 2017、2018 年两级学生的报名考试、录取报到情况来看，并非如此。2016—2018 年，高职院校连续三年组织了三二分段转段考测试工作。测试成绩以理论成绩占比 40%、实操成绩占比 60% 得出，其中理论成绩选取考生中专段 3～5 门核心课程平均分获得，实操成绩以面试打分形式获得。截至目前进入科贸学院会展策划与管理专业的三二分段学生，2017 级已经毕业，2018 级已经报到入学，相关数据如表 1、2 所示：

表 1　2017 级三二分段新生数据

专业	原计划数	录取人数	报到人数	报到率	计划完成率
会展策划与管理	100	11	8	72.73%	8%

表 2　2018 级三二分段新生数据

专业	调整后计划数	录取人数	报到人数	报到率	计划完成率
会展策划与管理	28	12	7	58.33%	25%

可见，该专业三二分段培养从原计划数 100 人一届，调整为 20 多人，考试录取及报到人数都维持在 15 人以内，情况没有预想的乐观。经过与中职教师、学生沟通了解，主要问题有以下几点：

（1）选拔政策不够完善。科贸学院会展策划与管理专业 2017—2018 级中高职衔接三二分段模式中，采取的是中职毕业生通过转段考试部分升入对口高职院校的方式。有的中职学生并没有很强的学习积极性和动力，对于需要以进行转段考试的方式入学觉得麻烦或者是缺乏自信，没有报名。从 2019 年起，三二分段衔接教育改革成三二分段贯通制，这在一定程度上扭转了高职招生专业被动的局面，但也势必带来影响高职生源、毕业生难以达到高职教育要求等问题。

（2）地域问题、经济问题等。中职阶段一般都是不收取学费的，有的偏远地区学生还有生活补贴，而高职阶段是要收取学费的，导致部分家庭经济状况不佳的学生放弃继续深造。

（3）学生思想转变。经过与已入学的中职毕业生及相关对接的中职教师交流，发现导致学生流失的更主要原因是，中职三年的最后一年全年在校外实习，在这一年中，很多学生的经济状况、情感状况等发生改变，不愿意或不合适再进行深造；转段考试一般安排在中职二年级下学期末，一年后入学报到时有部分被录取的学生已经有固定或待遇较好的工作，不愿意终止而选择放弃继续深造。

学生流失率高、报到率低会影响专业的整体规模与学校的整体招生情况，降低院校、专业参与三二分段衔接培养积极性。

2. 人才培养缺乏系统设计

中高职一体化五年培养方案中课程体系设置的合理性，在一定程度上决定了人才培养的质量。目前，高职会展策划与管理专业与中职三二分段衔接过程中的一体化人才培养方案制订会针对课程设置事先沟通，但并不深入。中职阶段的培养要注重实用性、操作性及基本技能，高职阶段的培养应负责应用、管理及高技能养成，这一点是中高职合作专业意见一致认可的。但是中高职学校都会考虑目前自身的课程体系，师资、实训条件等不允许针对三二分段大幅改动课程体系，或将导致教学成本太高，因此制订的人才培养方案只能根据总体的教学目标将就执行，较难制订衔接合理的一体化中高职衔接人才培养方案。显然，三二分段课程体系很难从根本上突破，尤其是在对口专业并不是十分切合的情况下。例如本文中提到的科贸学院会展策划与管理专业，对口的广东省民政职业技术学校的专业是市场营销及高星酒店管理，由于教学条件等因素制约，在中职阶段开设会展基础认知课程及相关实训教学的可能性很小，只能设置商贸类专业基础内容，例如客户服务规范、职业道德等。另外，在高职阶段，由于报到人数太少，三二分段学生在进行实践教学活动组织的时候遇到很多困难，因此人才培养方案与从普通高中进入的学生的人才培养方案内容差距不能太大，以维持校企合作实训项目的正常运作。

3. 学生学习困难，教师教学困难

专业教师多次反映三二分段学生文化基础薄弱，部分课程学生学习吃力，教师教学困难。三二分段学生多是没有被高中录取的后进生，学习基础参差不齐，缺少良好的学习习惯，理论知识学习没有系统化，片段内容较多，可以说有时只知其然不知其所以然，难以举一反三。另外，三二分段的高职学生存在重专业课轻基础课的现象。传统教学是教师讲课，学生被动学习，一些学生不能全面理解和掌握教学内容，课堂氛围不活跃，教师的教学工作无法有效地开展。

二、探索解决问题

1. 合理选择三二分段对口专业

2014 年，《教育部等六部门关于印发〈现代职业教育体系建设规划（2014—2020 年）〉的通知》（教发〔2014〕6 号）提出建设目标为"到 2020 年，形成适应发展需求、产教深度融合、中职高职衔接、职业教育与普通教育相互沟通、体现终身教育理念，具有中国特色、世界水平的现代职业教育体系"。

科贸学院会展策划与管理专业以岗位和职业能力为本位，结合地区经济和社会发展的需要，开展深入细致的调研工作。在广泛吸纳相关行业企业及学校意见的基础上，选择市场营销、会展服务与管理、民政服务与管理（婚庆策划方向）等中职专业进行三二分段培养。选择这些对口专业的原因，首先是这几个专业的毕业生具备学习高职会展策划与管理专业的商科类知识基础；其次是同是商贸服务类专业，相比于中职营销专业、会展服务专业、婚庆策划专业，会展策划与管理专业对职业所需求的实践技能要求较高，在中职的基础上继续深造两年提升职业水平对毕业生个人职业生涯帮助较大。

2. 深化产教融合，加强中高职联系、校企密切合作

科贸学院会展策划与管理专业在实践教学体系建设上，切实深化校企合作，工学结合，建设了会展专业工作室，通过工作室的实际运营，在课程实训中嵌入工作室项目工作，改革课程设置与教学模式，为企业培养符合时代发展、具备专业职能的高素质会展专业人才。目前，科贸学院也通过工作室探索给予三二分段学生和普通高中学生不一样的工作项目内容。三二分段学生进入高职后是与普通高中学生同期学习会展专业基础平台课、进行专业知识沉淀的，但是他们相对于普通高中学生已经有多一年（中职三年级）的实践工作经验，因此我们可以通过工作室承接项目安排更多需要工作经验的岗位给这些学生，再结合会展专业的知识传授，更凸显他们的优势，使其在项目运营、管理等方面表现突出。同时，在理论学习上，由于三二分段人数目前还比较少，我们可以针对中职生理论知识薄弱的特点，适当简化理论知识的学习，同时加强学生学习能力的培养，最大限度地促进学生的可持续发展。

针对中职学生转段考试后流失的问题，科贸学院积极与中职学校、企业商讨是否在中职第三年通过高职会展专业工作室项目运营的方式，使中职学生开始参与高职院校主导的项目，高职院校从实习期就介入管理，希望能从一定程度上改善中职学生三年级实习后流失的问题。但目前此项工作缺乏相关政策支持，仍然需要在切实创新产教融合模式、加强中高职联系、深入校企合作实践教学等方面进行探索。

3. 基于三二分段制的专业教学实践探索

（1）教学模式改革：探索 A、B 班实践教学模式。针对三二分段学生的专业教学，教研室实践会展专业项目工作室制教学模式，深化产教融合整合人才及社会资源，实现人才培养目标和行业企业职业能力需求对接，强化学生理论联系实践的能力。从市场人才需求实践角度提出中职学生进入高职院校后提高职业岗位能力水平的具体对策、措施和办法，不断推动三二分段高职会展策划与管理专业学生尽快适应环境、进入管理角色、胜任岗位要求，促进会展行业健康、有序和可持续发展。根据新形势下市场对会展人才的需求，通过理论和实践的结合，克

服教学体制的不足，创建一个适应社会需求的培养高素质会展创新创业人才的会展教学模式。高职会展策划与管理专业实施以真实工作任务或真实项目活动为载体的教学模式，融"产、教、学、做"为一体，建立课堂与实习地点一体化的行动导向的教学模式，突出教学过程的实践性、开放性和职业性。

科贸学院借鉴了新加坡南洋理工大学的双轨制，但又根据专业的实际情况和三二分段学生的特殊性进行了改良，专业从大二第二学期开始设置 A、B 班，A 班为基础能力较强的企业实习班，B 班为加强理论学习、在校内进行项目实践的班级。例如 2017 级会展策划与管理专业在大二下学期特设中青旅世博会顶岗实践项目，A 班同学前往北京进行为期半年的国际级会展项目顶岗实践，B 班同学在校加强学习会展专业相关技能知识和项目运作知识，并运营工作室真实项目。三二分段班级学生根据实际情况参与 A 班或 B 班，圆满完成两年学习任务，同时弥补了自己在专业实践技能或理论知识上的缺陷。这样做有以下几个好处：第一，班级较少的三二分段学生大二下学期可以根据情况与普高班级的 A、B 班合班，充分利用教学条件和师资力量；第二，三二分段学生所面临的挑战与其他学生是不同的，这样可做到因材施教。

（2）课程体系构建。专业从分析广州具有代表性的会展行业从业人员职业能力、岗位要求、素质要求等入手，清醒认识和客观洞察当前高职院校会展专业学生职业岗位能力素质培养中存在的问题和不足，立足现状，明确差距。改革教学模式与课程内容，基于项目工作室模式重构课程体系，使学生在完成专业学习后，具备专业岗位所需要的专业知识与岗位职业能力。教学内容的取舍和排序遵循职业性原则，从职业工作（或项目）角度出发来选择课程内容并安排教学顺序，将企业的工作任务转为教学任务，让学生在工作中学习、在工作中提高，真正实现专业和岗位的无缝对接。例如，会展策划与管理专业和中职对口专业商榷，中职阶段教授商务服务类基础课程，如营销基础、商务服务、办公基础、广告基础等；高职阶段则教授会展策划与管理专业的核心课程，如会展策划、会展项目筹备、会展项目管理、会展营销等，结合企业项目、工作室运营项目的实践教学内容。因此，三二分段学生不仅学习到与职业需求息息相关的专业知识，各种专项技能也得到了综合项目的训练，还充分提高了专业岗位能力。最后进入企业顶岗 A 班实习或加入具体校内项目实践项目 B 班学习，使学生毕业时掌握扎实的会展专业知识并能够快速融入工作岗位。同时将职业资格标准、行业技术标准、技能大赛成果、创新创业教育及企业工作文化等融入课程体系，实现课程体系与职业标准、行业标准对接，不断完善形成适合三二分段人才培养的递进式会展专业教学体系，包括课程实训、整周实训及顶岗实训内容设计等。

（3）教学方法、手段改进。为提高三二分段学生教学质量，专业充分优化了高职阶段的教学。在进行课程设计时以真实的工作过程为载体，实施校企合作、项目导向理论结合实训的一体化教学。教师针对三二分段学生特征，有效地选择课堂内容，促进学生自主学习和主动学习，开展"做中教，做中学"的教学。因此，学生能够在高职阶段两年的学习时间里，熟悉岗位工作内容、程序、要点。

依据科贸学院会展策划与管理专业和对口中职专业的实际情况，改革后的教学内容充分优化。首先，实训项目及专业核心课程教学内容根据三二分段学生特点调整；其次，课程评估方式更灵活，根据项目工作过程及成果形成学科考核分数，更注重项目参与的过程而不是期末考试；最后，教学方法更加多样，如小组讨论、课后在线辅导、学习平台题库练习、视频观看、案例阅读，以学习平台达成任务目标的方式进行综合评价，促进三二分段学生自主学习，养成良好的学习习惯。

近年，专业教师通过申报各类项目积极推进专业课程数字化教学资源建设，利用信息技术，充分优化教学媒介、信息资源，以会展专业核心课程模块的建设为引线，促进教师团队信息化素养的提高，达到丰富、完善专业数字化教学资源的目的，为培养三二分段学生构建良好的教学与数字化学习环境。

三、小结

三二分段会展策划与管理专业人才培养的实践和探索需要产教深度融合，加强校企合作，克服教学体制的不足，营造"产、教、学、做"一体化环境，大胆探索新的实践教学模式，细心发现学生学习的特征，利用信息化资源，突出人才培养的一体化设计及实施，实现三二分段中高职密切合作，以全面提高教学质量，实现教育资源优势整合，共同构建完善的现代职业教育体系。

参考文献

1. 何慧兰，巫昊峰. 对广东省三二分段中高职衔接模式的思考［J］. 现代企业教育，2012（14）.

2. 谷雪贤，李小玉，柳滢春. 中高职三二分段衔接中存在的问题及对策研究［J］. 中国校外教育，2018（16）.

3. 陆龙福，刘良瑞，石咪咪. 基于"3＋2"中高职衔接课程体系的研究［J］. 芜湖职业技术学院学报，2015（2）.

4. 高俊文，邹心遥，夏晓冬. 广东省"中高职三二分段"衔接探索［J］. 教育与职业，2012（24）.

5. 吴强，何静. 中高职衔接"三二分段"招生培养的问题与对策［J］. 职教通讯，2015（23）.

中高职衔接三二分段存在的问题及对策研究

——以广州科技贸易职业学院国际经济与贸易专业为例

王秋玲①

摘要： 中高职衔接是当前职业教育的热点，也是职业教育发展的必然趋势。在中高职衔接具体实施的过程中，会存在培养目标层次区分不明显、课程设置内容重复并缺乏整体性、招生报到率低等问题，本文以广州科技贸易职业学院国际经济与贸易专业为例，针对以上问题提出相应的解决对策。

关键词： 中高职衔接　三二分段　培养目标　课程设置

中高职衔接是指按照建设现代职业教育体系的要求，推动中等和高等职业教育协调发展，系统培养适应经济社会发展需要的技能型特别是高端技能型人才。中等职业教育是高中阶段教育的重要组成部分，重点培养技能型人才，发挥基础性作用；高等职业教育是高等教育的重要组成部分，重点培养高端技能型人才，发挥引领作用。构建现代职业教育体系，增强职业教育支撑产业发展的能力，实现职业教育科学发展，中高职衔接是关键。

2010年3月，广东省教育厅、省招生委员会发布《关于2010年高等职业院校面向中等职业技术学校开展对口自主招生试点工作的通知》以及《关于做好2010年广东省职业院校三二分段中高职衔接招生试点工作的通知（征求意见稿）》，拉开了广东省中高职衔接的序幕。

广州科技贸易职业学院（以下简称"科贸学院"）国际经济与贸易专业从2013年起开展中高职衔接的申请与探索工作，于2015年首次成功与广东省民政职业技术学校签订中高职衔接合作协议。截至2019年，每年均与中职学校开展中高职衔接工作。国际经济与贸易专业连续五年深入开展中高职衔接工作，有效拓宽了专业招生渠道，也为中职学生继续深造提供了有效途径。该专业在开展中高职衔接三二分段工作的过程中，不断发现问题、解决问题，为实现职业教育科学发展进行了不懈的努力。

---

① 作者单位：广州科技贸易职业学院。

一、该专业在中高职衔接三二分段中存在的主要问题

1. 中高职的培养目标层次区分不明显

专业人才培养目标直接决定了人才培养方案、课程设置、授课内容等具体教学文件的规划，因此中高职衔接工作的首要问题是培养目标的衔接。中职教育强调培养实用型、技能型、操作型人才，而高职教育强调培养应用型、管理型和高端技能型人才，可以看出中职培养目标和高职培养目标之间的递进关联性。因此实施中高职衔接的中职专业和高职专业，在培养目标的方向上应该是一致的，但具体培养目标应该是递进的。

在科贸学院国际经济与贸易专业的中高职衔接过程中，由于中职国际商务专业和科贸学院国际经济与贸易专业类似，就出现了中职和高职的人才培养方案非常相似的情况，也就是中高职的培养目标层次区分不明显，这将会直接导致中高职的课程内容出现大量重复的现象，从而造成资源浪费、学生怠学等。

2. 中高职的课程设置缺乏层次性和整体性

中高职衔接三二分段的课程设置应该是五年一贯制的课程体系，从课程设置里体现中职教育和高职教育培养目标的递进性。但在中高职衔接之初，由于涉及师资和资源调配等问题，很多中职学校和高职院校都不愿意对已有的课程体系改动太大。如果只是把中职课程和高职课程简单地修改叠加，所制定出来的五年课程体系必定缺乏层次性和整体性，导致有些课程内容重复过多，有些课程内容因缺乏前期课程的学习而使学生理解困难，尤其当中高职衔接的专业相同时，此现象更为严重。

课程设置缺乏层次性，将导致教学内容重复过多，降低学生学习的积极性；课程设置缺乏整体性，将导致教学内容无法有效衔接，影响教学效果，无法实现真正的中高职衔接培养目标。科贸学院国际经济与贸易专业在实施中高职衔接三二分段之初就发现了这个问题，专业团队一直在不断修订和完善五年一贯制的课程体系。

3. 中高职衔接招生报到率低

目前的三二分段招生普遍存在报到率低的情况。比如科贸学院国际经济与贸易专业 2015 年计划招生 30 人，实际招生 23 人，实际报到只有 13 人；2016 年计划招生 60 人，实际招生 44 人。报到率低会打乱高职院校的招生计划和人才培养计划，造成资源浪费，打击高职院校对于中高职衔接的信心和热情。

以往的三二分段招生是中职学生自由选择和报考，所以三二分段学生在中职阶段没有专门的人才培养方案和课程设置，统一使用正常的中职人才培养方案。中高职衔接转段考核安排在第四学期，而在中职最后一个学期——第六学期还有

一个学期的实习阶段。在中职学生对社会和自我发展还没有足够理性了解的情况下，实习阶段的短暂经历，可能使部分学生的想法因环境发生改变，从而导致其不再愿意回到学校继续深造。同时，学生对于学历提升的重要性认识不够、高职需要缴纳学费等也是导致报到率低的因素。

二、该专业在中高职衔接三二分段中的解决对策

1. 中高职培养目标的衔接

中职的培养目标是技能型人才，高职的培养目标是高端技能型人才，中高职衔接的人才培养应体现出循序渐进的过程，逐步提升专业技能。中职阶段的教学应注重基础知识的学习，培养学生的基本职业素质，如基础理论知识、爱国敬业、诚实守信等。高职阶段的教学应侧重专业技能的培养，提升学生的实际操作能力，为走上工作岗位做好充分准备。

科贸学院国际经济与贸易专业教学团队和中职国际商务专业教学团队、外贸企业专家团队三方经过多次研讨修改，制订了五年一贯制的人才培养方案，将中职阶段的培养目标定位于国际商务助理、外贸业务员助理等外贸基础岗位所需的技能型人才，高职阶段的培养目标定位于国际商务员、外贸业务员、外贸跟单员等外贸核心岗位所需的高端技能型人才。依此确定人才培养方案和课程设置，避免教学内容重复和资源浪费，实现中高职培养目标的递进式衔接，保证培养出适应企业需求的高技能型人才。

2. 中高职课程设置的衔接

中高职衔接的课程设置应依据学生的认知规律，阶梯形地设置每学期的课程，并且体现中高职课程内容的连贯性和层次性。课程设置中应明确中职教育是基础，高职教育是中职教育的延伸、拓展和提升，体现中高职教育的内容衔接。

科贸学院国际经济与贸易专业和中职专业团队、外贸企业三方共同商讨确定了五年一贯制人才培养方案和课程设置体系，确保课程内容的连贯性和层次性，同时避免课程内容的重复，实现知识技能的逐步提升。

该专业三二分段学生的中职课程以基础理论知识为主，加强语文、数学、英语等基础课程的学习，同时教授进出口贸易实务、单证实务、市场营销等国际贸易的基础知识；高职课程以技能提升为主，主要学习国际贸易实务、跨境电商实务、外贸跟单实务、新媒体运营等专业核心课程，同时通过实训项目、工作室任务、企业实习等实践性课程，提升学生的专业技能和实操能力。

3. 中高职衔接报到率的提升

中高职衔接的学生流失率高、报到率低会影响高职院校的整体招生，打乱专业的人才培养计划，造成资源浪费，并降低高职院校参与中高职衔接三二分段培养的积极性。科贸学院国际经济与贸易专业也在实践中不断摸索提升报到率的方

法，具体实施方法如下：

（1）学院领导带领专业教师团队去中职学校进行专业宣讲。通过专业宣讲，让学生对于科贸学院和国际经济与贸易专业有更全面和清晰的了解。同时，现场解答学生的相关疑问，鼓励学生参加三二分段招生计划，为更美好的未来努力提升个人学历和能力。

（2）邀请中职学生来学院参观交流。中职学生通过参观校园、教学楼、实训楼、工作室、操场、宿舍、食堂，深入体会科贸学院的学习环境和生活环境；通过和国际经济与贸易专业的师兄师姐聊天，进一步解除心中的疑虑，加强自己对将来可能就读的高职院校的认知和肯定。

（3）中职阶段自入学开始进行三二分段独立编班，制订专门的五年一贯制人才培养方案并严格执行，修改课程设置计划。在课程内容体现连贯性和递进性的同时，将三二分段学生的中职实习学期由第六学期改为第五学期，一方面保证学生中高职转段阶段学习状态的连贯性，另一方面保证学生在转段过程中不因外界环境干扰而放弃继续升学的大好机会。

三、结语

中高职衔接是构建现代职业教育体系的关键，也是我国职业教育发展的必然趋势。中高职衔接涉及中职和高职的人才培养方案、培养目标、课程设置等多方面、全方位的衔接问题，需要中职学校和高职院校统筹规划，专业教师在实践中不断努力和改善，从而克服中高职衔接存在的问题，实现教育资源的优化整合，共同构建现代职业教育体系，全面实现职业教育的使命。

参考文献

1. 肖冰．基于学情分析的中高职衔接培养模式构建：以顺德职业技术学院为例［J］．顺德职业技术学院学报，2019（1）．

2. 陈艳琼．基于中高职一体的"三二分段制"人才培养模式改革与实践：以福建船政交通职业学院建设工程监理专业为例［J］．福建建材，2018（11）．

3. 程院莲，詹锦锋．应用电子技术专业"五年一贯制"中高职衔接人才培养模式研究：以广州番禺职业技术学院为例［J］．教育现代化，2018（5）．

4. 谷雪贤，李小玉，柳滢春．中高职三二分段衔接中存在的问题及对策研究［J］．中国校外教育，2018（16）．

5. 陈明忠．"三二分段"中高职课程有效衔接研究［J］．无锡职业技术学院学报，2017（1）．

中高职学校"3+2"课程衔接与对策初探

李　妮[①]

摘要：中高职衔接在培养优秀人才和课程衔接方面遇到重重阻碍。本文从整体对中高职学校重新设计，从目标培养、课程选择以及教育内容方法等方面进行规划。一定要使学生在心中有数的情况下展开学习，这样才能确保课程衔接的顺利，提高人才质量，由人数多向质量精良转变，为我国教育文化发展作出突出的贡献。期待不同学校合作教学，使优质的资源实现共享，从各个方面同时解决课程衔接问题。

关键词：中高职衔接　课程对接政策　教学方式

教育体制的革新一定会进行中高职学校的课程衔接，如果这种革新进行得比较顺利，则为人才的培养输出奠定了基础。但是，假设课程衔接过程中没有统一的标准，肯定会影响学生的学习效果。最近这些年，我省对中高职学校进行了统一的引导与培训，又从一些中职学校中挑选了某些专业为试点，如电子商务专业等，探究"3+2"课程衔接模式，从教育政策和教学方式等方面进行革新，一段时间后进行验收，取得了令人满意的效果。

一、中高职学校"3+2"课程衔接问题分析

1. 提出问题

我国的宏观经济发展得越来越快速，一定范围内的区域经济也加快了产业转变的速度，因此社会急需一大批具有高素质的人才。然而现在我们国家的中高职学校较缺乏这方面的能力，层次较低，培养出来的学生达不到社会需要的人才标准。因此，"3+2"课程是衔接中职学校和高职院校的纽带，必须尽快实施。"3+2"课程之前是培养高职人才的为期三年的教育模式。该教育模式有以下几种优点：一是区域经济条件下，市场需要有真才实学的人，这样对中高职学校促进区域经济的发展有重要意义；二是减轻学生教育花费负担，并且有效提升毕业后的收益；三是有利于将中高职教育资源整合，提高教育质量，使有限的资源利用率最大化。这些优势全部得益于"3+2"教育方式的突破性和创新性。然而

---

① 作者单位：广州市番禺区新造职业技术学校。

在实际情况下有许多困难，中职学校本身教育能力欠缺，在与高职院校的对接过程中又不能做到无缝衔接，这大大降低了学生所受教育的质量。因为中职学校在生源、教育投入等方面比较落后，所以其面临的课程衔接问题较为严峻。中高职学校的教育人员一定要认真考虑衔接方法和政策，并且提出严谨的方式方法。

2. 现状分析

（1）不同院校对相同的专业有不同见解，课程衔接不顺利。中职教育面向初中生，学生基础掌握有些欠缺，因此要提高他们的职业素养和职业技能，争取让其成为技术技能型人才；高职教育着重培养学生的应用能力，将技术付诸实际，培养高端人才。由此看来，中高职学校对学生的培养处在不同的阶段。中高职学校在培养专业有相似之处的学生时，仅关注在校这短短几年，没有考虑过学生毕业之后的走向和发展，使得学生与社会严重脱节。另外，现在的高职院校着重培养高中毕业生，而不太接受有技术但文化需要提升的中职学生，太过在意文凭。这显然是不对的，这五年的学习就像是一个框架，应以素质教育为基础，然后在这个基础上以技能训练为最终目标，选择合适的课程及教育方式、教学内容甚至是考核方式，并对其进行评估，制订最优秀的培养方案，让学生真正学到可以在社会上使用的技能。

（2）新建一个课程的前提要求有差别，课程之间应该有一定的联系。中职和高职属于两个独立的部门，各有各的标准与做事方法，交流少，合作默契差，遵循自己的教育方法形成的一套固定体系，在技术培养方面不能做到概括统一。基础课程没有联系，造成脱节，专业课程反复学习，造成资源浪费，中职学生能力得不到提高，高职学生又没有很好的理论支撑，衔接出现问题，严重影响了教学的效果。解决中职学校和高职院校衔接问题的关键之处就在于课程的无缝衔接。国家对教育的基础掌握和文化素养有明确要求，基础才是重中之重，尤其是语数外这些文化课，一定要达到比较高的水平。再加上这两个阶段对学生的要求有差别，教师要由浅入深，从基础教育讲到技能掌握和应用。在这五年时间里，一些公共课程的学习和普通高中相似，了解原理即可，但是对专业课程一定要理解透彻，不然难以应用于实际，要注重实训与实践，让学生自己动手操作。中高职衔接就要将资源利用最大化，合理分工，有条不紊。

（3）中高职学校专业课程定位不同。不同的中职学校有不同的教学方式、教育定位，哪怕是同一门课程也会有很大的差别。例如"工程制图"这种基础课程会在中职学校开设，高职院校不会考虑学生是否已经掌握这些基础、学生现在技术怎样，而是重复开设了这种课程。还有一种情况是中职学校没有开设一些必需的专业课程，而高职院校认为这是基础，学生应该已经在中职学校学习了，也就没有开设，这就形成了衔接断层。

（4）中高职衔接侧重点不同。经过长时间研究，大量数据显示中高职学校需要就衔接问题提出具体可实施的建议，最重要的是争取一起举办招生仪式，在培养方法和教师教育等方面多进行交流，共同提出问题并解决问题。可向教育部提出一些建议，供中高职衔接院校进行参考。中职学校应强调要学好基础；高职院校应要求实用性，技能要能够在社会上施展出来，能为自己带来收益，在综合素质等方面得到提升。

二、中高职学校"3+2"课程衔接有效方法

如果要解决中高职学校"3+2"课程衔接问题，就必须要做到从整体考虑，分步培养，中职学校和高职院校一起参与考量，为其顺利进行出谋划策。

1. 中高职学校目标相同，进程统一，分工明确，是新培养方案顺利进行的基本保障

原来中高职学校衔接出现断层是由于每个学校都有自己的主管部门，而这些部门之间又缺乏交流，因此衔接得不够顺利。这时就需要教育部门来进行调节，对中高职学校进行明确的分工，让其明白自己的任务与责任，并督促学校认真完成，这是"3+2"课程顺利进行的前提与保障。"3+2"课程培养出来的是"专才"，他们精通某一领域，并能作出贡献，是应用型人才；他们能够在岗位上随机应变，完全掌握技术操作手段，具备终身自我学习的能力，可以举一反三，充满创造力。

2. 中高职教育应该无缝衔接，课程的设置应该合适且循序渐进，课程的精良才是教育质量提高的关键

第一，中高职学校应选出各自有实力、有眼界的教师组成调研小队，到培养阶段相同、专业相近的学校进行交流学习。第二，中高职学校应确认自己想要什么类型的人才。正所谓术业有专攻，要寻求人才定位相同、教育目的不谋而合的学校，共同找出课程的衔接点，包括课程要求的衔接点、培养方向的衔接点等。第三，不同岗位对学生的技术要求不同，调研小组要对岗位的需求做调研，培养在岗位上具有竞争力的学生。确保资源不被浪费，学习基础扎实，书本与实际、学生与社会不会脱节，学生毕业就能为社会所用。

3. 能力必须具备，素质也不可或缺，育人需要教育与教学

中职学校学生技能掌握欠缺，高职院校学生理论基础差，并且均认识不到自己处于一种并不理想的状态下。中高职学校必须让学生接受系统的培训，并且加强心理素质教育，不断增强其自信心，为其排忧解惑，对其进行心理疏导，使其树立正确的人生观、价值观。提升学生综合素质，使其有责任心、有工作态度，如此才能实现"3+2"教学的真正目的，确保人才的素质与质量。这些人才可到生产一

线或者技术管理部门，胜任不同工作，成为实打实的多元化复合型人才。

4. 加强新模式教育的监管体系

"3＋2"教学模式使学生们对质量教育、素质教育、课程衔接有了进一步的认识。因此，中高职学校应定期进行交流总结，参加者应包括调研小组的教师，还应包括不同级别的学生。中高职学校要对一些不太完善的步骤进行补充改变，对比较顺利的方面进行更多的运用与推广。中高职学校可以每个学期都进行一次问卷调查，看看这种新模式是否被大家接受，学生综合素质是否得到提高；也要对教师的工作进行检查，可以由学校派一些骨干教师组成检查小组，去不同班上体验教学，亲自去学生中间感受"3＋2"新模式教学的氛围与带来的改变，询问学生的感受与建议，更好地促进新模式的发展与成熟，让它真正落实。在专业教师、专业调查数据面前，新模式的优点和不足一目了然，再与其他院校的教师共同商讨，使每一位学生都可以得到全面发展，达到综合素质提高的最终目的。

5. 中高职学校应该以自身优点为基础，实现共同教学

中职学校教师与高职院校教师可自由结合为教育团体，内部实现资源共享，交流教学方法，在这样的条件下，实现"3＋2"课程无缝衔接。中高职学校以相同的专业为单位，可以培养自己团体的教育特色，教育方式优势互补，达到统一。这种无缝衔接的教学模式，适用于各种层级的学生，并且使教学质量得到一定程度的提高。不同院校的教师经常在一起开调研会，积极解决现有的需要共同解决的问题，可为学生提供更有利的学习条件。

三、结语

1. 最大限度实现资源共享

中高职学校应加速实现资源统一，并且吸收其他学校优点来弥补自身缺点。利用自身师资力量、教学设备和管理方面的优势，使得中高职教育实现真正的无缝衔接。最重要的就是学校之间的师资共享，这样能够激发教师参与的积极性，也能让学生体验多元的教学方式，学到更多的知识，使中高职学校在教育方式和进程等方面不会出现断层，实现无缝衔接。

2. 使中高职教育变得具有"双重性"非常重要

学生是为了日后更好地工作、尽快融入社会、有一技之长而接受教育的。有了技术作为基础，能迅速适应社会岗位上的变化，不会被社会淘汰。因此，学生应该专注基础知识的学习，为之后的深造或学习做好准备。在进行知识层面提高和能力培养的过程中，学生要学会自主学习、应用学习，将书本上的知识用到实际生活中，顺利完成课程衔接。

3. 适当调整在衔接阶段的考核标准

中高职衔接关注三次考试成绩，分别是笔试、面试和平时成绩，唯独缺少了

实践方面的成绩，因此无法直观看出学生今后就业的兴趣所在以及具备哪方面的潜质。在这种情况下，下一步最重要的改变就是考核的形式：首先要提高技能方面的考核，再者就是综合考虑平时的表现，不要把比重都放在最后一次期末考试。这样才能满足新模式下的学生成长要求，以及社会对人才的需求，顺利做到中高职衔接。

4. 对中高职教学质量进行监测

"3＋2"教学模式对不同层次的学生进行循序渐进的培养，在此模式下教学质量得以提升，教学内容逐渐多元化，但对教育效果进行监测的难度系数也大大提高。因此，中高职学校的教师和学生要经常进行交流，提升自身能力。最重要的是学生综合素质档案被两校共同拥有，学生的学习成绩、学习能力、综合素质，以及学生技能能否用于实践等系数都包含在学生档案库中。这个档案库在很大程度上可以反映学生在新模式下的改变，是决定调整教育方案与否的重要考核依据。

"3＋2"教学模式是现代社会教育人才的一种需要被探索的新模式。怎样才可以无断层衔接，健康发展？在这种模式下培养出的人才进入社会，经过实践的检验是否有效果，是否能快速适应社会并且在社会的残酷竞争中谋求一席之位？学校等要精准掌握学生的定位，保证学生在校所学可以成为他日后在社会打拼的基础。最重要的是中职学校和高职院校无缝衔接，将高职院校培育人才技能的优势发挥到极致，在两者相结合的情况下，将"3＋2"教学模式发展为一种特色，使之成为教育体系中重要的组成元素。

参考文献

1. 李红燕，秦浩. 高职院校与应用型本科院校"3＋2"人才培养衔接问题研究［J］. 时代教育，2017（22）.

2. 肖志余，等. 智能制造背景下高职院校模具专业3＋2招生教学衔接研究［J］. 教育教学论坛，2018（47）.

3. 姜晓坤. 3＋2专本贯通冶金专业高职英语课程体系及教材编写实践研究［J］. 劳动保障世界，2017（20）.

4. 蒋继国，田凤娟. 高职院校护理专业学生积极心理资本在专业认同与学习倦怠间的中介作用［J］. 中华行为医学与脑科学杂志，2018（9）.

5. 严毅萍. 针对高职"3＋2"班级学生学风建设的探索和实践［J］. 环球市场信息导报，2017（9）.

6. 贾丽娜. 高职院校日语教育的探索：以东海职业技术学院"3＋2专升硕"项目为例［J］. 现代职业教育，2019（11）.

校企合作背景下中高职衔接专业人才培养方案的研究

——以珠海市理工职业技术学校电子技术应用专业为例

葛和平①

摘要： 校企合作是职业教育的灵魂，中高职衔接是职业教育发展的必然结果。本文针对中高职衔接在人才培养方面的诸多问题进行了研究，尤其关注学生的职业技能水平及中高职衔接的课程标准、专业设置、评价体系等方面。

关键词： 校企合作　中高职衔接　人才培养　两校一企

职业教育和普通教育是教育的两种途径，虽然类型不同，但具有同等重要的教育地位。中等职业教育和高等职业教育是职业教育体系的两大组成部分。职业教育的目的是培养高级技能型人才，技能型人才的培养和企业的共同教育是分不开的。教育部等六部门发布的《职业学校校企合作促进办法》（教职成〔2018〕1 号）从基本原则、合作形式、促进措施、监督检查等方面对职业院校开展校企合作做出详细规定与要求，在政策法规层面弥补了职业院校推动校企合作的不足，解决了职业院校深化校企合作长期缺乏法律法规指导的重要问题。2019 年 1月，国务院印发了《国家职业教育改革实施方案》，方案中明确提出"扩大对初中毕业生实行中高职贯通培养的招生规模"，同时要求"推动校企全面加强深度合作"。在 2019 年李克强总理所作的政府工作报告中明确提到，该年高等职业教育大规模扩招 100 万人，加快学历证书和职业技能等级证书的互通衔接。

一、中高职衔接人才培养存在的问题

现行的中高职衔接人才培养方案存在着很多问题，尤其是在课程的设置上问题最为突出，主要体现在以下几个方面。

1. 课程内容设置重叠

在现行的职业教育体系中，国家尚未针对不同层次的职业教育制定统一的教

---

① 作者单位：珠海市理工职业技术学校。

学标准和课程标准。各中职学校和高职院校均构建了自己相应的专业课程体系。中高职学校之间缺少有效的沟通，这就导致某些专业课程在中职教育阶段和高职教育阶段重复学习，不仅造成了中高职教育资源与学习时间的浪费，而且严重影响了学生的学习兴趣与积极性。

2. 基础课程知识薄弱

中职学校在基础课程的设置方面有较大的误区。由于中职学生文化课基础薄弱、学习兴趣较低，中职学校在课程设置方面重专业技能课、轻文化基础课。这导致学生在进入高职院校后，对于文化课，尤其是数学、英语等基础课程的学习普遍感觉到比较困难。文化基础课程知识的匮乏，造成了学生专业发展的局限性，这反映出中职课程体系构建的思想和原则差异。

3. 专业技能训练重复

在专业技能的实训方面，中职教育与高职教育应该体现出层次和内涵上的差异。例如，中职教育应偏重电子设备的维修、维护等，而高职教育应偏重电路设计、嵌入式系统控制等。但在实际情况中，较多的高职院校在技能训练方面定位较低，中职学生在升入高职院校后，发现有些实训项目在中职教育阶段早已熟练掌握，产生厌学情绪。

二、中高职衔接人才培养的策略分析

针对中高职衔接人才培养存在的问题，必须采取有效的对策，才能使整个职业教育系统充分发挥整合功能，增强职业教育的吸引力，实现中高职教育的良好衔接与校企的深度合作。

1. 课程开设模块化

现行的职业院校课程开设不利于中高职衔接的推广，应打破传统学科课程模式，实行模块化教育课程，以专业群的形式宽口径衔接中高职专业，这样在接口上形成了更强的相容性、衔接性，在专业目标定位与内涵建设上有了更大的互补递进空间。专业的衔接最终要通过课程的衔接来实现。在课程目标上，要将中职教育的实用性、操作性、工具性与高职教育的技术性、创造性、智能化优化结合。在课程内容上，要根据中高职相近专业大类的特点和要求，制定相互衔接的课程标准，确定科学合理的教学逻辑和教学顺序，既要避免重复，又要拓宽课程知识面，真正实现课程内容衔接的连贯性、逻辑性、合理性。

2. 培养目标阶梯化

为实现中高职教育的规范衔接，需要进行培养目标的定位，只有目标明确了，才能做好衔接工作。中高职教育的培养目标应分别定位为：中职教育培养与我国社会主义现代化建设要求相适应，德、智、体、美全面发展，具有综合职业能力，在生产、服务一线工作的高素质劳动者和中级技能型人才。该层次人才应具有基本的科学文化素养、继续学习能力和创新精神，良好的职业道德，必要的文化基础知识、专业知识和比较熟练的职业技能，较强的就业能力和一定的创业能力。高职教育的培养目标是培养德、智、体全面发展的，生产、管理、服务等社会各行业第一线的高级应用型专门人才，即将科学技术转化为生产力的高级技能人才，包括把科研与开发设计成果应用于生产中的工艺技术的专门人才，能把决策者意图具体贯彻到实际工作中的一线管理人才，具有特定业务知识技能的人才以及某些特殊智能型操作人才等。

3. 专业设置规范化

中高职教育的专业设置都必须适应当地经济发展的要求，与当前我国产业结构调整和就业结构变化相同步。近年来中职教育招生萎缩，为了解决生存问题，许多学校纷纷开设各种热门专业（如工业机器人、物联网、智能家居、金融等），有些学校还根据人才市场的需求，新增许多适应市场需求的门类繁多的专业。而高职教育属于高教范畴，受办学条件、师资设备等限制，加上发展时间短，故专业门类相对较少。这就造成了中职毕业生想报考高职却苦于没有相同专业可报的困境。想解决这一问题，需要规范专业设置。职业教育专业设置的依据是就业岗位，因此要通过广泛的职业调查、职业岗位分析，依靠地方和行业，规范职业教育的专业设置，研究制定出统一的中高职专业目录，对学校的专业设置进行严格管理。在制定专业目录时，必须要做好企业岗位能力的调研，企业的用人标准才是教学的标准。珠海市理工职业技术学校借助珠海市职教集团，同集团内企业单位做好岗位调研和校企合作，为用人单位提供优质的毕业生。

4. 评价体系标准化

中高职教育教学管理应积极探索衔接良好的评价体系。中高职学校应制定统一的人才培养质量评价标准，以职业技能等级证书和课程技能证书为基础标准，融入企业岗位能力要求，对接国家、省、市职业院校技能大赛。还应充分发挥企业、行业在评价体系标准方面的作用。

三、成立专业指导委员会，"两校一企"共建人才培养新模式

"两校一企"是指中职学校、高职院校和企业三个主体联合开展专业设置、课程开发、教材开发等教学资源库构建，联合进行实训室建设，三方共同培育人才。下文以珠海市理工职业技术学校电子技术应用专业为例进行说明。

1. 共同制定课程标准

该校电子技术应用专业与广东科学技术职业学院已开展中高职衔接，为了充

分利用学生的学习时间和调动学习兴趣，两校教师互通互认。例如，根据中职学生的认知能力和知识技能水平，将电工基础、电子线路、单片机原理及应用等专业核心课的知识层面定位在基础阶段，主要教学内容为电路的应用以及程序的理解等，为进入高职院校打下基础。

2. 校企共商专业设置

该校电子技术应用专业已于 2014 年与珠海市易安达电子科技有限公司达成校企合作协议，共同开发校企合作课程"表面贴装技术"，为电子技术应用专业学生提供在校内实习的机会。恰好广东科学技术职业学院也开设了"表面贴装技术"课程，为学生的深造提供了良好的机遇。"两校一企"针对中高职衔接班的学生制定了相应的专业设置，尤其是在课程设置方面，三方能够根据企业岗位能力要求，在学生技能储备、核心竞争力等方面制订较为完善的人才培养方案。

3. 校企同定评价体系

为了使学生能够更快、更强地适应企业的要求，该校成立了电子技术应用专业建设指导委员会，委员会成员有企业专家、高职院校电子专业负责人、该校电子专业骨干教师等，委员会的成立为评价体系的建立创造了必要条件。打破传统的评价体系，不能仅以职业技能鉴定为标准，需要将职业素养融合到职业技能中，职业素养的形成决定了职业技能水平的高度。在培养职业技能的同时，鼓励学生积极参加职业院校技能大赛。技能大赛不仅能提高学生的技能水平，也能为职业院校提供一种评价标准。

四、结语

近年来，随着职业教育的不断发展，中高职的衔接发展将是未来的趋势，而且随着社会的认可，校企合作的重要性更加明显，但是在合作形式、合作深度上还有待进一步发展。社会、政府职能部门要大力支持，为职业教育的可持续发展奠定基础。

参考文献

1. 张英，王东群. 中高职机电一体化技术专业课程内容衔接的研究 [J]. 中国职业技术教育，2013（35）.

2. 赵晓宁，毕万新. "3＋2"模式中高职衔接一体化过程中存在的问题及对策 [J]. 湖北函授大学学报，2014（2）.

3. 陆国民，王玉欣. 中高职衔接中的课程开发与实践 [J]. 职教论坛，2014（6）.

电子商务专业中高职衔接课程标准的探索及研究

陆志良[①]

摘要： 新时期下，随着社会经济的快速发展，电子产品日益更新，社会贸易方式也从以往的实体经营转向网络经营，电子商务发展越来越快，已经成为我国经济体系的重要支撑点。电子商务的快速发展在很大程度上增加了对电子商务专业人才的需求。而从当前中职电子商务人才培养现状看，单纯的中职电子商务课程体系已经难以满足电子商务的发展。在这种情况下，需要进一步加强中高职电子商务专业课程衔接，以此满足学生综合发展需求。本文就电子商务专业中高职衔接课程建设展开全面分析。

关键词： 电子商务　中高职衔接　课程标准　三元融合

在电子商务快速发展的今天，加强中高职电子商务专业课程衔接具有十分重要的意义。中高职教育之间缺乏良好的沟通、交流，导致在课程内容、培养目标、职业能力等方面都存在重叠的情况，在很大程度上影响学生的健康发展，同时也在一定程度上造成了教师资源的浪费。构建电子商务专业中高职衔接课程体系，结合不同阶段学生的学习需求设置不同培养目标、职业能力目标，明确课程内容层次，可以在防止中高职课程内容重复的前提下，丰富课程内容体系，确保中高职课程的顺序性、连续性，为学生今后顺利就业打下良好基础。

一、电子商务专业中高职衔接课程建设现状

电子商务是近几年的一个新兴专业，随着电子商务的快速发展，社会对于电子商务专业人才的需求也不断增多，各高职院校、中职学校相继开设了电子商务专业，在一定程度上满足了社会发展对电子商务人才的需求。在我国教育领域里，中职教育与高职教育属于不同的人才培养体系，导致当前中职教育与高职教育在人才培养上相互脱节，特别是在电子商务专业课程体系建设中，存在中高职课程各自为政的情况，不利于中高职衔接贯通，降低了中高职衔接效果。

在当前中高职课程衔接建设中，大多是以学制叠加位置，课程体系建设中内涵延伸相对比较少，降低了中高职课程衔接质量。在实际中，电子商务专业中高

---

① 作者单位：广州市番禺区职业技术学校。

职课程体系衔接是否合理，直接影响到专业人才培养的一体化。当前各个区域虽然都在探索中高职课程衔接模式，但是课程体系建设被忽视了，只有简单、粗糙的形式改变，如改变课程名称、分段讲授课程等，在很大程度上削弱了中高职课程衔接效果。

新时期下，随着电子商务的深入发展，社会对电子商务人才的质量要求也越来越高。电子商务的飞速发展与人才供给存在明显对比，在这种情况下，为了更好地促进电子商务专业人才培养，就需要明确中高职电子商务专业的课程结构、内容、标准，为中高职人才培养奠定基础，同时也促进电子商务专业人才综合素质的提升。

二、电子商务专业中高职课程衔接中的问题及原因

1. 中高职课程设置重复

将当前中高职电子商务专业课程内容放在一起对比可以看出，有很多课程内容都存在重复现象，中高职电子商务专业都会设置"电子商务概论""网络营销""物流基础""网页制作"等课程，很多中职学生在中职阶段已经学过这些内容，到了高职阶段还需要学习一遍。在同一门课程中涉及的内容也有很多重复，多数内容学生已经学过，但是高职教师却不知道，还会再讲一遍，造成了教育资源浪费，同时也削弱了学生的学习热情，导致学生实际学习效果比较差。

2. 中高职课程标准界定不清

课程标准主要是对学生在课堂上要学习什么、怎么学、学习后需要达到什么目标等进行规定。由于中高职学校在电子商务专业课程标准制定时缺乏相应的沟通，在实践中存在"你教你的，我教我的"这种现象，两者无法进行良好的沟通、交流，很难保证中高职衔接的流畅。特别是在近几年，中职学校在人才培养上以就业为指引，强调学生的职业岗位能力，实践环节相对比较多，电子商务专业课程变成了互联网课程，实际中只有线上、线下，没有课上、课下之分，学生有充足的时间及空间在网络上进行电子商务实践，如做微商、开网店。但是在高职院校中，还存在以理论教学为主、实践教学为辅的情况，导致中职学生进入高职院校以后难以适应。

3. 中高职电子商务专业文化课相互脱节

在中职学校教学中，过于强调对电子商务实践技能的培养，对文化课知识要求不是很高，学生只需要掌握基本的知识即可，这就造成了中职电子商务专业学生的文化水平相对比较低。而在高职人才培养计划中，考虑到普通高中毕业生的发展需求，教学采取准本科式人才培养方式，对学生的文化课基础要求很高，这就造成了中职毕业生进入高职院校进行学习时，由于文化知识基础差，课程学习

压力大，很难适应高职教学要求的情况，有的学生甚至会厌学。

4. 中职学校实训课程资源优于高职院校

中职学校电子商务专业经过多年发展，在实践课程教学、双师型队伍建设、实训设施建设、实训方法探讨等方面具有优势。学生在校期间，经过学习、实训，实践操作能力都有所提高。而高职院校电子商务专业依然坚持学科中心的教学模式，相对比较看重理论教学，忽视实践教学，加上实践投入相对较少，在实践上有所不足。甚至有的高职院校在实践教学方面还不如中职学校，这就导致中职生进入高职院校后学习积极性不高。

三、电子商务专业中高职衔接课程体系建设目的

新时期下，随着教学改革的深入，中高职电子商务专业课程衔接逐步展开，在实际运行中出现了诸多问题，所以在实践中全面加强中高职电子商务专业衔接课程体系建设具有十分重要的意义。中高职衔接的关键在于课程，电子商务专业中高职课程体系衔接可以进一步实现优质人才的培养。要结合中高职学校的实际情况，从整体上建立有机结合的课程体系，深度共享教学资源，保证中高职电子商务教育的协调发展。为了更好地实现电子商务专业中高职衔接课程体系建设，需要明确两点：一是电子商务专业中高职衔接课程体系建设的依据是什么，应该培养什么样的人；二是在构建电子商务专业中高职衔接课程体系时，要如何培养人。

从人才培养的角度看，要实现中高职电子商务专业人才培养目标的高度统一，确保中高职电子商务专业衔接工作的顺利进行。课程体系建设在人才培养目标设定上具有十分重要的作用。从目的性的角度看，要以中高职学校电子商务专业原有的人才衔接培养方案、教学标准、课程标准为基础，注重有机结合与融合，在保证中高职学校教学管理工作独立性的基础上，兼顾整体效益。

总的来说，在电子商务专业中高职衔接课程体系建设中，要制订切实可行的建设方案，整体上覆盖中高职电子商务课程教学的高效、协调，实现中高职教学工作的全面融合，充分调动双方的积极性，实现优秀电子商务人才的培养。

四、电子商务专业中高职衔接课程体系建设策略

1. 中高职电子商务专业培养目标及职业范围

中职学段培养目标为培养与我国社会主义现代化建设要求相适应，德、智、体、美全面发展，面向开展电子商务应用和服务的各类中小微企业的服务、管理第一线，从事运营、推广、客服、编辑设计等岗位助理工作，具备基本的信息处

理能力、网络营销能力、网络客服能力、网络编辑能力和网络推广能力，具有良好的职业道德、服务意识、沟通协作能力、创新创业意识以及继续学习能力的初、中级高素质劳动者和技能型人才。

高职学段培养目标为培养与我国社会主义现代化建设要求相适应，德、智、体、美全面发展，面向开展电子商务应用和服务的各类中小微企业，从事运营、推广、客服、编辑设计、策划等岗位工作，具备较强的网络营销能力、网络信息处理能力、网络客服能力、商务网页设计制作能力和网站运营管理能力、数据分析能力，具有良好的职业道德、团队精神和责任意识，一定的创新能力和自主学习能力，在服务、管理第一线的发展型、复合型和创新型高级技术技能型人才。

中高职电子商务专业的职业生涯发展路径及职业范围如表1至表3所示：

表1　电子商务专业职业生涯发展路径

发展阶段	就业岗位					学历层次	发展年限（参考时间）	
	运营类岗位	推广营销类岗位	客服类岗位	编辑设计类岗位	策划类岗位		中职	高职
V	运营总监	推广总监	客服总监	设计总监	策划总监	本科		8年以上
IV	运营经理（店长）	推广经理	客服经理	设计经理美工经理	策划经理	本科		5~8年
III	运营主管资深运营	推广主管视觉营销	客服主管（组长）	设计主管高级文案视觉设计美工设计师平面设计师	策划主管	高职中职	5~8年	3~5年

（续上表）

发展阶段	就业岗位					学历层次	发展年限（参考时间）	
	运营类岗位	推广营销类岗位	客服类岗位	编辑设计类岗位	策划类岗位		中职	高职
Ⅱ	运营专员 分销专员 移动运营 跨境电商专员 外贸专员	网络营销专员 微信营销推广专员 商品专员（无线端推广）SEO专员 数据分析专员	客服专员（售中、售后）VIP客服	网店美工产品摄影网络编辑专员文案专员	策划专员文案策划视觉策划	高职中职	1～5年	0.5～3年
Ⅰ	运营助理	推广助理	客服助理（售前）	美工助理编辑助理		中职	0～1年	0～0.5年

表 2　中职学段面向职业范围

序号	对应职业（岗位）	专业技能方向	职业资格证书举例
1	客服助理（售前）	推广与运营	电子商务员
2	客服专员（售中、售后）		助理电子商务师
3	运营助理		电子商务员
4	运营专员		助理电子商务师
5	推广助理		电子商务员
6	网络营销专员		助理电子商务师
7	美工助理	美工	电子商务员
8	网店美工		助理网页设计师

表3　高职学段面向职业范围

序号	对应职业（岗位）	专业技能方向	职业资格证书举例
1	客服专员（售中、售后）	网络营销	电子商务员
2	客服主管（组长）		助理电子商务师
3	客服经理		电子商务师
4	网络营销专员		电子商务员
5	推广主管		助理电子商务师
6	推广经理		电子商务师
7	运营专员	跨境电商	电子商务员
8	运营主管		助理电子商务师
9	运营经理（店长）		电子商务师
10	策划专员		助理电子商务师
11	策划主管		电子商务师
12	网络编辑专员	网站编辑设计	助理网络编辑师
13	设计主管		网络编辑师

2. 制定统一的教学管理机制

新时期下，随着移动互联网的快速发展，电子商务行业迎来了新的发展高峰，社会对于电子商务人才的需求也持续增多。当前各大电子商务企业要求人才不仅掌握相应的技能，还具备在移动终端处理电子商务业务的能力。在实践中，为了更好地促进电子商务专业中高职衔接课程体系的建设，必须制定统一的教学管理机制。要重新调整、规划教育管理机构职能，将中职、高职管理合并在同一个部门，彻底改变以往中高职学校各自为政的局面，实现统一、规范的教学管理机制的建设，以此保证电子商务专业中高职衔接课程体系的顺利构建。移动互联网环境下，电子商务专业中高职衔接课程体系的建设必须以职业岗位任职要求为出发点，结合课程实际，优化基础课程与核心课程体系。

对于基础课程，如电子商务概论、网络支付、计算机基础、管理学、数据等，可以在大体内容上以中职学校讲解为主，让学生可以在中职阶段全面掌握电子商务的基本概念、技能、方法，并在此基础上培养学生的兴趣、特长，为学生职业岗位能力发展奠定基础。而在核心课程体系，如物流管理、网络营销、网站建设等方面，要以高职院校学习、实践为主，这样就可以有效改变中高职电子商务专业教学内容重叠、资源浪费的情况，同时还可以保证学生的综合发展。

3. 加快电子商务课程改革

在实践中，要以岗位能力为出发点，进一步加快中高职电子商务专业课程改革。一方面，要加强中职阶段的理论教育，强化中职学生的基础理论水平，促进中职生的理论素养提高；另一方面，要全面加大对于高职院校的投入，构建完善的师资队伍，并注重实训设施、资源的积累，鼓励学生大胆借助电子商务专业知识进行创业。要充分借助互联网平台，强化课程改革，搭建现代化平台，优化课程教学，促进学生综合能力的提升，如开展职业生涯规划 PPT 大赛、网页制作比赛、网络营销大赛等，同时还可以鼓励学生主动参与校外电子商务实践，满足学生综合发展需求。

4. 构建完善的实践课程体系

在实际中，为了提升电子商务专业中高职衔接课程体系建设效果，还需要强化实践课程衔接体系的建设。要进一步加强校企合作力度，结合实际制定相应的优惠政策，吸引电子商务企业专家、行业专家全过程参与实践课程体系建设，从而体现职业教育的特点。为了满足不同电子商务企业对于电子商务专业学生的要求，在电子商务专业中高职衔接实践课程体系建设中，还应该充分调查企业的职业诉求，有针对性地进行人才培养，开展校内、校外实践活动，以此不断提升学生的社会实践水平。实践场所可以由校内实训室、校外合作企业共同构成。在校期间，学生通过校内实训室进行技能实训，而在校外则进入企业中进行顶岗实习，打造中职学校、高职院校、企业三方共同协商研究的三二分段"三元"人才培养模式，以此实现学生的综合发展。

五、结语

综上所述，在移动互联网快速发展的今天，要想培养更多优质的电子商务人才，就需要充分了解社会对电子商务人才的要求，掌握企业对电子商务岗位能力的要求，并以此为基础，构建契合实践的中高职衔接课程体系，全方位、多角度地提升电子商务专业人才素养，从而为社会提供更加优秀的电子商务人才。

参考文献

1. 高雷．电子商务专业中高职衔接课程体系建设的基本思路研究［J］．科技经济导刊，2018（24）．

2. 陈献辉，彭则然．以职业能力为核心的电子商务专业中高职衔接课程体系初探［J］．现代经济信息，2018（36）．

3. 王亮．电子商务专业中高职衔接课程标准的探索及研究［J］．农村经济与科技，2018（18）．

4. 杨远新，王黎明．电子商务专业中高职衔接课程体系初探［J］．课程教育研究（学法教法研究），2017（19）．

5. 陈华英. 跨境电商下电子商务专业中高职课程体系衔接探究 [J]. 教育界（高等教育研究）（下），2017（3）.

6. 裴雅青，王述新. 电子商务专业中高职教学衔接中出现问题的思考 [J]. 现代职业教育，2017（15）.

7. 关春晓. 关于电子商务专业中高职衔接课程考核评价机制的研究 [J]. 农家参谋，2018（19）.

8. 方玲玉. 中高职电子商务专业课程体系衔接的探索 [J]. 工业和信息化教育，2017（2）.

9. 卓军，张磊，梁国栋. 基于职业导向的电子商务专业 3＋2 中高职衔接课程体系的构建 [J]. 中国培训，2018（10）.

10. 曾玲. "三二分段" 背景下的电子商务专业中高职衔接问题探析 [J]. 劳动保障世界，2017（26）.

基于中高职衔接的市场营销专业课程建设研究

曾　越①

摘要：随着我国市场经济的发展，现阶段市场营销专业人才培养目标及方向也发生着变化。为适应市场对营销高级技术型专业人才的需要，中高职衔接成为一种趋势。良好的课程体系能够有效地实现中高职课程的有效衔接。本文从中高职课程衔接模式、课程衔接设置、升学考试设置方案，以及职业资格证书衔接方案四个方面对中高职课程衔接进行研究分析，形成相应的课程衔接理论。

关键词：中高职　课程建设　市场营销

随着市场经济的发展、用人需求的改变，企业对员工综合技能提出新的要求。向社会输送技能型人才的职业学校的培养目标也从基础型工作人员向高素质技能人才转变。同时，随着全民素质的不断提高，基础型工作对人员的要求不再仅限于技能水平，专业素质也成为评价的标准。因此，中高职衔接成为现代职业教育体系建设的重要部分。其中，中等职业教育重点培养技能型人才，在工作中发挥基础性作用；高等职业教育重点培养高端技能型人才，发挥引领作用。通过中高职衔接，能够实现教学效率最大化，并形成递进、系统的教育关系。

一、中高职三二分段现状

1985 年，中共中央在《关于教育体制改革的决定》一文中提出，高职院校要"优先对口招收中等职业学校毕业生以及有本专业实践经验、成绩合格的在职人员入学"，为中高职衔接提供了政策引导。同时国家先后出台《国务院关于大力推进职业教育发展与改革的决定》《教育部等七部门关于进一步加强职业教育工作的若干意见》及《国务院关于大力发展职业教育的决定》，进一步明确了职业教育的地位、作用和功能，同时指出"扩大中等职业技术学校毕业生进入高等学校尤其是高等职业技术学校继续学习的比例"，"高等职业学校可单独组织对口招生考试，优先招收中等职业学校的优秀毕业生"。2009 年，广东省正式开始中高职三二分段试点工作。2013 年，全省 157 所中职学校与 39 所高职院校进行了对接，

---

① 作者单位：东莞市商业学校。

招生人数超过 20 000。2015 年以来，广东省继续加强中高职衔接工作，一批高职院校与中职学校形成合作性关系。

2015 年，东莞市商业学校（以下简称"商校"）市场营销专业与广州某高职院校展开合作，为高职院校输送优秀人才，并着力合作培养本土优秀高端职业技术人才。本文通过对该校市场营销专业课程衔接模式、课程设计方案等方面进行研究，为市场营销专业课程衔接提供理论依据，以求中职与高职市场营销专业培养更好地衔接与融合。

二、市场营销专业中高职课程衔接模式

1. "2+1+2"双分流模式

商校市场营销专业采用"2+1+2"的中高职衔接模式。以双分流模式，解决学生升学与就业的问题。并且根据市场营销专业特点，为学生提供在校实践机会，为高职专业理论深化学习打下实践基础，实现学生递进式学习。

2. "2+1+2"双分流模式的运行

该模式是在市场营销专业特色的基础上构建的一种中高职衔接模式，具有独特性和针对性。该模式的运行包括三部分（见图1）：

（1）"2"。学生首先进入商校学习市场营销相关知识两年。此阶段主要传授营销基础理论知识以及培养学生的口语表达能力、基本实践操作能力，通过"教学+短期校内实践"模式进行。

（2）"1"。学生在校完成两年学习后，升三年级阶段进行分流。首先通过升学考试进行第一阶段分流，升学考试合格的学生进入升学班，同时完成校内组织安排的实训课程及社会实践工作；未合格学生则进入就业班，完成三年级自主实训工作。就业班学生在完成一年的社会实习后，可随低一届学生再次参加升学考试，若升学考试成功则直接进入高职院校就读。

（3）"2"。升学考试合格，并且三年级阶段实训达标的学生进入校内审核，通过者进入高职完成两年的营销专业课程，深化营销专业理论和实践技能。

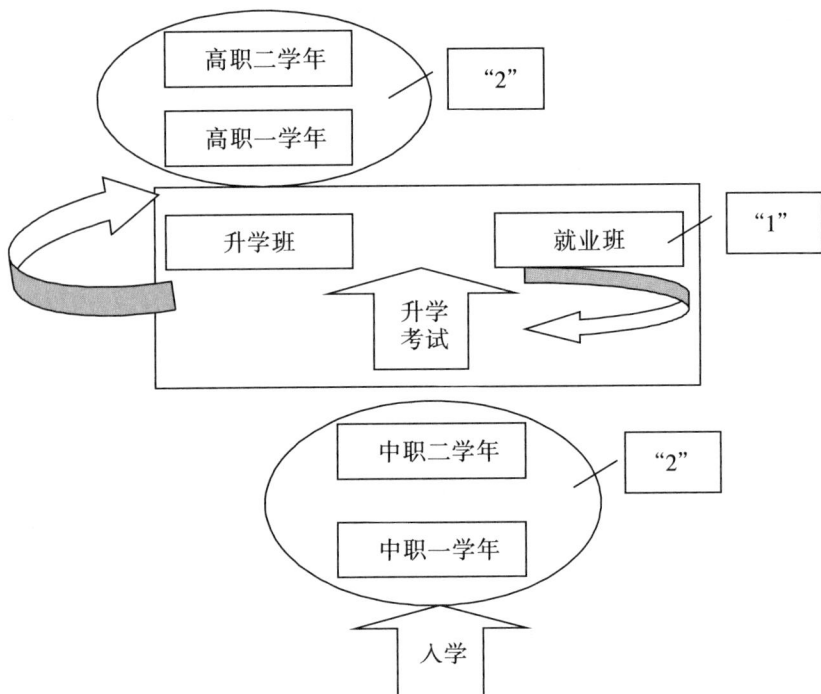

图1 "2+1+2" 模式运行图

三、"2+1+2" 模式下课程衔接的设置

在进行中高职课程设计时，以 CBE 职业教育课程理念进行设计，课程设置以岗位职业能力为依托，将学生的具体表现作为学习目标，并且根据学生的具体学习进度来设置课程，目的在于培养学生的职业能力。同时引入"模块化"课程的概念，在以岗位能力为依托的基础上将课程设置模块化，实现学生知识技能水平的阶段性和层级性进步，并且将职业资格证书考核贯穿学习始终，实现学生知识、技能的全面进步。

（一）公共基础课程

公共基础课程主要包括语文、数学、英语、心理健康、计算机应用基础、职业道德与法律、体育，其目的是传授公共基础知识以及培养职业素养（见表1）。

表 1 公共基础课程的中高职衔接设置

序号	级别	课程名称	课程说明	学年安排				
				1	2	3	4	5
1	中职	语文	学习必要的语言基础知识，掌握阅读、写作、口语表达能力	√				
	高职	语文	学习文章赏析、应用写作、口语表达				√	
2	中职	数学	学习数学基础知识、初级运算技能，掌握数学思维能力	√				
	高职	数学	学习数学技能、较高的运算技能、计算工具使用技能				√	
3	中职	英语	学习基本表达能力，掌握听说读写基本能力，培养学习英语兴趣	√	√			
	高职	英语	掌握较高层次的英语对话能力、职场英语应用能力				√	√
4	中职	心理健康	培养良好的心理素质、自我认识以及个性	√				
	高职	心理健康	学习自我定位，培养良好的社会关系、正确的人生观等				√	
5	中职	计算机应用基础	掌握计算机一级相关知识	√				
	高职	计算机应用基础	善于利用计算机信息资源，掌握计算机中级相关知识				√	
6	中职	职业道德与法律	树立基础型技术人员职业道德，学会运用法律知识保护自身合法权益	√				
	高职	职业道德与法律	树立高级型技术人员职业道德，学会运用法律知识保护自身合法权益				√	
7	中职	体育	培养健康的体魄	√	√			
	高职	体育	培养健康的体魄				√	

（二）专业基础课程

中职阶段专业基础课程主要包括市场营销基础、消费者心理学、商业经营实务、商品学、市场营销口才训练、推销技巧、高级营销员（四级）。

高职阶段专业基础课程主要包括市场营销策划、工商企业管理、市场调查与预测、人力资源管理、促销技巧。（见表2）

表2 专业基础课程的中高职衔接设置

序号	级别	课程名称	课程说明	学年安排				
				1	2	3	4	5
1	中职	市场营销基础	掌握营销基本理论，同时为校内实训及校外实训做理论支撑	√				
2	中职	消费者心理学	了解消费者心理以及影响消费者心理的因素。能够做到在与消费者沟通过程中，把握消费者心理，完成产品的销售工作	√				
3	中职	商业经营实务	规划店面，设计陈列、店铺名称、LOGO等。能够结合校内实训基地，合理设计店铺布局、产品陈列，以及促销推广活动等	√				
4	中职	商品学	学习商品类型、特点、销售技巧等。在与消费者沟通时，能够准确描述产品的特性以及可以给消费者带来的实际利益，促进销售目的的实现	√				
5	中职	市场营销口才训练	培养口才、表达能力、思维能力，增强自信心		√			
6	中职	推销技巧	根据产品类型，针对性地开展产品销售工作		√			

（续上表）

序号	级别	课程名称	课程说明	学年安排				
				1	2	3	4	5
7	中职	高级营销员（四级）	系统掌握营销四级理论知识，包括市场类型、4P营销策略、企业经营管理理论、营销发展的基本理论、营销组合、商务谈判技巧、商务礼仪与营销道德、营销新发展以及相关法律法规等专业知识		√			
8	高职	市场营销策划	学习策划方案的设计、创新及应用的可行性，能够根据企业实际案例设计策划方案以及撰写策划书				√	
9	高职	工商企业管理	掌握企业管理的方法，拥有一定的管理技巧，培养企业管理型人才					√
10	高职	市场调查与预测	掌握调研基本方法、调查问卷设计方法等。能够设计调研问卷，并针对调研内容选择合理的调研方式				√	
11	高职	人力资源管理	掌握人力资源相关知识，能够胜任企业人事管理相关工作					√
12	高职	促销技巧	结合营销环境，有针对性地选择促销技巧销售产品				√	

（三）实训课程

在学生实训课程的安排中，基于课程设置采取模块化实训，有阶段性、递进地锻炼学生实操技能。同时通过编撰《学生实习实训手册》，对各阶段的实训进行考核评价，以此作为学生技能考核的依据（见表3）。

表3 实训课程的中高职衔接设置

学期	校内/外	实训内容	实训要求	实训时间
1	校内	工商模拟市场	了解消费者、销售人员角色，通过实践体验各种不同角色	一周
	校外	商超促销员	通过与现实消费者的沟通，掌握沟通技巧，培养销售人员心理素质以及口语表达能力	一周
2	校内	电话营销	掌握电话营销技巧，培养职业心理素质以及语言表达技巧	两周
	校外	超市促销员	结合专业知识，了解商品特色、中间商经营方式，并通过与消费者沟通培养表达技巧和能力	两周
3	校内	实训超市	能够独立承担校内超市的专职岗位，培养销售能力，同时能够为超市完成促销策划方案等	一学期
	校外	房地产电话营销员	运用电话营销培养专业技能	两周
4	校内	实训超市	能够作为超市管理人员，统筹协调超市工作，并能够有效处理消费者异议以及超市运营中存在的问题	一学期
	校外	房地产营销员	实际接触房地产行业，培养营销员技能，并且有成功的销售经历	一个月
5~6	校外	房地产营销员	以营销员身份从事销售工作，锻炼销售技能以及职业素养，同时为高职阶段学习方向打下基础	一学年
9~10	校外	行业营销人员	深入行业中，培养岗位技能	一学年

四、升学考试设置方案

升学考试作为中高职衔接的重要环节，既对教育衔接起着承上启下的作用，也是学生选拔的重要依据。因此，确定升学考试考核的标准和内容具有关键的作用。

升学考试具体细分为三个模块：公共基础素质、专业素质、专业技能。

1. 公共基础素质模块

公共基础素质主要考查学生对公共基础课程语文、数学、英语的掌握情况。三科题目同一张试卷，比重为 4：3：3，试卷满分为 100。该模块所占比重为 40%。

2. 专业素质模块

专业素质模块主要考查学生对市场营销专业知识的掌握情况，考试采取闭卷笔试考核的形式，试卷满分为 100。该模块所占比重为 40%。

3. 专业技能模块

专业技能模块主要考查学生对市场营销专业技能的掌握情况。评判依据之一为设计情景让学生进行模拟实训的过程，同时通过学生实习实训手册成绩，综合考查学生技能水平，两部分比重为 5：5，试卷满分为 100。该模块所占比重为 20%。

五、职业资格证书衔接方案

职业资格证书作为中高职衔接的重要组成部分，不仅是学生职业技能掌握情况的表现，同时是学生升学筛选的依据。中高职衔接职业资格证书包括：英语等级证书、普通话证书、计算机应用等级证书、市场营销员证书等，具体要求见表4。

表4 职业资格证书考核的中高职衔接要求

序号	级别	考核科目	等级要求	考核学期	必/选考
1	中职	英语等级证书	一级	2	必考
	高职		三级	7	选考
2	中职	普通话证书	三级	1	必考
	高职		无		
3	中职	计算机应用等级证书	初级	2	必考
	高职		中级	7	选考
4	中职	市场营销员证书	四级	4	必考
	高职		无		

其中，升学考试成绩与职业资格证书获得情况挂钩，只有两者同时达到标准才能作为升学成功的依据。

中高职课程衔接及体系建设的优劣，直接影响学生培养效果以及为企业输送人才的水平和能力。只有不断实践，总结经验，并提出更好、更有效的课程建设建议，才能够保证高质量的技能型人才的输出，才能体现中高职课程的有效衔接。

参考文献

1. 周大农．中高职教育课程衔接的设计与思考［J］．职教论坛，2013（3）．

2. 徐国庆，石伟平．中高职衔接的课程论研究［J］．教育研究，2012（5）．

3. 朱琳佳，芦京昌．中高职课程衔接初探［J］．职教论坛，2012（22）．

4. 刘育锋，陈鸿．中高职课程衔接：我国职业教育政策的历史诉求［J］．职教论坛，2012（1）．

5. 张健．对中高职课程有机衔接的思考［J］．教育与职业，2012（2）．

科学设计转段考核，推进中高职有机衔接

——财经商贸类专业中高职衔接转段考核设计的研究与实践

邝锦甜①

摘要： 转段考核作为中高职衔接多元合作的重要环节，对推动中高职衔接人才培养具有重要意义。本文围绕贯通培养的目标、职业教育的特点、生源知识结构、考核可操作性等方面，介绍了中高职衔接转段考核设计的基本原则及在财经商贸类专业中的实践做法，提出了中高职衔接转段考核的发展趋势及建议。

关键词： 中高职衔接 转段考核 职业技能 文化基础

一、转段考核的背景及意义

转段考核是指中高职衔接培养里学生在中职阶段学习期间通过考试选拔进入高职阶段学习的环节。粤教高〔2012〕1 号文首次明确了广东省高职院校对口中职学校自主招生三二分段转段选拔考核实施办法，强调考核须以高职院校人才培养要求为依据，以综合素质、职业核心能力和专业技能考核为重点。② 粤职教函〔2018〕68 号文明确规定中高职衔接入学学生单独编班，"通过转段考核且符合相关条件和要求的，进入对口高职院校对应专业 2 年"，"转段考核以过程考核为主，转段成绩由中职学段前两年若干门文化基础课和专业核心技能课程成绩组成。课程考试实行教考分离，由高职院校组织命题，对口中职学校在该课程学习结束时，组织开展考试"。③ 随着中高职一体化人才培养的深入开展，中高职衔接转段考核的形式、内容也发生了变化。但在知网上搜索"中高职衔接""三二分段"与"转段考核"相关主题文章仅有 9 篇，反映出针对转段考核的研究成果并不多，关注度也较低。

转段考核作为衡量中高职衔接教师教学效果、测评学生学习目标达成度、反

---

① 作者单位：广州市番禺区职业技术学校。
② 广东省教育厅、广东省高等中专学校招生委员会. 广东省高职院校对口中职学校自主招生三二分段转段选拔考核实施办法（试行）（粤教高〔2012〕1 号）.
③ 广东省教育厅、广东省招生委员会办公室. 关于开展 2018 年职业院校中高职贯通培养三二分段试点工作的通知（粤职教函〔2018〕69 号）.

馈教学质量好坏、引导教师如何教和学生如何学等的重要手段，对提升中高职衔接教育教学质量起到至关重要的作用。如何设计科学有效的转段考核是中高职衔接多元合作培养的重要研究课题之一。

二、转段考核设计的原则及实践

全国职业教育工作会议精神指出职业教育的人才培养定位要求"把提高职业技能和培养职业精神高度融合，努力培养数以亿计的高素质劳动者和技术技能人才"。从中高职衔接角度出发来看中职学校"培养什么人、怎样培养人、为谁培养人"这一根本问题，中职三年不仅要培养"具有综合职业能力，在生产、服务、技术和管理第一线工作的高素质劳动者和初级专门人才"，同时要打牢技能型人才向技术型人才转变的基础，向高职院校输送优质生源，在构建现代职业教育"立交桥"中发挥中职教育的价值与作用。

课程衔接是中高职衔接的核心和重要落脚点，职业教育的课程考核灵活多样，不同的课程类型、课程目标，其考核形式、考核设计等均有差别，如笔试（开卷、闭卷）、机试、实践考核、技能考核、成果评判等。为实现贯通培养有效衔接等目标，在选择转段项目、设计转段考核形式、确定转段内容等方面，我们遵循目标导向、以生为本、科学设计的原则并积极开展实践。

1. 目标导向

目标导向原则从贯通培养目标角度出发，课程选择上应充分体现中高职衔接培养的连续性与贯通性，以目标岗位的核心能力模块来确定考核课程或项目。

转段考核作为检验中职阶段学习效果、教学效果的终点，界定高职阶段学生知识能力的起点，是实现中高职衔接培养的连续性和贯通性的核心环节。专业应根据不同阶段的人才培养定位和目标岗位群，以及不同的衔接方式遴选中高职衔接培养模块内容，以此来确定考核课程。

以表1物流专业中高职衔接培养模块为例，衔接的形式主要分为纵向提升——培养人才级别递进、横向拓展——从全面到特定专业方向、纵横延伸——向相关领域拓展几种。应分析中高职衔接培养目标岗位群，遴选有交集的岗位及其核心能力模块，以此来确定考核课程。

表 1　物流专业中高职衔接培养模块分析

中职专业	物流服务与管理		
高职专业	物流管理	报关与国际货代	连锁经营管理

（续上表）

衔接形式	纵向提升——培养人才级别递进	横向拓展——从全面到特定专业方向	纵横延伸——向相关领域拓展
目标岗位	物流员、物流主管	货运操作员、货代经理	门店管理、营运主管
衔接模块	物流业务操作与管理	国际贸易业务操作与管理	企业运营与管理
对应转段考核课程	物流基础、物流业务操作	国际贸易基础、物流单证实务	供应链管理基础、市场营销

例如，按不同岗位级别进行衔接培养，从物流员到物流主管的核心能力模块为物流业务操作与管理，对应中职段物流基础、物流业务操作课程，将其作为转段考核课程设计考试内容，同时作为高职阶段培养的起点设计教学内容。

2. 以生为本

以生为本原则从生源知识结构角度出发，考核形式上兼顾过程性考核与终结性转段考核，内容设计上以技能考核为主，兼顾文化基础知识、职业综合素质的考核。

为选拔实操能力强又能胜任高职院校学习的学生，需要充分根据生源特点来设计转段考核。相对普通高中生而言，中职生源文化基础较薄弱、学习积极性不高、动手能力较好，考核应兼顾过程性考核与综合性考核，采用文化知识考试与职业技能测试相结合的形式来开展。

以广州市番禺区职业技术学校 2017 级物流服务与管理专业衔接培养 50 人为例，第一步，在校内根据已学课程期末总评及校内组织统一选拔考试成绩进行预录取（按协议培养人数的 1.5 倍确定进入统一转段考核的名单）。如表 2 所示，已开设的文化基础课程、专业课程以学生期末总评成绩为基础按比例折算分数计入总分，校内组织统一选拔考试中的文化综合测评、专业综合测评各占 40% 计入总分。最后按总分从高到低排名确定前 75 名学生进入转段考核，对获各级优秀学生、学生干部称号或在校级以上技能竞赛中获奖的情况采用加分，加分项总分不超过 10 分，以此核定学生中职阶段学习的综合表现。中职阶段各课程占分比例可根据双方衔接培养的侧重点进行调整，以此引导中职阶段人才的培养。

表2 物流服务与管理专业三二分段预录取课程成绩分配表

序号	科目	权重	备注	序号	科目	权重	备注
文化基础课程（100分）							
1	语文	12%		2	数学	12%	
3	英语	12%		4	德育（包括4门课程）	8%	
5	体育与健康（含音乐）	6%		6	美术	2%	
7	计算机应用基础	8%		8	文化综合测评	40%	统一考试
合计		100%					
专业课程（100分）							
9	物流认知	5%		10	仓储作业实务	10%	
11	运输作业实务	8%		12	物流单证实务	6%	
13	物流客户服务	4%		14	物流设备操作	8%	
15	物流地理	4%		16	货物知识	2%	
17	物流信息系统应用	5%		18	物流法律法规	2%	
19	ERP供应链管理基础	6%		20	专业综合测评	40%	统一考试
合计		100%					

第二步，预录取的75名学生参加高职院校统一组织的转段考核，考核方案规定由40%专业基础知识与60%专业技能构成最终成绩。其中职业技能测试占分比例高于文化知识考试，而且在录取时还设置了职业技能测试最低分数，充分凸显了重点考核学生职业技能的职业教育特点。

首先，方案考虑了各课程在总分所占的比例，注重过程性考核能较好地调动学生中职阶段学习的积极性；其次，校内选拔考试兼顾文化基础课程和专业课程，为选拔胜任高职院校学习的学生提供有力支撑；最后，由高职院校牵头制定终结性转段考核，在选拔人才的同时为高职院校准确把握学生入学专业水平提供有力依据。

3. 科学设计

科学设计原则从公平公开公正角度出发，设计可操作性强、评分严谨、可把控性高的转段考核。

　　从顶层设计来看，转段考核工作涉及每个学生、家庭的切身利益，政策性强、原则性强。严格考核程序，规范实施考核过程，确保考核公开、公平尤其重要。高职院校主导双方成立考核领导小组、统一考核信息发布内容和流程、明确考务工作要求、监督检查等都是保障转段考核的重要环节。

　　从操作层面来看，内容选取时要考虑组考方便、设备场地易准备和评分易把控的原则①，避免选择岗位内容过于广泛、知识技能更新过快的新兴专业或新兴课程。纵观近年专业技能部分的考核设计，各专业较多地采用了以中职学生技能竞赛内容为依据，选取其中一个项目或某一环节作为实操考核内容，参考竞赛评分标准来评分的考核方法。一方面，这些项目在专业中较为成熟、固定，发展平稳，以便组建考试题库、制定考试标准，利于引导教师的教和学生的学；另一方面，竞赛项目的组织条件较为成熟、评分标准易于把控，非常值得采用。广州市番禺区职业技术学校 2017 级物流服务与管理、电子商务专业转段考核的内容及形式如表 3 所示。该校针对不同的目标岗位方向，结合较为成熟的市赛项目等，较好地做到了科学设计转段考核，该校物流服务与管理、电子商务专业学生分别以高出测试平均分 11 分、三校上线比例 51% 的成绩圆满完成转段考核。

表 3　2017 级物流服务与管理、电子商务专业转段考核内容及形式

专业	考核项目	科目或模块	分数占比	考试形式	备注	考核结果
物流服务与管理专业	专业基础知识	物流认知、仓储与配送作业实务	40%	笔试，人工阅卷		74 人上线，平均分 89.4，高出测试平均分 11 分
	专业技能考核	物流单证实务	60%	机试，系统自动评分	市技能竞赛、市技能抽测项目	
电子商务专业	专业基础知识	电子商务实务	40%	笔试，人工阅卷		36 人上线，三校比例 51%
	专业技能考核	网店客服	60%	开放式问题笔试＋面试	高职阶段培养岗位方向、市技能竞赛项目	

---

　　①　刘国联，何燕，张敏海. 中高职衔接"3＋3"分段培养模式下转段考核方案设计与实践研究：以铁道供电技术专业为例［J］. 科教文汇（下旬刊），2018（10）：116－117.

三、结语

中高职教育的有效衔接、协调发展是构建职业教育体系的重要内容，中高职的有机衔接最终要落实到课程内容的衔接上。课程转段考核具有引导、激励、鉴定、诊断、调节、监督、管理等多项功能，能很好地引导中职、高职、企业、学生等参与其中，推动中高职一体化人才培养方案的改革与完善等。在当前职业教育发展政策的大力支持和推动下，更需要探索结合"1+X"职业技能等级证书、学分银行、国家资历架构、现代学徒制等，科学设计转段考核或课程学分互认制度。

校企合作背景下中高职衔接工作的探索与实践

黄 臻①

摘要：本文将针对校企合作背景下中高职衔接工作中所存在的问题进行相关分析论述，并分析问题出现的根本原因，进而有针对性地提出几点有利于中高职衔接工作的实践方式，以期能够为相关业内人士提供理论参考。

关键词：校企合作　中高职衔接　教学实践

随着社会经济的高速发展，如今社会对于高技能型职业人才的实际需求也在不断提升，甚至部分地区出现了"技工荒"的问题。在这种需求背景下，不仅国家政府开始大力支持中高职教育，各职业院校也开始扩大学生的招收范围，以期能够改变"技工荒"的现状。虽然职业院校在实际教育过程中，已经逐步开始同企业建立良好的合作关系，但在中高职衔接上仍旧有诸多问题阻碍着学生的进一步发展以及学校和企业之间的合作。因此，对校企合作背景下中高职衔接工作进行深入的分析探讨，进而提出有效的实践解决办法，将会进一步加深企业对于我国中高职教育的实际推进作用。

一、中高职教育衔接模式

在经过了长时间的实践探索后，我国众多中高职学校都开始对自身的教学资源与教学设计进行持续的优化配置，并以此为基础总结了多种中高职教育衔接模式，并在对学生进行教育培养的过程中取得了众多良好的成效。以下是如今中高职衔接工作中几种较为常用的衔接模式。

1. 一贯衔接模式

一贯衔接模式根据学制的不同可以分为"2＋3"模式与"3＋2"模式两种形式。该模式在实际应用过程中在中职教育的基础上进行高职教育，上述两种形式是以中高职教育的教学时长来进行划分的，因此一贯衔接模式也被很多人称为"五年制"或者"五年一贯制"。学生在接受一贯衔接模式的中高职教育毕业以后，将会分别取得中高职教育两种毕业证书。不过在一贯衔接模式的实践过程中

---

① 作者单位：广州市番禺区职业技术学校。

发现，由于很多学生在过去未养成较好的学习习惯，自控能力较差，对于学习通常也提不起兴趣，因此在实际教学过程中，教师对学生的管理和教学难度都比较大，实际教学效果一直无法得到有效的提升，久而久之便导致众多中高职学校教师的教学热情也不是很高，一贯衔接模式出现了无法良好实行的问题。①

2. 独立衔接模式

所谓独立衔接模式，即中职教育与高职教育之间并没有太大联系的模式。在此模式里，中职学校的学生想要前往高职院校进行深造学习，通常都是通过对口升学这一途径来完成，高职院校根据中职学校学生的学习情况来进行择优选拔，学生被录取以后，在高职院校中再进行 2～3 年的高职教育。因此，独立衔接模式里的中职教育与高职教育之间并没有太大的衔接关系，两者往往都是各教各的，相互之间的实际教学目标与教学任务一般也没有太大的联系与统筹规划，学生可以根据实际需求与兴趣来自行选择高职院校。

3. 联合衔接模式

联合衔接模式，又被称为联合型衔接模式，是中高职学校在其实际运作的过程中采取自主招生的方式进行生源招收，然后相互联合，共同对学生进行培养的一种合作培养模式。在联合衔接模式实践过程中，中高职学校之间无论是教学目标还是教学任务、教学安排都有着一定的相互联系，这也为中高职学校衔接工作的良好开展打下了更好的基础。如今联合衔接模式在发展速度与培养效果两大方面都取得了较好的成绩，但随着高等教育普及化的持续推进，越来越多的高职院校开始重视学生的数量，忽略了生源的质量，再加上很多高职院校采取"严进宽出"的教育模式，多方面因素导致中高职衔接工作高职教育阶段的实际教学效果一直无法得到良好的提升，不能充分满足如今的社会企业需求。

二、校企合作背景下中高职衔接工作存在的问题及原因

1. 学制结构

在学制结构方面，相较于教学目标、教学内容等方面的相关衔接，如今的中高职衔接工作更加重视学年与教学层次的衔接，并且总体来说，中高职衔接工作的层次衔接呈现出普教化的特点。在中高职衔接工作中，中职学校的学生一般都是来自初中的毕业生，这些学生在进入中职学校后会经历 2～3 年的职业技能教育，而中职学校则会对学生的综合素质水平与初中级职业能力进行相关的培养，让学生能够在毕业时掌握一定的生存技能，并且为后续的高职深造学习打下基

---

① 胡翔云、李佳圣. "3＋2"培养模式下中高职衔接点研究：以中职机械制造技术专业、高职机械制造与自动化专业为例［J］. 湖北职业技术学院学报，2014（2）：31－36.

础。而高职教育主要招收的学生则是普通高中的毕业生，学生在高职院校中一般会经历3~4年的专业学习。从教学层次上来看，中职教育主要招收初中学生，因此地位是与普通高中教育等同的。而高职教育则主要是面向高中毕业生，因此从层次结构上来看高于中职教育。虽然层次上中职教育理应与高职教育相关联，但事实上如今的中高职教育关联并不大，很多中高职衔接工作都采用独立衔接模式，两者通常都是各教各的，并且在两者的关系上也都忽略了企业的实际作用，最终导致了中高职教育相互之间、与企业之间的脱节情况。[①]

职业教育对于我国来说是一种舶来品，因此其内部的很多内容都不能够完全符合我国社会企业的实际需求。从学制结构上来看，中高职教育与我国企业之间似乎根本没有太多的关联性。之所以会出现这种问题，主要还是相关职业院校对于职业教育的职业性认知不足，致使如今的职业教育从总体来看只不过是普通教育的一种删减形式，对于学生的学习层次通常也是根据学生的普通文化能力而非学生的职业技能水平进行划分，这才是导致如今中高职衔接工作效果一直无法得到有效提升的根本所在。想要对该问题进行改善，中高职教育须认清自身的职业性内容，加深社会企业在中高职教育中的地位与作用，然后根据企业的实际需求来进行学制层次的划分工作。

2. 生源结构

中高职衔接工作生源结构问题主要来自高职教育的生源。如今高职教育的生源一般可以分为普通高中毕业生、资源院校考试学生、五年制中职生。其中资源院校考试学生就是指那些独立衔接模式中对口升学的中职生，这部分学生有着较强的职业技能水平，但由于如今高职院校的对口招生都是以文化课考试成绩作为招收依据，而中职学校的学生普遍存在着文化课能力弱的问题，因此高职院校在招收学生的时候，中职学校学生的录取率比较低。虽然五年制中职生在中职学校会学习到一定的职业技能知识，但由于这部分学生知道自己在经历过一段时间学习后便可以自动升学到高职院校，没有学业晋升的压力，自然对于学习的动力也不是很足。除此之外，如今很多五年制的高职院校都是由中职学校晋升而来，其内部无论是师资力量还是设备情况都与中职学校时期没有太大的变化，这同样会导致一贯衔接模式虽然有着较高的中高职衔接性，但实际教学效果不甚理想。普通高中毕业生受限于我国教育体系，只有较高的文化知识能力，却没有足够的技能水平，然而相对于其他两类生源来说，其人数在高职院校中所占的比例较大，因此哪怕其他两类学生都有着较高的职业技能水平，普通高中毕业生职业技能水平不足也将会导致高职院校生源职业技能水平参差不齐的问题，致使在实际教学

---

① 陆国民，王玉欣. 中高职衔接中的课程开发与实践 [J]. 职教论坛，2014（6）：56–59.

中出现教学混乱、教学效果无法保证等。

3. 教育课程体系

如今，很多职业院校教育课程体系的设置都会如同普通教育一样只强调知识的学科系统性，却忽视了职业教育的实际培养内容。首先，在课程的实际设置上，大部分职业院校的课堂内容都存在有的课程过于简单，有的却过难或者过繁杂、跟不上时代的发展等问题，并且在职业技能培训方面，中高职之间也没有太大的实际关联性，甚至有一些中高职课程体系还存在着重复设置的情况。其次，由于我国传统教育体系的影响，如今职业教育相对于学生的职业技能培养，更加重视理论知识、文化知识的教育，所以大多数的职业院校在实际教学过程中都会以课程理论为主、实践教学为辅，甚至有一些职业院校还缺少实践教学内容。最后，中高职教育的课程内容设置通常并不是以企业的实际需求为导向进行的，这种情况将会导致中高职衔接工作的实际效果一直无法得到充分发挥。

三、校企合作背景下中高职衔接工作实践方法

1. 建立校企合作中间学校

结合我国教育体系的实际情况，设置一种介于中职教育与高职教育之间的中间学校，并且为了能够更加符合区域内部企业的实际需求，该学校还要与区域内部的企业进行合作，然后根据企业的实际需求来招收普通高中学生或者中职学生，并确定学生的实际教学课程、教学内容、教学形式，而企业则需要为学校提供实训、补习、资金等方面的支持。在毕业时，学校要根据学生专业的不同设置不同的考试内容，学生若是能够通过考试，便可以自行选择前往高职院校进行深造学习或者直接就业，而考试不通过的，则可以直接前往企业就业。

2. 成立职业招考委员会

职业招考委员会主要由政府代表、企业代表、学校代表共同组成。在实际招生过程中，职业招考委员会根据社会技术变化、企业实际需求、政府宏观调控等内容来确定当年的招生计划，从而帮助学校招收符合其实际层次需求的各类学生，从而对如今的三类生源情况进行有效改进。另外，在实际招生过程中，职业招考委员会要派遣不同的代表人员负责不同的工作内容，例如基础知识考核内容主要应由政府代表和学校代表共同负责，而职业技能考核则需要企业代表和政府代表共同负责。在实际考试中，政府代表的责任便是对学校和企业负责的考试情况进行监督，学校负责基础知识方面的考试题目设置，企业则负责职业技能方面的考试题目设置，具体考试中要以职业技能考试为主、基础知识考试为辅，争取提高中职学生的入学率，改变高职院校的生源结构。

3. 建立综合职业课程体系

对于综合职业课程体系，学校需要充分考虑如今社会的职业技能发展情况，以企业的实际需求为课程设置导向，然后根据学生的职业发展来建立课程体系。在实际课程体系建立过程中，企业有责任为学校提供相关的意见和看法，并为中高职衔接工作提供应有的帮助。当然，课程体系也不是学校想改就可以改的，还需要相关业内专家学者支持与参与，最终根据职业教育的职业性特点由易及难地设置出符合如今社会与企业需求的课程体系，并且多设置教学实践环节，用实践来加深学生对理论知识的合理理解，最终实现中高职衔接，加强职业教育的实际教学效果。

四、结语

从本质上来说，中高职衔接就是职业能力教学衔接，因此在该衔接过程中，课程体系内容是重中之重。而中高职衔接课程体系的构建，还需要专家学者、企业、学校、政府等相关领域的人士充分发挥自身的实际作用，进而以职业能力培养为核心，以企业需求为导向，构建出相应的职业教育体系，最终促进我国职业教育的快速发展。①

---

① 吴世萍. 构建中高职衔接一体化教育模式的策略探究［J］. 课程教育研究（学法教法研究），2015（17）：93.

中高职"三二转段班"班级管理的若干思考

黄淑婷①

摘要：当前建设"三二转段班"，实现中高职教育的有效衔接，已经成为我国应用型人才培养的重要途径。本文从中高职"三二转段班"建设的角度出发，结合班级管理中存在的问题，对三二分段教育管理模式进行探究与分析。

关键词：中高职衔接　三二转段班　班级管理　管理策略

三二分段指在中职学校和高职院校选取对应专业，制订中职学段（三年）和高职学段（二年）一体化的人才培养方案，分段开展教学活动。在中高职教育衔接过程中，构建"三二转段班"是人才培养的重要环节。相较于传统的职业教育模式，三二分段打通了中高职教育的隔阂，为学生的教育培养获得了充足的时间，同时也节约了教育成本，提高了人才管理效率，推动了就业目标的落实。基于此，中高职学校在构建"三二转段班"的过程中，应加强班级管理，合理应对班级管理中存在的问题，以帮助学生实现顺利衔接与过渡。

一、中高职"三二转段班"重组中班级管理问题

在中高职教育衔接过程中，根据三二分段模式，将中职学校原有专业的行政班重新组建为"三二转段班"是非常必要的。而面对重组的"三二转段班"，教师遇到的以下班级管理问题是不容忽视的。

第一，师生关系紧张。重组班级的学生多来自中职学校同一专业的不同班级，每个班级的班主任个人风格、管理模式都各不相同，重组到"三二转段班"的学生面对陌生的教师、陌生的班级氛围、陌生的同学，产生抵触情绪是在所难免的。在这一阶段，由于师生之间缺乏充分的了解，一方面学生的内在发展需求无法准确传递给教师，增加了其对教师的误解与排斥；另一方面教师制定的班级管理规范在短时间内得不到学生的认同与理解，从而导致师生关系紧张，学生无法顺利实现从原行政班到"三二转段班"的有效过渡。

第二，学生集体实习管理存在弊端。对于"三二转段班"的学生，学校通

---

①　作者单位：广州市番禺区职业技术学校。

常会根据职业人才培养需要，安排集体实习，引导学生进入企业岗位，以锻炼其职业能力。但是在这一过程中，教师、学校对学生的管理工作存在"空白"，导致学生在岗位上从事更多的是体力劳动，无法将职业教育知识与实践技能相结合，同时在安全管理、情绪疏导方面存在漏洞，影响了集体实习效果。

第三，学生在班集体建设中的参与度不高，缺少对班级的归属感与认可度。由于重组班级的特殊性，师生之间、学生之间缺乏信任与了解，导致班集体相对松散，出现小团体，对学生的管理与支持功能得不到体现。此外，教师在班级管理中对于学生的主观能动性缺乏足够的认知，忽视了民主自治的重要性，从而弱化了班级管理与学生之间的关系，降低了班集体对学生的影响与熏陶。

第四，学生实习后无法正常完成过渡，影响职业培养目标的落实。集体实习结束后，学生回归校园生活难免会面临一定的心理落差。尤其是一些已经拿到大专入学"许可证"的学生认为自己的职业生涯已经开启，未来可以高枕无忧，因此，难免内心会松散，认为没必要再认真学习，这就导致其在班级管理工作中难以主动配合教师的职业教育要求，不仅影响了自身的职业发展，更对班级学风的建设造成一定的负面影响。

二、中高职"三二转段班"班级管理策略

第一，全面了解学生，增进与学生的情感沟通，完成师生关系的"破冰"。师生关系、生生关系的构建是班级管理的关键，在中高职"三二转段班"重组过程中，教师首先要做的是缓解学生对教师、对同学、对环境的陌生感，实现彼此关系的"破冰"，并在此基础上逐渐构建班集体。在"破冰"的过程中，教师可以利用班会组织学生进行自我介绍，让每一个人都有畅所欲言的机会，向教师、同学介绍自己的一些基本信息和经历，让彼此有一个初步的了解。当然，由于许多中职生都被贴上"学困生"的标签，他们在自我介绍的过程中难免会展现出自卑、羞怯等情绪，教师这时应及时鼓励，并传递出"只关注学生的未来发展"的期望，以缓解学生的自我否定情绪，同时使其产生对教师的信任。此外，教师还可以利用现代多元化的社交渠道，与学生建立广泛的沟通，并通过一对一的形式，密切与学生的情感联系，及时发现学生在过渡阶段的心理障碍，为学生提供必要的引导，帮助学生建立融洽的人际关系，以更好地融入中高职教育的过渡阶段。

第二，加强学生集体实习阶段的管理，从多方面为学生实习提供支持与保证。在学生集体实习过程中，教师应充分发挥主导性作用，在针对学生专业发展需要提供实习机会的同时，也切实维护学生权益，让学生在集体实习的过程中得到全面成长。例如，针对实习工作的细节做出全面考察与分析，面对那些将学生

当作廉价劳动力的企业敢于站在学生这一方争取权利，为学生的专业发展考量，在培养学生吃苦耐劳精神的同时，体现集体实习的针对性；在学生实习期间制订系统的安全管理方案，加强对学生的安全教育，提高安全管理措施的落实与执行，提升学生的安全意识；注重对学生的情绪疏导，尤其是在学生初次参与集体实习的过程中，增加与学生情感交流的频率，对于学生反映的情绪问题及时给出解决方案，及时排解学生的焦虑与挫败情绪，稳定学生心态，提高学生的心理素质，帮助学生顺利完成实习期的过渡。

第三，加强班集体建设，创造学生民主自治环境，强化学生对班集体的认可与归属感。对集体的归属感是个体情感发展的必然需求。在中高职"三二转段班"班级管理过程中，教师应坚持生本理念，将学生纳入班级管理主体，引导学生参与班集体的建设，并在集体中强化学生的情感归属，在班级建设中促进学生的全面发展。例如，教师应建立民主自治的管理体制，将班级自治的主动权交给学生，要求学生通过推选、竞争等方式选出班干部，组建班委会；班委会负责班级的日常事务，并将学生在过渡阶段存在的种种问题反馈给教师，以强化师生之间的沟通和联系；将制定班级管理规范的权利交给学生，要求学生结合自身发展需要丰富班级管理内容，完善班级工作细节，从而让班级管理制度更加贴近学生发展现实，并体现人文关怀，以提高学生对管理规范的理解与认可，提高班级管理规范的执行效果，进而打造高效、有序的班集体。

第四，强调职业教育目标，提升学生对自我发展的认知与规划，帮助学生平衡学习与就业的关系。在学生完成实习重返学校后，教师应根据学生的心态变化，帮助其确立职业发展目标，鞭策学生不能放松学习，通过沟通和指导，促使学生明白中高职衔接生与普通高中考生之间的差距、职业教育的优势与劣势，引导学生在学习以及未来的工作中学会扬长避短，不断增值自我，提高与普通高中学生共同参与市场竞争的能力；注重学生职业规划管理，将职业规划课程渗透到各学期的学习中，提高学生的就业意识，并引导其以就业为导向对自我发展进行全面规划；结合班风、学风建设，提高学生之间的互动与沟通，并针对职业规划中面临的问题，与学生共同探究应对之策；利用校企合作资源，推进学生职业规划的有效落实，结合中高职"三二转段班"的特点，提高班级管理水平，帮助学生从班级环境逐渐过渡到企业发展环境中，提高中高职教育的整体效果。

三、结语

综上所述，在中高职"三二转段班"的班级管理中，教师所面临的问题是多样而复杂的。对此，教师应合理把握过渡阶段学生的心理变化，摸清学生的内在发展需要、职业培养需要，并结合过渡阶段的教学管理条件，引导学生主动参与实习，从安全、情绪以及职业素养发展等角度创建管理环境，加强班集体的组建与完善，提高中高职"三二转段班"的班级管理质量。

参考文献

1. 丁慧鸽. 浅谈"三二分段"中高职衔接试点工作策略和实效［J］. 中外企业家，2019（29）.

2. 张婵. 创新型中高职衔接"二三分段"人才培养模式研究［J］. 继续教育研究，2014（7）.

中高职衔接管理及其运行实践

丘 瑜 李 敏①

摘要: 中高职虽然都是职业教育类型,但属于不同阶段、不同层次的教育。将中高职教育进行有效衔接、做好衔接管理是推动现代职业教育体系建设的重中之重。促进中高职衔接,能够提高人才培养的质量,保证专业化建设的连续性和有效性,培育出更多高素质的职业型人才。中高职衔接管理具有极强的复杂性,而且实际情况不容乐观,需要遵循教育规律,充分适应职业教育创新的需求,为中高职衔接管理和有效运行提供必要支持。

关键词: 中高职 衔接 管理 运行

加强中高职教育衔接是我国全面推行教育改革的一项重要举措,而促进二者有效衔接和运行的重要目的是打造中职和高职教育协调发展机制,形成现代职业教育体系。从这一角度进行剖析,中高职衔接管理所涉及的是系统性问题,具有极强的复杂性,需要找到中高职衔接管理当中的关键点,探究科学化的衔接策略,为我国终身教育体系的完善以及职业教育的长效发展创造良好条件。本文将着重就中高职衔接管理的意义及运行实践策略进行探讨。

一、中高职衔接管理的意义

在我国的教育事业发展进程中,中职教育以及高职教育是国家人力资源开发战略的核心内容以及重要路径。目前中高职教育已经步入了一个稳健发展的全新阶段,职业教育的影响力也在持续提升,在这样的背景之下,要打造立体全面的现代职业教育格局和教育体系,就需要将中高职教育进行有效衔接,做好衔接管理和运行工作。中高职衔接管理的价值主要体现在以下四点:第一,有助于提高普通技术人才的专业技能素质以及复合能力,有效助推中职以及高职这两个层面的教育的共同进步和协调发展。第二,有助于健全职业教育体系,优化职业教育结构,拓展高技能人才以及复合型人才的培养途径。第三,有助于转变过去中职教育、高职教育是终结性教育的错误认知,提升对职业教育的认知水平,引导职业教育朝着深度改革和良性运转的方向进步。第四,有助于高等教育结构调整,彻底转变过去单调的人才培育模式,满足社会对于多元化人才的实际需求,加快

---

① 作者单位:广州市番禺区工商职业技术学校。

我国从人力资源大国到人力资源强国的转变步伐。

二、中高职衔接管理的运行实践策略

1. 制定中高职衔接制度，优化课程衔接氛围

中高职衔接工作的有效运行，离不开科学完善的政策以及制度，可以说制度建设是中高职衔接的坚实保障。在规范化制度的支持和约束之下能够打造良好的中高职衔接氛围，并在思想以及行动方面进行积极改革。首先，要建设统一职业资格证书体系与等级考核制度，确保职业技能的有效衔接。在职业教育的发展过程当中，假如没有统一化的职业资格证书体系与等级考核制度作为根本支持，就会导致职业教育考核评价长时间处在混乱无序的状态之下，影响中高职衔接以及内部的协调运转。具体来说，需要依照职业分类标准与鉴定考核要求，确定职业能力标准与相应的层次结构，保证资格等级制度的统一和资格证书系统的完善。其次，要制定具备统一特征的专业标准目录，以便解决好中高职衔接中专业对口不顺畅以及课程安排重复性强等问题。为保证这一目标的达成，需要结合企业或岗位需求确定职业教育的专业方向；基于职业教育要求与社会人才需要制定专业目录标准，给出具体的内容；要求各职业教育严格落实统一专业目录标准，奠定教育衔接基础。最后，需要制定统一化的课程标准，有效应对中高职衔接实践中的挑战，积极推动职业教育改革。一方面，教育主管部门需要从顶层设计层面出发，有效听取专家意见与建议，制定中高职衔接的专业人才培养方案和课程标准体系；另一方面，教育主管部门要引导中高职学校主动参与中高职衔接课程标准建设，给予他们一定的话语权，保证课程安排的科学化以及人本化。

2. 构建多元参与的中高职衔接沟通平台

为保证中高职衔接的顺利运转，完善现代职业教育体系，就要拓宽思维，提高思想解放程度，调动并且整合多方面的力量，形成一个多元参与的中高职衔接沟通互动平台，妥善解决好衔接工作实施当中的问题，发挥合力作用。第一，要积极组建专业性强的中高职衔接组织机构，对中高职衔接工作进行科学化和完善化的管理。具体来说，可以组建中高职衔接工作专业委员会，负责对专业和课程衔接当中的相关工作进行统一规划与整体上的统筹安排；成立由专家构成的中高职衔接咨询小组提供专门的咨询服务，妥善解决好中高职衔接实践中的专业化问题；在政府牵头之下构建中高职衔接协调机构，负责对教育衔接当中涉及的各个部门与工作人员进行统一协调，保证中高职学校的顺畅沟通。第二，要积极建设以高职院校为核心的职教集团，推动职业教育的集约化建设，为中高职衔接管理的落实创造良好条件。一方面可以构建职业院校和企业通力协作的职教集团，促进校企资源共享，形成强大的职业教育合力，确保专业设置以及课程安排满足产业建设的需求；另一方面可以建设中高职学校构成的职教集团，利用一带多等方

法推动中高职教学互动。第三，号召企业主动参与，实现多角度和立体化的校企合作。由于企业是职业教育的重要利益主体，校企合作在助推职业教育建设方面有着至关重要的作用，可以利用校企合作的方法有效解决中高职衔接当中存在的缺陷，尽可能地缩短中高职衔接进程。

3. 创新教学管理，兼顾不同生源素质差异

要保证中高职衔接的顺利运行，降低衔接工作的处理难度，还需要提高对教学管理创新改革的重视程度，充分兼顾不同生源素质差别。积极推广学分制，构建弹性学制和科学化的选课制度是职业教育教学管理的有效方案，该方案的落实不但能够提升教学管理灵活度，还可以尽可能地兼顾学生差异化的能力层次与兴趣爱好。第一，推行学分制。此处所提到的学分制的含义是中高职相通的学分转换机制。在职业教育体系中，学分转换通常指的是职业教育机构把学生过去学到的课程内容和得到的经验转化成学分予以承认，使得学生能够免修有关课程。不过要实施学分制，须先进行统一学分标准的制定，使得学分能够在中高职学校当中互相认可，促进中职到高职的顺利过渡。第二，在学制方面可落实弹性学制。例如，对于学生某学习阶段的学习，学校可结合社会工作专业内容、性质给出较为宽松的学习年限，也允许学生在达到专业要求学分之后提前毕业。这样可以在学生培育过程当中消除一刀切的弊端，也能够积极强化学生的学习热情，保证中高职衔接工作的顺利开展。第三，可以落实弹性选课制度，也就是在中高职学校中设置选修课程教育，构建选课中心，给出明确的课程表安排，而学生可以结合自身需要灵活选课，满足自身职业发展的要求。

职业教育是贯穿个人职业发展整个历程的教育形式，其在发展建设过程中应形成一个完整体系，而这个体系要实现纵向衔接和横向密切沟通，以便促进学生职业素质的养成，满足学生职业发展和潜能挖掘的实际要求。在推动职业教育改革发展的进程中，需要始终秉持大职教观念，提高对中高职衔接工作的重视程度，打造系统全面的终身学习体系。

参考文献

1. 李学锋，曲克敏. 中高职教育衔接课程与教材建设的理论与实践创新［J］. 中国职业技术教育，2013（15）.

2. 徐国庆. 中高职衔接中的课程设计［J］. 江苏高教，2013（3）.

3. 邵元君，匡瑛. 国家职业标准：中高职衔接中培养目标定位的重要依据［J］. 职教论坛，2012（28）.

4. 张鹏，甄国红，姚丽亚. 多元一体中高职衔接人才培养模式构建［J］. 中国职业技术教育，2019（16）.

中高职衔接精准育人新思考

陈汝平①

摘要： 在实施"一带一路"倡议、"互联网＋"战略、"中国制造2025"战略等的新时代，职业院校应积极探索精准育人新模式，通过中高职衔接、与行业企业对接等形式，开展深度校企合作项目，构建校企共建共育人才培养机制。本文以商贸类物流专业为例，从育人机制建设、人才培养模式改革、教学条件改善、校企深度合作等方面提出中高职衔接精准育人的整体设计思路。

关键词： 职业教育 中高职衔接 精准育人

一、精准育人的理解

"精准"一词，从字面上来解释，就是精练、准确的意思。随着经济转型升级的不断推进，"精准"这一词被广泛运用到各个不同的领域，对于以向社会输送适用专业人才为己任的职业院校来说，精准育人将是新时代的要求。

1. 教育行政部门的主导

根据粤教职函〔2017〕204号《广东省教育厅关于开展2018年创建现代职业教育综合改革试点省争先创优储备项目申报工作的通知》的文件精神，从2017年起，面向全省中职学校分批立项建设约300个精准对接、精准育人（以下简称"双精准"）示范专业，发挥其在校企"双精准"方面的示范和辐射作用，引领和带动本校、本地乃至全省中职教育办学水平提升。这是教育行政部门从政策的高度进行主导，提出职业教育要精准育人，强调落实产教融合、校企合作，提升人才培养质量。

2. 企业对精准育人的需求

作为用人单位的企业都希望招聘入职的职业院校毕业生可以直接对接职业岗位的用人要求，也就是职业院校的育人标准与用人需求相对接。根据广东教育信息网的报道，为落实推进职业教育校企"双精准"工作，省教育厅组织地市教育行政部门、职业院校和行业企业部分专家学者一起论"道"，共同探讨如何更

---

① 作者单位：东莞市经济贸易学校。

好地推进"双精准"工作。企业代表之一熊自先指出："职业教育的跨界属性，意味着职业教育发展不能千篇一律，应对应专业特点，对准企业要求谋精准。"另一位企业代表姚招平则强调："职业院校的人才培养方案，在关注职业知识、职业技能的同时，应以行业某几个主导企业的共性为职业技术技能标准。同时要高度关注职业态度和素养的培养，为毕业生的就业实现和整个职业生涯的个人发展夯实基础。"

3. 职业院校育人理念的转变

改革创新，理念先行。育人理念的转变，是引导职业院校实现对接企业、精准育人的风向标。省教育厅组织的"双精准"推进工作研讨会上，来自各职业院校的领导一致肯定：精准育人，是职业院校必须遵循的育人理念。某校领导刘国生提到："以'双精准'为方向，出台加强职业教育集团建设指导意见，指导与支持职业院校做大做好做强职业教育集团，促进校企精准对接，实现精准育人。"因此，职业院校应该从理念转变开始，围绕"目标定位准、办学条件好、校企合作深、诊断改进实、人才培养优"的总体建设目标，从政策、资金和项目安排等方面对示范专业建设予以倾斜支持。

二、中职物流专业育人模式现状分析

在"国家中等职业教育改革发展示范学校建设计划"的推动下，有幸立项进行示范建设的中职学校在人才培养模式、师资队伍建设、校企合作和工学结合机制建设等方面都得到了快速的提升和发展，特别是获得中央财政支持的重点建设专业。以某校的物流服务与管理专业（以下简称"物流专业"）为例：经过三年的示范学校重点专业建设，该专业已经形成学校与企业联动共建、职业技术能力和职业素养协调发展的"双元联动、双能合一"人才培养模式；构建了基于岗位职业能力、对接物流管理职业标准、符合物流行业企业发展的"宽基础、多方向模块化"课程体系；在校企合作及工学结合机制建设取得明显成效，建有多家校外定点实习实训基地，构建了"参观—见习—顶岗实习"阶梯渐进式实习模式；拥有一支教科研能力强、结构合理的双师型教师队伍，在项目教学、小组活动教学、翻转课堂等高效课堂教学改革方面都已经取得一定的成效。

随着"一带一路"倡议、"互联网＋"战略、"中国制造2025"战略的实施，物流产业正加速走向供应链化、信息化、国际化，对物流专业人才的培养提出了更高的要求。中职物流专业育人机制的建设，必然要积极响应产业发展的新形势，主动对接现代物流产业发展新方向及企业用人新需求，调准专业育人方向，创新专业教育内容，培养与社会需求零距离对接的应用型人才。

三、中高职衔接精准育人的整体设计

（一）创新精准育人体制机制

"双精准"示范专业建设，需要集全校的人力和物力等资源来共同推动。因此，在项目顶层设计上，需要从学校层面到相关职能管理部门，再到专业层面，从政策、资金和项目安排等方面给予倾斜支持。

（1）成立包括校长、主管副校长和教务、教研以及校企合作等职能部门负责人在内的"双精准"示范专业建设领导小组，指导项目建设规划，并监督项目建设的开展及进度落实。

（2）专业负责人牵头组建项目建设工作小组，在领导小组的指导下开展工作，具体落实建设方案的实施，推动项目建设任务进度。

（3）积极发挥由行业企业和职教专家组成的专业教学指导委员会作用，定期对专业（技能）方向动态调整论证、专业办学定位和人才培养目标调整以及专业教学诊改等方面进行指导。

（二）以"双精准"为导向，创新育人模式

1. 改革人才培养模式

按照"双精准"的要求，做好人才需求新动向的调研工作，及时调整人才培养方案中的目标定位、课程体系、教学标准等内容，从指导性文件上保证育人的精准性。根据目前中职学生的走向，可以分为就业和升学两个方向进行修正完善：

（1）就业方向人才培养方案。应当充分考虑学生就业所对接企业的需求，按照校企"双元联动"的模式，将行业标准、企业岗位技能等元素融入课程体系和教学标准，实现产教的深度融合，通过企业冠名专班、订单培养、现代学徒制等形式，提升对接企业育人的精准度。

（2）升学方向人才培养方案。目前，中职学校毕业生的升学目标高校仍然以高职院校为主，升学途径主要有普通高考"3＋证书"、高职院校自主招生、中高职衔接三二分段、五年一贯制等。以中高职衔接三二分段为例，拟订人才培养方案时要与衔接高校充分沟通，在目标定位、课程设置、教学安排等方面精准对接，既要完成中职阶段专业技能的培养，也要充分考虑学生升学后所面临的文化基础要求。在条件允许的情况下，中高职衔接的两家院校可以选择同一家合作企业，对三二分段学生进行分阶段、分层次的培养。

2. 改善专业教学条件

良好的办学条件，是精准育人实施的保障。因此，改善专业教学条件是推进

精准育人的有力保证。可以从以下两方面入手：

（1）实训环境的升级改造。掌握行业企业发展新动态，及时升级改造专业实训设施设备，保证校内实训基地的技术水平、技能培养方向与企业对接精准性。

（2）分层分类加强专业师资队伍建设。专业水平和职业能力过硬的师资团队，是精准育人实施的推动者，因此，在整个项目建设过程中，加强师资队伍建设具有不容忽视的重要意义。

一是组建校企混编的双师型教师队伍，聘请深度合作企业的"能工巧匠"担任学校的专业兼职教师，与校内的专任教师共同完成实习实训等实践教学任务。

二是以名师和专业带头人为引领，以骨干教师为主干，分层次带动专任教师队伍的成长。以课题研究为载体，培养教师的教科研能力，通过培训学习、企业实践等形式，加强教师的职业能力和技能水平，从而整体提升师资团队的综合能力，为实现高质量精准育人提供最为有力的保障。

3. 对接行业企业，校企深度合作

进一步完善已有的校企合作机制，提升校企对接的精准度。与定点实习实训基地企业开展校企人才共建共育项目，积极探索校企双方在课程建设、师资培养、实训基地建设和实践教学上的深度合作。

四、结语

中高职衔接及校企"双精准"是新时代职业教育政策导向，更是企业用人需求的呼声。在中高职衔接贯通的政策推动下，中高职衔接对口院校从人才培养方案改革、办学条件改善、校企深度合作等多维度同时推进"三元融合"，共同实现"双精准"的高质量人才培养目标。

参考文献

1. 钟飞燕. 精准对接，精准育人：深化国际贸易专业教学改革探究. 教育与职业，2018（22）.

2. 李硕明，张星，彭伟娴. "精准对接，精准育人"：面向职业发展的岗位技能课程教学研究. 深圳职业技术学院学报，2018（5）.

模块三

中高职衔接人才培养与其他研究

高职院校人才培养评价创新的研究与实践

——以广州科技贸易职业学院为例

谢继延　曾兰燕　赖晓彬　钟　阁①

摘要： 高职院校人才培养评价创新的本质是由一系列教育评价创新要素构成的集成创新。人才培养评价创新不仅具有鲜明的目的性，而且包括创新评价理念、评价标准、评价体系，组建校内外评价队伍，以及过程性、发展性评价等，是一个系统工程。笔者所在学院以评价创新为驱动力，积极履行主体责任，推进质量评价建设，引导学院在内涵式建设上取得了良好的成效。但仍然需要在构建多元参与的质量评价保障体系，形成重"过程评价"和"发展评价"的人才培养工作评价机制和建设质量文化上不断创新。

关键词： 高职院校　人才培养　评价创新

我国高职教育自 20 世纪 80 年代兴起，建设时间相对较短。在人才培养评价及评价体系构建方面起初多借鉴本科院校的做法。教育主管部门主导的高职院校教学水平评估 2004 年出台，示范院校、骨干院校建设，以及近年来《质量年度报告》撰写并发布和诊断与改进（以下简称"诊改"）工作试点推进，引导及帮助各高职院校逐步重视质量评价等工作，在促进高职院校改善办学条件、提升办学质量与办学水平上取得了一定的成效。然而，仍有一些高职院校人才培养评价工作始终在低水平徘徊，重视不够，认识不足，方法单一，体系构建不完善，作用发挥不充分，尤其是缺乏创新，在促进内涵建设、提升人才培养质量上的成效不明显。在高职院校内涵发展的今天，高度重视评价创新已刻不容缓。②

一、人才培养评价创新的本质和要素

（一）评价创新的本质

高职院校人才培养评价创新的本质是由一系列教育评价创新要素构成的集成创新，主要包括以下几项：第一，评价创新具有鲜明的目的性，要以学生发展为

---

①　作者单位：广州科技贸易职业学院。

②　赵佩华，胡泊．基于多元互动的高职院校人才培养质量评价体系探析 ［J］．职业技术教育，2013（32）：74－76．

中心，围绕持续提升高职院校人才培养质量和办学水平，努力办好人民满意的教育；第二，评价创新包括评价理念创新、方法创新、体系创新、制度创新和技术创新等；第三，评价创新是一种改革，是对过去传统的和现存不合理的评价工作予以改变与革新，具有开拓性、创新性和革命性；第四，尽管人才培养评价是高职院校教学活动中重要的一部分，属于部分创新，但对高职院校的建设发展影响重大，特别是在引导高职院校内涵建设上；第五，评价创新是一个系统工程，包括创新评价理念、评价标准、评价体系，组建校内外评价队伍，以及进行过程性、发展性评价等。

（二）评价创新的要素

教育评价自 19 世纪中叶兴起，先后经历了"心理测验时期""目标中心时期""标准研制时期"和"结果认同时期"等阶段，评价目的、评价对象、评价结果形式，以及评价过程等都在发生变化，评价创新始终在路上。美国哈佛大学教授熊彼特提出的创新理论和当前成功创新驱动企业成长的方法可应用在教育领域。笔者认为，教育创新应是从教育内部自行发生的变化，即来自教育本身。因此，高职院校人才培养评价创新要素主要包括以下五个方面：

（1）均衡的评价要素组合。高职院校人才培养评价应为内部与外部评价的有机组合，每一部分都包含了评价目标、评价标准、评价方法和技巧等多种要素，也包括评价机制的创新。当前各高职院校正在进行的"诊改"制度改革正是如此。

（2）合作高效的评价团队。为了取得客观、公正且科学的评价，充分发挥评价的功能作用，需要建立能维持高效且相互合作的团队（包括校内、校外参与评价的各方面成员，如教学督导、学生等），而来自不同专业和行业领域，且具有评价工作认知水平和处理相关评价创新问题能力的专家是十分重要的。

（3）简洁的系统化流程。充分利用系统化的方法使评价工作可以重复、预测并扩大。如我国"诊改"制度的整体设计与现代质量管理学中的"PDCA"戴明循环类似，即包括计划阶段（plan）、执行阶段（do）、检查阶段（check）和改进阶段（act），每实施一个循环，质量的管理水平就上一个新台阶。

（4）创新的技术与工具。基于"互联网＋"、大数据等信息化新技术发展，高职院校应积极采用现代化评价方法和技术手段，搭建互联互通、信息共享的数据平台，保证评价的科学性、规范性、真实性、独立性，切实发挥教育评价的导向、诊断、促进和激励作用。

（5）营造评价创新的氛围。要在学校内部构建一种自由、健康、开放、和谐的创新文化生态，建立起相互合作及信任、风险共担的组织文化，建设良好的校园质量文化。在这样的氛围下，师生能坦然接受评价而不会抵触，甚至采取过激的行为，并能从不足和错误中走出来。①

二、人才培养评价创新的实践

习近平总书记在参加十三届全国人大一次会议广东代表团审议时说过"创新是第一动力"。当前，各高职院校要以科学、规范的教育评价为突破口，建立起多元参与的教育评价体系，以创新为驱动力，走具有中国特色的高职院校评价创新发展道路。广州科技贸易职业学院是一所以培养高素质技术技能型人才为目标的高职院校。近年来，学院高度重视人才培养评价工作，积极推进评价工作的改革与创新，主要有以下措施：

一是建立起专门的质量管理组织架构。在学院质量管理委员会（院长为主任委员）的决策指导下，由独立的教学质量监控办公室具体组织全院各二级学院（部）和相关职能部门开展学院质量监控保障工作，督导工作由归口部门管理，组织完善并落实学院多元主体参与的质量保证体系建设。

二是充分重视和发挥评价对象的主体作用，构建院系二级教学督导队伍和由学生信息员及教风学风监控员组成的学生评价队伍，进一步完善校内教学质量保障体系和制度建设；建立基于"互联网＋"的教师教学评价平台，及时向教师反馈评价结果，以利于教师不断改进教学，提高教学质量。

三是积极接受来自校外行业协会、专业组织和省市教育主管部门委托的第三方机构（专家组）开展的教育教学与人才培养质量评价，监督学校办学，维护教育公平，深入合作企业开展学生顶岗实习状况及企业评价的调查反馈，包括在此基础上的诊断分析、评价反馈。

四是建立常态化的人才培养质量自主保证机制，积极推进"诊改"制度落实，探索构建"五纵五横"体系，明确诊断项目、诊断要素、诊断点，注重事前计划、事中监控和事后诊断改进，并通过构建"8 字形质量改进螺旋"，在质量生成过程中，根据实时监测到的数据，及时发出预警和即时调控、改进，确保质量不断提升。

五是基于学院人才培养工作状态数据采集与管理平台，及时总结分析人才培养工作的情况，撰写《质量年度报告》并及时向社会发布。发挥学院数据平台的作用，及时监控反馈办学状况，撰写分析报告。采用绩效平台分析全院教职工

---

① 陈波．论创新驱动的内涵特征与实现条件：以"中国梦"的实现为视角［J］．复旦学报（社会科学版），2014（4）：124－133；申晓伟．国家创新驱动发展背景下高职院校协同创新模式的探索［J］．教育与职业，2014（17）：28－30.

年度工作完成情况与质量高低，形成可监测、可量化、可描述的数据或指标，有利于评价分析工作具体化、数量化、科学化。同时以信息化为手段，建设教学质量测评系统，加强教师教学质量的测评分析与数据挖掘，取得落户的效果。

六是组织开展质量满意度调查与质量问责工作，并与年度绩效考核评价挂钩，在校内建立起相对完善、科学、合理的评价激励运行机制。

总体来说，学院通过以评价创新为驱动力，积极履行主体责任，推进质量评价建设，引导内涵式建设取得良好的成效。学院近年来已打造五个省级重点专业和两个省级品牌专业，在全国高职院校职业技能竞赛上首次获得金奖，成为教育部现代学徒制新一批试点院校，毕业生就业率多年稳定在 98% 以上，受到企业与社会各界用人单位的好评。

三、人才培养评价创新的反思

通过人才培养评价创新与实践，学院虽然取得了一定的建设成效，但仍然存在着诸多不足。经反思后笔者认为，高职院校人才培养评价创新需要把握好以下五个方面：

一是评价理念的创新。①树立以人为本、全面质量管理的理念。高职院校学生和教师是高职教育过程中的主体，也是高职教育评价的核心对象。评价的目标和基础应以职业能力发展为主，强调职业素质的多元化考量。要构建基于全过程、在各个环节上实施全员参加和社会参与的质量保障体系，监督学校办学，确保人才培养质量不断提升。②树立质量第一、持续改进的理念。质量是高职院校的生命线。评价的目的是促进人才培养质量的提升，以及学校的内涵建设。要坚持优质发展、以质取胜，真正形成学院重视质量、追求质量，社会崇尚质量，师生关心质量的良好氛围。高职院校人才培养评价工作应持续改进，跟上时代发展的步伐。③树立科学民主、分类评价的理念。高职院校评价指标体系的设计应该充分吸收多方意见，尤其是学生和教师的意见，使评价工作更具民主性。同时，不同的高职院校、专业、课程以及教师和学生都存在显著差异，应该按照各自的不同，分门别类地设计评价指标。这既尊重教师教学风格与学生个性，也有助于教师教学创新，师生教学相长。

二是评价体系的创新。①评价体系应是包括学生、教师、家长、用人单位、社会第三方机构等多主体及多元参与，重"过程评价"和"发展评价"的人才培养工作评价体系。②要采用基于大数据分析的信息化管理手段，形成常态化高职院校自主保证、自我诊断与自我完善的人才培养评价机制。①

三是评价标准的建设。①评价离不开标准，高职院校应将质量标准（目标）细化分解成具体的建设任务，形成可监测、可量化、可描述的数据或指标，使人才培养质量建设具体化、数量化、任务化。②标准既要有定量的数据，又要有定性的描述，包括专业标准、课程标准、人才培养质量标准等。开展对标、达标活动，实施建立标杆学习和示范（重点）院校标准领跑者制度，鼓励、引领高职院校主动制定和实施先进标准。

四是评价方法手段的创新。①除了内部传统的三段式（期初、期中、期末）评教以外，高职院校评价尚需要加强过程监控与自我诊断评价，注重使用自我诊断、过程评价和发展评价方法及问责机制。②评价方法必须遵循稳定性与拓展性相结合、科学性与可行性相结合，将定量评价与定性评价、激励与问责结合起来。② ③积极推进信息化手段的应用与创新，建立以"互联网＋"、大数据分析等为基础的教师教学评价系统，对学院教学质量保障工作实施智能化管理和评价分析，但投入较大。

五是校园质量文化建设的加强。高职院校必须树立品牌意识，打造独特的办学特色和校园质量文化氛围。品牌是一所学校的质量形象，是社会对学校教育质量的认可，是学校优秀质量文化的外部体现，更是学校核心竞争力的象征和办学特色的体现。高职院校应不断提升高职教育的质量形象和社会美誉度。这是目前高职院校较普遍存在的一个不足。

四、结语

围绕高职院校人才培养工作评价创新的问题，本文从宏观角度出发并结合自身实践，提出要以创新为驱动力，把握高职院校人才培养评价创新过程中的本质和关键要素，积极履行主体责任，激发学校办学活力，构建起多元参与的质量评价保障体系，形成重"过程评价"和"发展评价"的人才培养工作评价机制，注重质量文化建设，引导高职院校高质量内涵式发展，但更多微观、细节、隐性的问题有待在实践中进一步研究和探索。

---

① 李玉静，岳金凤. 国际职业教育评估指标体系比较分析 ［J］. 职业技术教育，2014（19）：83－88.

② 阮先会. 职业教育教学质量监控与评价 ［M］. 北京：光明日报出版社，2010；钟桂英，等. 发展性高职教育教学评价 ［M］. 北京：中国轻工业出版社，2011.

高职现代学徒制人才培养模式试点与实践

——以汽车检测与维修技术专业为例

张红伟[①]

摘要： 本文基于广州科技贸易职业学院汽车检测与维修技术专业与广州实家—拉姆车房汽车有限公司的校企合作，探讨汽车检测与维修技术专业现代学徒制的试点招生培养工作。本文通过校企合作的选择、人才培养方案的共建、校企合作课程的开发、师资建设以及相关保障制度建设对整个试点工作进行了阐述，同时对试点中存在的问题进行了描述并提出了相关的对策。

关键词： 高职现代学徒制 人才培养模式 汽车检测与维修技术专业

一、现代学徒制的内涵

现代学徒制是学校与企业共同培育人才的一种人才培养模式，它是学校在现有校企合作的基础上，通过进一步深化"实岗育人"、工学交替，促进企业和高职院校联合培养出行业企业所需要的技术技能型人才和高素质劳动者的新型职业教育模式。

现代学徒制起源于20世纪的德国、英国等西方国家。他们大力倡导的"学徒制"教育是其主要的教育模式之一。在德国，"双元制"教学被视为国家崛起和经济发展的秘密武器，美国倡导的"合作性学徒制"、英国倡导的"现代学徒制"都是"学徒制"教育，这些"学徒制"教育被视为人力资源开发和国家经济发展的重要战略。近年来我国开始借鉴西方现代学徒制的教育经验，以校企合作为基础，以培养人才为核心，以课程为纽带，通过教师与企业师傅共同指导，将企业的项目、文化、管理、标准与培养人才的过程深入融合，形成教师与师傅于一体、学生与员工于一体、生产与教学于一体、产品与学业于一体的人才培养模式。

与传统职业教育相比，现代学徒制能有效地解决传统高职教育中学生就业难的问题，同时也能解决企业的用工荒问题。因此，在我国高职院校开展现代学徒

---

① 作者单位：广州科技贸易职业学院。

制的试点改革具有重要的意义。

二、广州科技贸易职业学院汽车检测与维修技术专业开展现代学徒制试点的背景

1. 政府政策的支持

2012 年教育部正式提出开展现代学徒制试点教育。2014 年教育部发布教职成〔2014〕9 号文件《教育部关于开展现代学徒制试点工作的意见》（以下简称《意见》），明确指出现代学徒制试点工作具有非常重要的意义，各地区政府、高职院校应该逐步推进现代学徒制试点教育，同时建设并落实好相关的保障机制等内容。广州科技贸易职业学院响应《意见》号召，着力开展现代学徒制试点工作，积极探索实践，全面提升高级技术技能型人才的培养。

2. 汽车工业及售后服务行业发展的需要

广州市政府已将汽车工业列入本市国民经济的支柱产业，形成了广州东部的黄埔基地、北部的花都从化基地及南部的番禺南沙基地。汽车工业的发展带来了汽车保有量的快速增长，到 2015 年底广州市汽车保有量已超过 230 万辆，4S 店已有上百家。同时，由于各种新款汽车车型不断推出、技术及配置越来越先进，汽车行业对维修人员的维修水平和素质要求越来越高。目前广州市汽车维修人员十分欠缺，高素质、高水平的汽车维修技师更是"一将难求"，汽车行业急需大量高技术、高技能、高素质型人才。

3. 传统教育中的汽车检测与维修技术专业人才培养不能满足企业的实际需要

传统教育体制与方式的理念陈旧，企业参与教学积极性不高，而高职院校自身的师资力量也不足，许多教师缺乏丰富的实践经验，加上学校办学资源不足以及教学管理效能低等问题，直接导致培养出的汽车检测与维修技术专业人才不能满足企业的需要。汽车检测与维修技术专业现代学徒制是校企合作发展的一种必然趋势，是企业参与人才培养并承担社会责任的一种形式，同时也是企业向更高层次发展的必然需求。

对此，广州科技贸易职业学院汽车检测与维修技术专业通过社会和行业调研，以及对相关专业毕业生进行跟踪调查和反馈，在及时深入了解汽车检测与维修人才需求的基础上，开展了现代学徒制的试点工作实践。

三、汽车检测与维修技术专业现代学徒制的试点实践

1. 遴选优质企业，开展现代学徒制教育合作

广州实家—拉姆车房汽车有限公司是广州宝车香路汽车检测维修设备有限公

司的下属子公司，专门从事高端汽车的检测与维修工作，并具有相当丰富的员工培训经验。因此，在众多校企合作企业中，学院首选与广州实家—拉姆车房汽车有限公司合作试点现代学徒制。

2. 明确人才培养目标定位

根据与企业合作的多年经验，汽车检测与维修技术专业与广州实家—拉姆车房汽车有限公司共同确定了该专业现代学徒制的人才培养目标，将人才定位于能够承担汽车售后服务、检测、营销类企业中的汽车维修、检测、诊断、技术服务等岗位工作任务，具备汽车检测与维修及故障诊断等专业能力、制订工作计划和解决实际问题等方法能力、良好的思想道德品质及职业道德等社会能力，并具有一定的创新、创业能力的高级技术技能型人才。

3. 校企联合招生招工

汽车检测与维修技术专业现代学徒制试点班面向该校汽车类专业大二学生招生，先由学生报名，然后再由学校与企业共同进行面试和筛选，在面试过程中以企业为主导，将面试录取的学生安排至企业进行基层岗位训练，再次进行淘汰、筛选，最后由企业与学生、学校三方共同签订学徒培养合作协议。这样可确保学生权益不受损害并保护企业、学校、学生的共同利益，明确各自的权利、职责与义务，并在此基础上过渡至招生录取和企业用工一体化。

4. 校企联合制订现代学徒制人才培养方案

在现有人才培养方案的基础上，根据现代学徒制人才培养的规律与经验，校企共同制订了人才培养方案。

（1）汽车检测与维修技术专业现代学徒制试点班的初始岗位和发展岗位（见表1）。

表1　该专业现代学徒制试点班的初始岗位和发展岗位

序号	岗位性质	初始岗位	发展岗位	
		0~3年	4~6年	7~10年
1	主要岗位	汽车机电维修工	技术经理	车间主任
2		汽车服务顾问	服务主管	服务经理
3	次要岗位	汽车质检员	服务主管	服务经理
4		汽车配件管理员	配件主管	配件经理
5		汽车保险顾问	服务主管	服务经理
6		汽车销售顾问	销售主管	销售经理

（2）根据岗位特点明确岗位职责。

分别明确了汽车机电维修工、汽车服务顾问、汽车质检员、汽车配件管理员、汽车保险顾问和汽车销售顾问6个岗位的岗位职责。如汽车机电维修工的岗位职责为：①根据前台和车间主任的分配，认真、仔细地完成维修工作；②在维修过程中对客户车辆采取有效的防护措施；③按委托书项目进行操作，及时向维修主管汇报在维修过程中出现的问题；④对每个维修项目必须自检，合格后转到下个工序，不断提高专业技术，保证维修质量；⑤耐心、周到、热情地解答客户相关疑问，提高服务质量；⑥仔细、妥善地使用和保管工具设备及资料；⑦负责维修后的整理工作，做到油、水、物"三不落地"，保持车间整洁、有序及开展5S的具体实施；⑧完成领导交办的其他工作。

（3）对岗位进行典型任务分析及课程转化。

通过企业专家访谈会，从该专业对应的汽车机电维修工等职业岗位的65项代表性工作任务中，提取16项典型工作任务，并按照职业发展阶段和职业资格证书的要求，归类并转化成13门专业课程。该专业的核心课程为：汽车使用与维护、汽车发动机机械系统检修、汽车底盘机械系统检修、汽车电气系统检修、汽车发动机电控系统检修、汽车底盘电控系统检修、汽车车身电控系统检修、汽车空调系统检修、汽车综合故障诊断与排除、汽车维修质量检验、汽车维修企业管理。

（4）形成专业课程体系（见图1）。

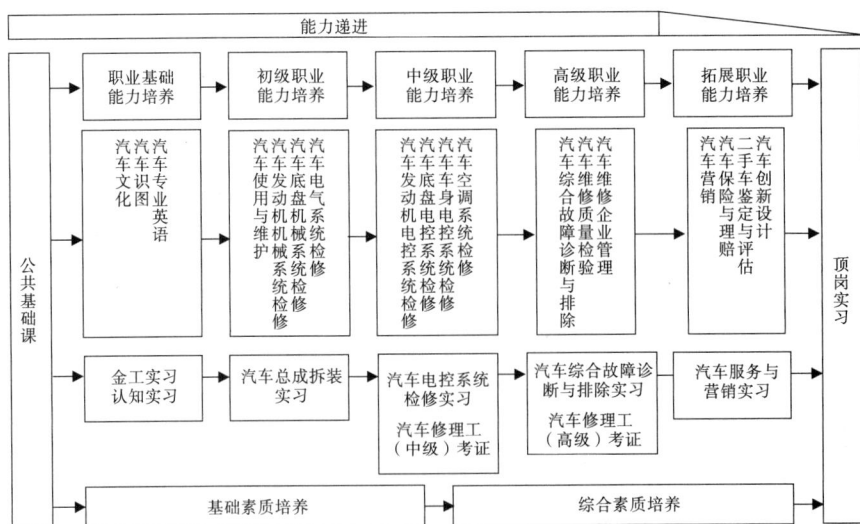

图1　该专业课程体系框架

5. 校企联合开发校企合作课程

成立课程体系开发领导小组，由学院领导、专业带头人、课程负责人及企业不同层级的业务骨干组成课程体系开发团队。校企双方专家共同确定课程名称、课程内容、课程标准、教学方法设计及教学过程阶段的合理分配，引入英国、德国"学徒制"实施标准，校企共同合作对其加以改造，共同制订专业教学标准、课程标准、岗位标准、企业师傅标准、质量监控标准及相应实施方案。

汽车检测与维修技术专业现代学徒制试点班第三到第五学期的专业课程均由校企合作共同开发，一些服务网点的课程，如新车上市培训等则交由具有丰富经验的第三方机构与学校合作开发，并由第三方机构负责相关业务培训。而对于汽车发动机电控系统检修、汽车维修质量检验等专业性课程则由企业与学校共同开发课程及相关教学资源。

6. 现代学徒制试点班的师资选拔

汽车检测与维修技术专业现代学徒制试点班的师资团队由专业带头人、专任教师和来自行业企业一线的兼职教师共同组成。专业带头人一般由来自校内和企业的两名高水平带头人组成。专任教师包括 3~4 名骨干教师。专业教学团队人数按师生比 18∶1 配置，双师素质教师占 70% 以上，具有研究生学历的教师比例超过 50%，具有高级职称的教师比例超过 30%，年龄结构合理。

该专业试点班对专任教师有比较高的要求，首先应具有汽车相关专业本科以上学历、汽车维修高级工以上职业资格，以及一年以上行业企业工作经历；骨干教师应具有中级以上职称，具有较丰富的专业知识和实践经验，以及课程开发的能力。符合条件的教师可以报名，然后再参加第三方机构的培训，考核合格后才能上岗。

7. 校企共建考核机制

汽车检测与维修技术专业现代学徒制试点班的学生具有双重身份，既是学校的学生又是企业的员工。他们具有工作与学习的双重任务，在学校时是在校生，具有在校生同等责任与利益，要遵守学校的学习管理制度，按照学校的考评制度接受考评；在岗位工作中是汽车企业员工，享受企业员工待遇，需要遵守企业生产管理制度，接受企业的岗位考核。

对此，该专业试点班的学生采用"三证制"考核机制，即获得企业学徒合格证和职业技能等级证，再通过文化结业考试后，学生才能拿到毕业证。

8. 加强教学管理

根据课程体系构建及现代学徒制班级的特点，试点班采用弹性学制和学分管理。该专业根据高等职业技术教育的规律和现代学徒制的特点，以导为主、督导结合，重在建设的有机结合，在教学督导实践中充分发挥培育引导、分析评议、监督检查以及报告建议的作用。教学督导贯穿整个教学管理的招生工作、教育运行工作、教学资源准备工作以及教学考核工作等主要环节。教学督导工作以查阅相关资料和现场检查的方式为主。同时，学校督导室、教委处在开学、期中、期末定期和不定期开展教学检查工作。

9. 强化现代学徒制制度建设，完善相关工作的保障措施

学院在汽车维修与检测技术专业现代学徒制的建设经费、专兼职师资等方面制定了一系列的激励政策。根据该专业自身和服务对象的特点，在广州实家—拉姆车房汽车有限公司建立现代学徒制导师工作站，同时在学校设立双导师工作室。校企共同制定《现代学徒制导师团队双向服务管理办法》，以工作站和工作室为载体，对现代学徒制的专业建设、课程开发以及校企合作机制等以项目的形式进行立项研究，促进学校的内涵建设，提升现代学徒制双导师团队的专业建设和教学服务能力。

四、汽车检测与维修技术专业现代学徒制实践中存在的问题与对策

汽车检测与维修技术专业现代学徒制试点班在实践中还存在一些问题，主要包括以下三个方面：

1. 企业参与的热情度不够

汽车检测与维修技术专业现代学徒制以企业为主导，然而企业在整个实践过程中对课程开发、师资队伍建设及相关教学设备投入不够关注。主要是学员数量有限、比较分散，以及部分学员毕业后就离职等问题，使得企业的积极性受到影响，不愿意有过多的投入。

2. 校内教师的参与积极性不高

由于汽车检测与维修技术专业现代学徒制试点班授课教师的工作任务明显重于传统的班级，教师需要经常奔波于企业，加上学员分散在各网点，更增加了教师的工作量，而其获得的收入未能明显高于其他教师，因此，他们的积极性和参与度明显不足。

3. 现代学徒制试点班招生比较困难

一些学生认为在现代学徒制试点班中学习的车型相对比较单一，且毕业后待遇没有明显优势，因此，对于现代学徒制试点班没有表现出多少兴趣。部分学生甚至认为这种教学方式就是企业在廉价地压榨他们的劳动力，这些误解都在一定程度上限制了试点班的招生工作。

对此，政府应该出台相关政策，鼓励企业开展现代学徒制的教育工作，同时学校也应该积极出台相关的教学管理制度，积极宣传现代学徒制的教育理念，加

强对优秀毕业的宣传，增加在校生的信心，提高其对现代学徒制的认可。

五、结语

目前，国内尚未有比较成功且可以复制的汽车检测与维修技术专业现代学徒制的人才培养模式，未来，该专业还需要根据自身特点及地方产业的需求，进一步探索满足企业、学校及学生利益的现代学徒制人才培养模式。

参考文献

1. 吴小平. 现代学徒制人才培养模式试点与实践：以汽车技术服务与营销专业为例［J］. 市场周刊（理论研究），2015（11）.

2. 阳亮. 浅谈高职汽车检测与维修专业现代学徒制人才培养模式［J］. 高教论坛，2016（5）.

3. 鲁叶滔. 基于现代学徒制的高职人才培养模式探析［J］. 教育与职业，2014（12）.

高职院校 LED 照明技能型人才培养的体会

廖　慧①

摘要：LED 照明技术的迅速发展导致技能型人才严重供不应求，本文以近年广州科技贸易职业学院 LED 照明技能型人才培养情况为例，介绍了在人才培养方案、课程、教学团队、实验实训条件和校企合作等方面的一些经验，对于尚属起步阶段的高职院校 LED 照明技术人才的培养提供了有益的借鉴。

关键词：LED 照明　高职　培养模式

LED（发光二极管）作为一种节能、环保和使用寿命长的绿色光源，应用越来越广泛。半导体照明（主要指 LED 和 OLED）是广东省战略性新兴产业之一，产业的迅速发展导致 LED 照明技术和技能型人才供不应求。高职院校创办 LED 照明技术专业（方向）的时间较短，专业建设经验和教学经验很缺乏，对此类人才培养模式的研究很少。因此，研究高职院校 LED 照明技术专业人才培养模式，探索符合该新兴产业人才培养的方式，培养 LED 照明技术的高技能应用型人才，成为当前高职教育专业建设的一项使命。

本文以近年广州科技贸易职业学院 LED 照明技能型人才培养经验为例，介绍了人才培养方案制订、课程开设和实验实训条件建设以及教学团队建设和校企合作等方面的情况，希望为高职院校的 LED 照明人才培养提供一点经验，也为照明企业参与高职类的 LED 照明人才培养提供一些借鉴。

一、LED 照明技能型人才培养方案制订

随着 LED 产业的迅速发展，各种行业人才需求日益增多。据统计，目前广东尤其是珠三角地区已成为我国 LED 照明产业最为集中的区域，全国 60% 以上的照明企业云集于此，形成了较强的规模优势和产业配套优势。据 GSC Research 产业监测数据显示，2014 年广东省 LED 产业总产值达到 3 460 亿元，全省有 LED 相关企业近 3 000 家。然而，LED 照明应用技术人员和操作性技工出现大量

---

①　作者单位：广州科技贸易职业学院。

缺口，导致 LED 照明方面的技术和技能型人才严重供不应求。[①]

为了适应市场需求，培养出符合社会需求的技能型人才，自 2012 年开始，广州科技贸易职业学院就开始进行 LED 照明技术人才培养的准备工作，组织相关教师前往 LED 照明企业多次调研，以了解企业人才需求、专业技术发展趋势和就业情况。调研发现从事光电技术和 LED 应用技术的职工大多存在学历和职称低、专业水平低的情况，相当一部分还是半路出家，技术上主要靠传帮带，缺乏系统的理论知识和操作技能，企业的技术含量并不高，效益不是特别理想，大部分企业都非常缺乏 LED 应用技术、光电技术方面的高素质技能型人才。可见，瞄准新型产业技术发展方向，主动适应广东省产业结构升级需要，及时调整专业结构，研究在高职院校设置 LED 照明技术专业（方向）并进行相关专业的建设具有相当的必要性和紧迫性。

广州科技贸易职业学院开设应用电子技术专业已有 15 年，专业涉及的范围很广，目前每年级有两个班，共 80 余人，三个年级共计约 250 人。考虑到应用电子技术专业可以覆盖 LED 照明技术（高职类，主要是指 LED 应用产业）大部分内容，因此学院根据实际情况决定，没有必要新开一个 LED 照明技术专业，而是修改应用电子技术专业人才培养方案，开设一些与 LED 照明相关的课程，培养 LED 照明企业需要的应用型人才。

经过应用电子技术专业教学团队和聘请校外专家组成的专业委员会多次讨论，最后决定在应用电子技术专业人才培养方案中设置"电力电子技术""现代电源技术""LED 照明技术"等专业课程，再加上原有的相关基础课程，如"模拟电子技术""数字电子技术""单片机系统及接口技术"等，使学生掌握从事 LED 照明技能型工作的专业基础。学生学习课程后，在大三第二学期再到 LED 照明企业实习半年，力求胜任生产、技术、销售、工程维护等方面的工作，符合 LED 照明技能型人才的需求。

在 2013 年 9 月，应用电子技术专业教学团队完成了 LED 照明技术人才培养方案（包括培养目标定位、人才培养规格和课程结构配置等）的设计和专业课程体系的建设，开始了"LED 照明技术"课程的教学，制定了教学大纲和教学进度表，加上原有的"电力电子技术"和"现代电源技术"等专业课程，经过 3 年试行，学生反映良好。据统计两届学生有 18 人进入了与 LED 照明相关的行业，并且得到了企业的认可。

---

① 胡明. 2014 年广东 LED 产业规模达 3 460 亿，居全国首位［EB/OL］. 南方网，2015 – 02 – 12.

二、"LED 照明技术"课程开设和实验实训条件建设

LED 照明技术人才培养的关键之一是教材的选取，该校充分注意到一定要符合高职特色，但是 2013 年第一次选取的教材经过实践证明还是太理论化，而当时全国范围也没有几本真正合乎高职教育需求的教材。因此，任课老师自己设计了大量的 PPT，图文并茂，既讲基础理论，又讲灯具和驱动电源的实际产品设计案例，大大提高了学生的学习兴趣。

2014 年起，经过反复比较，该校选取了淮安信息职业技术学院教师毛学军主编的《LED 应用技术》（电子工业出版社，2012 年）作为教材。这本教材按照教育部最新的职业教育教学改革要求，在示范性高职院校建设项目成果基础上，结合编者多年来的教学经验，与企业工程技术人员合作共同编写而成。教材结合了 LED 应用行业岗位的职业技能需求，重点介绍 LED 基础知识、制造与封装工艺、检测与安装方法、驱动电源分析与设计、LED 显示屏应用、单片机 LED 控制系统设计、LED 新技术与配光应用等。[①] 这本教材内容新颖，十分适合高职学生，但可以考虑再增添一些 LED 灯具和智能化照明方面的内容。

该校为"LED 照明技术"这门课设计了 56 学时，其中理论教学 40 学时，实践教学 16 学时。在教学中，该校将 LED 相关知识与实践操作有机地融为一体，注重培养学生的专业能力与解决实际问题的能力。在教学顺序上，该校在大二第一学期讲授"电力电子技术"和"单片机系统及接口技术"，大二第二学期讲授"现代电源技术"，大三第一学期才讲授"LED 照明技术"，充分注意了内容的衔接。因此，学生对 LED 灯具特别是 LED 驱动电源这些内容并不陌生，学起来没有太大的压力。

为了满足"LED 照明技术""电力电子技术"和"现代电源技术"等课程实验实训的需要，自 2013 年 12 月起，该校进行了现代电力电子技术实验实训室的建设，目前已经投入经费 120 万元，添置了电源质量分析仪、远方光电分析测试系统（含积分球）、光强计、照度计以及各类 LED 灯具和电源产品等，用于电源技术（含 LED 驱动电源）和 LED 照明技术的专业实验实训，并且制定了相关实验实训教学大纲，基本满足了实践教学的需要。

三、专业教学团队建设和校企合作

在 LED 照明技术相关课程开设之前，应用电子技术专业教学团队对 LED 照

---

① 毛学军. LED 应用技术［M］. 北京：电子工业出版社，2012.

明技术比较陌生。为了提升专业能力，团队多位教师参与了 LED 照明及开关电源技术的培训和讲座；团队带头人和多位成员与企业联合进行产品开发，授权了多项专利；各位教师经常深入企业指导学生毕业实习，努力提升专业水平和教学水平，形成了一支较强的 LED 照明技术专业教学团队。

谈到校企合作，高职院校教师和社会有识人士都深刻理解其对于职业教育的重要性。但是实际上我国多数高职院校与企业机构的关系还很薄弱，联系与协调不足，实施效果往往未尽人意。我们需要在一种新人才培养模式设计所形成的清晰课程体系框架下，以系统构建具有明确能力培养目标的实验、实训、实习三层次实践教学体系及运行保障条件为核心，以课程内容和教学情境总是能够适应生产体系和工作岗位的各种变革与灵活性为立足点。这无论对教师还是学生都将具有极大的效用，更是用人单位一种极大的期盼。只有这样，才能通过校企合作，形成工学结合、特色鲜明的 LED 照明专业高技能人才培养体系，并按照学习型教学工厂的建设目标要求，致力于将毕业生打造成为有着工作经验的熟手。

为此，广州科技贸易职业学院应用电子技术专业教学团队积极开展校企合作，例如和东莞富华电子有限公司、佛山科立盈光电有限公司、广东创电科技有限公司等 LED 照明企业建立了良好的合作关系，2017—2019 年在这些公司毕业实习的学生达到 32 人，就业的达到 12 人。

2015 年 4 月，广州市教育局资助的"广州市属高校产学研结合基地的建设"获得立项，资助 30 万元。本课题由广东创电科技有限公司和广州科技贸易职业学院合作，致力于建设校企协同育人的电子信息工程技术产学研基地，打造好一支团结协作的科研和教学团队，提高专业办学水平和人才培养质量，全面提升专业服务产业发展能力。而主要研发任务之一是"基于高可靠驱动电源的智能 LED 照明系统"，这些都很有利于广州科技贸易职业学院 LED 照明技术人才培养。

今后，应用电子技术专业教学团队将大力推行校企合作、工学结合，以基于工作过程的应用电子技术专业（LED 照明及开关电源方向）课程开发和生产性实训结合为核心，积极探索和实践高职院校 LED 照明人才培养模式改革方案，为职业教育的进步而努力。

四、结语

LED 照明技术的人才严重供不应求，而 LED 照明技术的职业教育在我国还是起步阶段。本文基于近年广州科技贸易职业学院 LED 照明技能型人才培养的经验和教训，介绍了人才培养方案制订、课程开设和实验实训条件建设、教学团队建设和校企合作等方面的情况，希望为高职院校 LED 照明人才的培养提供一点经验，起到抛砖引玉的作用。

参考文献

1. 黄鸿勇，胡绍平，廖洁．应对 LED 产业发展，探索高职 LED 专业发展方向［J］．时代教育，2014（19）．

2. 李陈武．应用电子技术专业（LED 新型电光源）人才培养模式研究［J］．南昌教育学院学报，2012（11）．

3. 胡明．2014 年广东 LED 产业规模达 3 460 亿，居全国首位［EB/OL］．南方网，2015 – 02 – 12.

4. 毛学军．LED 应用技术［M］．北京：电子工业出版社，2012.

电子信息工程技术专业现代学徒制
人才培养模式的实践探索

徐承亮①

摘要： 本文结合电子信息工程技术专业现代学徒制实践，提出了校企双主体育人模式实施中，应从协议约束、师徒关系、考核评价等方面着手，保证新型教学工作的有序有效开展。在具体教学工作中，应以成果为本进行教学课程设计和开展课程质量评价。本文还结合专业特点和多年实践，提出异步式是适合电子信息工程技术专业的一种教学组织形式。最后，本文认为现代学徒制对解决以往高职人才培养工作中存在的校企热冷不均，以及能力培养与就业、社会服务等方面的问题有所突破，但对于在实施中遇到的政、校、行、企联动和企业规模制约等问题仍需要重视。

关键词： 招生即招工 现代学徒制 电子信息工程技术

一、招生即招工现代学徒制的内涵与意义

招生即招工现代学徒制强调的是与企业深度合作，其主要目的是培养出与企业岗位需求"零距离"的人才，招工与招生互通，上课与上岗融合，毕业即就业，实现企业用人与学校人才培养的无缝对接。

广州科技贸易职业学院自电子信息工程技术专业开办以来，坚持走校企合作之路，本着"合作办学、合作育人、合作就业、合作发展"的原则，2014年与大型国有企业——杰赛科技股份有限公司签署招生即招工现代学徒制试点协议，明确人才培养规格、合作办学意义、合作方式以及内容，率先在校内开展招生即招工现代学徒制专业试点工作，提高电子信息工程技术专业人才培养质量。本文以该校电子信息工程技术专业为例，探讨现代学徒制下的人才培养实践模式。

二、现代学徒制人才培养模式的实践

（一）校企合作，工学合作，构建双主体育人模式

招生即招工现代学徒制把学校和企业联系起来，把教学场地和实际情境联系

---

① 作者单位：广州科技贸易职业学院。

起来，同时培养理论知识和技能操作，培养学生是双主体，既是学生又是企业的学徒，教师既是老师又是企业的师傅，核心是校企合作、工学结合，特征是双主体育人。该校电子信息工程技术专业调整校企合作协议机制，实现招生即招工现代学徒制、双主体育人的人才培养模式，进而实现学生和学徒身份、学业标准和学徒标准、学历文凭与职业证书等方面融合，建设双师型教师培训体系，以及以成果为本的课程设计和质量评价体系，以异步教学模式为主线进行电子信息工程技术专业建设，提升高职学生的培养质量，探索人才培养的新模式。

1. 签订学校、企业和学生三方协议

为了明确电子信息工程技术专业培养中学校、企业和学生三方各自的职责、权利和义务，三方应签订合同或协议。学校、学生同杰赛科技股份有限公司签署招生即招工现代学徒制协议，协议中明确学生即企业学徒，对学生的权益进行了明确规定，包括薪资待遇、意外保险等，对合作开发的产品权益归属也有明确规定，以协议作为双方合作的法律保障，保障校企合作长期有效进行。

2. 实施学校和企业双主体育人

合作育人是该专业的重要特色之一，校企双主体育人，也是现代学徒制的重要特征之一，企业将从单纯的"用人"转变为"主体育人"。学校以培养优秀的毕业生、促进学校发展为利益诉求，企业以参与员工培训、提高企业效益为利益诉求，双方以人才培养这一共同利益点为基点，突破校企合作瓶颈，实现学校和企业的资源整合、优势互补和人才共育。同时提高了学生的就业率，也提高了学生的就业质量。

该专业的人才培养方案由企业和学校共同制订，课程设置依据学生即企业学徒工作的岗位来决定，同时制定课程标准和岗位标准，以岗位标准为基准制定相应的课程标准。企业教师侧重负责学生顶岗的岗位技能知识的培训，专业课老师侧重负责岗位理论知识的培训。某一个岗位的理论知识不仅包括某一门课程的理论知识，还涉及相关课程的理论知识，例如对"交换"这个知识点，学生接触多的是移动交换，但是教师要同时将数据交换、程控交换讲透，提高学生将来的岗位变迁能力。

3. 实现学生与学徒身份融合、教师与技师身份融合、考试与考核融合

该专业在建设过程中，重视学生和学徒双重身份融合、学校教师和企业技师身份融合、考试与考核相融合。采用的考试与考核方式是基于双主体培养形式确立的，制定了课程标准和岗位标准后，将二者结合起来形成评价考核体系，明确企业顶岗实习内容，制定企业学徒考核标准。实现学历证书与职业资格证书的"双证书"制度，学生毕业获得学历证书的同时获得职业资格证书。要积极推行职业资格证书制度，实行学历证书与职业资格证书并重。在教学中引入职业技能

鉴定标准，实现专业课程内容与职业技能鉴定标准对接。对接最新职业标准、行业标准和岗位规范，紧贴岗位实际工作过程，调整课程结构，更新课程内容，深化多种模式的课程改革。推行"双证书"制度，把职业岗位所需要的知识、技能和职业素养融入相关专业教学中。

在杰赛科技股份有限公司实习基地，学生的学习地点虽然已经由学校转到企业，但主要身份还是没有离校的学生，又接受企业的管理，主要由企业师傅传授岗位技能，同时获得了学徒的身份。学生在实习期间以企业制定的岗位标准来进行考核，同时学校也要参与考核标准的制定，实现课程考试和岗位考核的融合。岗位标准以企业教师为主、学校教师为辅共同制定，而这些岗位涉及的课程标准以学校教师为主、企业教师为辅共同制定，一些岗位，例如勘测、绘图、路测等往往涉及几门课程标准，这就需要学校教师以岗位标准为基础来完成相应课程标准的制定。技能的考试由企业教师负责，而相关理论的考试由学校的专业课教师负责，技能考试和理论考试同时通过才算完成这门课程的学习。学生不仅被要求去考电工证、通信终端维修证等职业资格证书，还被积极鼓励去参加华为公司的认证考试。学生毕业时，不仅拥有学历文凭，也有了行业的职业资格证书，实现了学历与证书的双证制。学校的专业教师与企业工程师相互沟通、交流，通过对岗位技能的熟悉加深对专业知识的理解，从而在实习基地实现了学校教师与企业技师身份的融合。

4. 建设双师型结构的教师队伍

加强教师专业技能以及实践教学、信息技术应用和教学研究能力，提高具备双师素质的专业课教师比例。新任教师在杰赛科技股份有限公司实习基地先实践、后上岗；同时加强专业骨干教师培训，加强兼职教师的职业教育教学规律与教学方法培训；支持兼职教师或合作企业牵头教学研究项目、组织实施教学改革。职业院校专业骨干教师同时成为企业培训师，驾驭学校、企业"两个讲台"。在杰赛科技股份有限公司实习基地，学校专业课教师除了给学生讲授相关岗位理论知识以外，还同时接受企业的培训，参与岗位教材的编写。一些岗位涉及的知识比较多，并不是一门课程可以涵盖的，比如路测这个岗位，涉及通信原理、移动通信、LTE 等多门课程，专业课教师的专业知识不仅要宽，还要深，要"能说能做"，能上"两个讲台"。这样既提高了教师的双师素质，也建立了一支合理的双师型结构的师资队伍。

（二）建设以成果为本的教学课程设计和课程质量评价体系

根据以成果为本的课程标准制定相应的学习成果评价路径，实现评价标准与预期学习成果相对应，每一个专业、每一个教学单元的教学质量评价标准都要对应准确的预期学习成果。要打破原有的教学质量评价从教开始的路径，重构教学质量评价从预期学习成果开始的路径，即制定阶段性预期学习成果—基于预期学习成果的教学设计—教学投入—教学产出—基于阶段性预期学习成果的教学质量评价路径。以成果为本重新设计课程的质量评价体系，构建过程性评价和总结性评价相结合的多元化评价体系。摒弃"平时表现 40% + 期末闭卷考试 60%"的考核方式，考核主体包括教师、学生本人、小组成员等，做到评价主体多样化，使考核结果更加客观和合理。

图 1 为以成果为本的课程设计与质量评估双循环流程结构图，以该专业"通信工程概预算"课程建设为例。

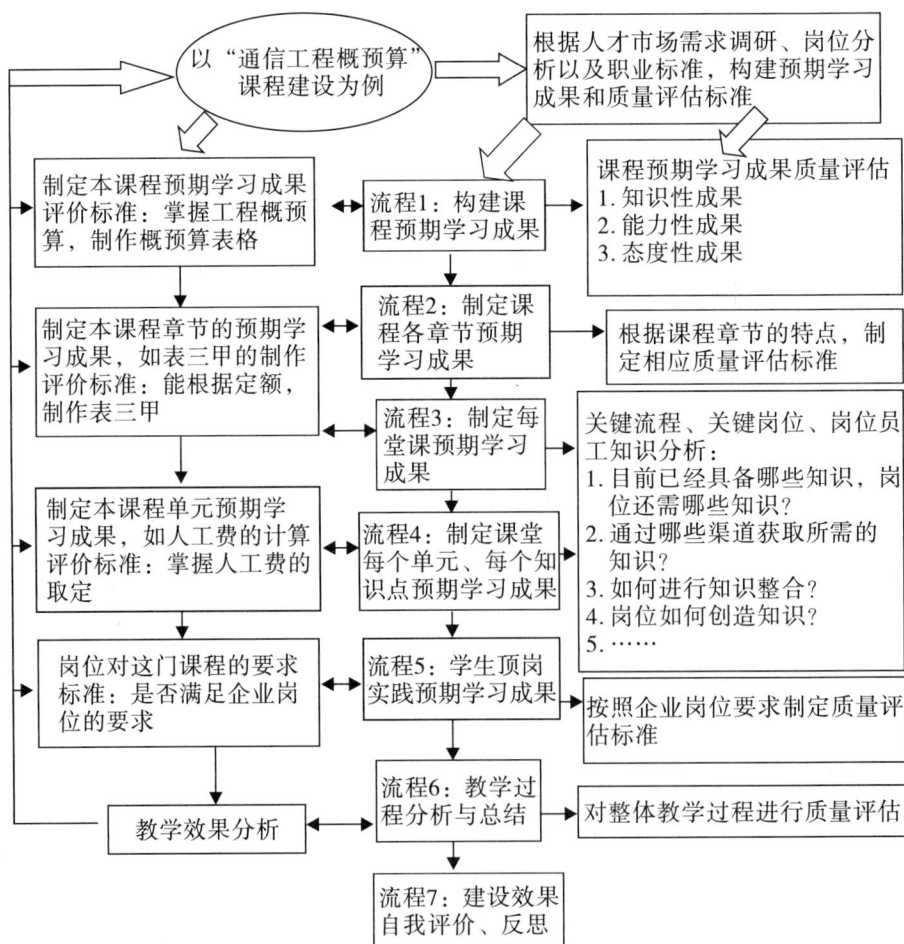

图1   以成果为本的课程设计与质量评估双循环流程结构图

（三）实施异步式教学组织形式

传统的教学组织形式一般是采用固定的班级，按部就班完成教学课程。这种组织形式是静态的，人才培养方案在学生入学时制订，到学生三年级的时候，已经过三年的时间，技术发展日新月异，三年前的人才培养方案已经很难跟上技术发展的变化了。企业人才需求预测与电子信息工程技术专业发展课程设置不同步，异步式的教学组织形式无疑提供了一个良好的模式。

1. 一年级的基础技能训练

根据学生报考志愿而组建1班、2班等。在一年级，学生遵照专业教学计划安排的基础课程（如计算机技术基础、数字电子技术、电路基础等）进行基础技能训练，强化专业基本技能和能力，为进一步学习本专业的知识打下基础。

2. 二年级的专业技能培养

二年级上学期开始按专业方向（如移动通信建设、网络优化、网络设计等）组建技能组，学生可按兴趣进行选择。项目来源主要为专业建设资源库中的企业真实项目，其中有完整的设计规范、设计文档、项目教学视频等，供学生学习和模仿。

在二年级下学期组建项目组，通过借助专业建设资源库中的项目资源子库，进行仿真学习，逐步过渡到后期参与企业真实项目。

3. 三年级的岗位技能强化与顶岗实习

在三年级组建岗位组，学生在企业顶岗实习，按岗位接受项目任务，并与团队协作完成一个完整的项目。根据岗位任务，学生需要自主根据任务学习，与其他岗位人员沟通、协作，按计划进度完成岗位任务。

4. 实现零距离就业上岗

学生经过一年级基础技能训练，二年级专业技能培养、项目训练，三年级企业顶岗实习的阶梯式培养，已经具备与企业需求"零距离"就业上岗的实力，毕业即就业，从而实现了招生即招工现代学徒制人才培养的目的。

与一站式订单班相比，通过多形态、多来源班组组建，采用不同难度的项目案例和项目任务进行教学实践，更有利于增强学生的知识技能和综合能力，并能减轻企业的再培训成本，实现学生职业岗位能力的全面训练与提升。异步式教学组织形式见图2。

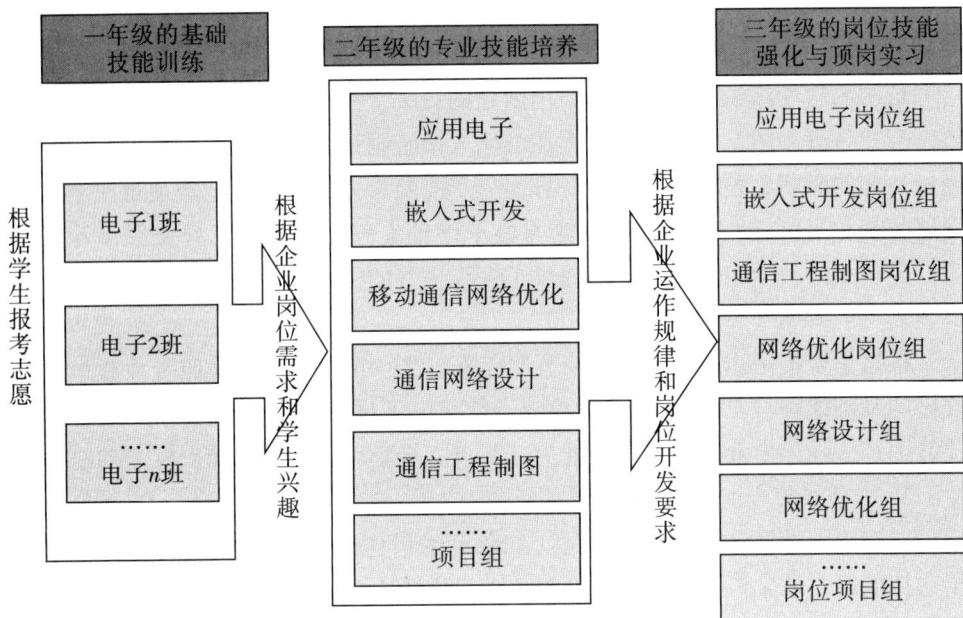

图2　异步式教学组织形式

三、招生即招工现代学徒制的现实意义及其存在问题

招生即招工现代学徒制有以下几点现实意义：

（1）招生即招工现代学徒制有效解决了专业建设和区域经济发展有效结合的问题。企业依据行业发展、区域经济发展来规划未来的人力资源配置，将招工人数、学生未来工作岗位、岗位技能要求等反映到人才培养方案里面，培养出来的人才适应了企业的发展，也适应了区域经济的发展。

（2）招生即招工现代学徒制实现了人才需求预测与专业课程设置的动态调整机制。职业教育的目的之一是为区域经济发展提供有效人力资源供给。经济发展进入"新常态"后，高等职业教育人才培养要矫正人力资源配置要素，扩大有效供给。招生即招工现代学徒制采用双主体的培养模式，可以根据区域经济发展的变化动态调整课程设置，提高课程的适应性和灵活性。电子信息工程技术专业课程设置要主动适应经济建设和社会发展需要，与电子信息行业企业对接，及时调整，提前调整。例如4G时代到来后，电子信息工程技术专业相应增设4G网络建设、4G网络优化、4G网络设计等课程。

（3）招生即招工现代学徒制解决了"企业冷"的问题。它的办学主体是二元的，企业出于人力资源配置的考虑，感到有责任和义务以主人翁的态度对其学徒进行教育和培训，愿意提供场地、设施、设备给学生实训。企业师傅不仅教授岗位技能等显性知识，也将自己的经验、技巧等隐性知识传授给学生，同时培养学生的组织纪律、职业道德、工作态度、工作作风等。

（4）招生即招工现代学徒制解决了企业"用工荒"和学生"就业难""就业质量低"的矛盾。企业按照自己的人力资源需求，同学校签署招生即招工现代学徒制协议，解决了"用工荒"的问题，提升了企业人力资源配置效率。学校在三年的人才培养中，与企业作为培养学生的二元主体，针对岗位技能需求改革课程体系，安排专业理论知识与实际操作技术技能的学习。学生毕业即就业，解决了学生"就业难"和"就业质量低"的问题。

然而，招生即招工现代学徒制也存在以下问题：

（1）招生即招工现代学徒制并未有效解决政、校、行、企的四方联动问题。政府没有形成招生即招工现代学徒制的法律体系与强有力的制度保障体系，缺乏顶层的制度设计。电子学会、通信学会等行业学会在招生即招工现代学徒制中的指导作用和中介作用没有制度化、法律化，行业学会对高职院校专业建设的指导作用甚少。政、校、行、企间未有效建立相应的激励机制和约束机制，不能发挥各自的优势，整合互补性资源。成熟的政、校、行、企协同育人平台也未建立，高效联动的立体育人格局没有形成。

（2）招生即招工现代学徒制受企业规模限制。企业对招生即招工现代学徒制的兴趣来自企业人力资源的需求，但是受用工数量和经济成本的限制，只有像杰赛科技股份有限公司这样的大型企业才能同时完成招生与招工，而高职学生主要面向的就业群体是中小型企业，它们同时完成招生与招工有一定困难，限制了招生即招工现代学徒制的推广规模。

参考文献

1. 陈爽．四方联动共筑中国特色现代学徒制［J］．广州职业教育论坛，2014（1）．

2. 陈海峰．现代学徒制多元主体利益平衡分析［J］．中国职业技术教育，2014（33）．

3. 教育部．教育部关于开展现代学徒制试点工作的意见（教职成〔2014〕9号）．

4. 李玉珠．教育现代化视野下的现代学徒制研究［J］．职教论坛，2014（16）．

5. 蒋新革，蔡勤生，段艳．政校行企协同共建特色专业学院的实践探索〔J〕．广州职业教育论坛，2015（1）．

6. 欧阳恩剑．现代职业教育体系下我国高职人才培养目标定位的理性思考与现实选择〔J〕．职业技术教育，2015（19）．

7. 武智，曹必文，傅伟．高职院校开展现代学徒制的探索与实践〔J〕．教育与职业，2015（25）．

依托 IT 培训企业的校企合作人才培养
模式探索实践

——以广州科技贸易职业学院电子信息工程技术专业为例

侯继红[①]

摘要： 广州科技贸易职业学院电子信息工程技术专业与达内时代科技集团等市场化的 IT 培训企业建立新型的校企合作模式，构建"2 + 0.5 + 0.5"（学校培育、企业培训、顶岗实习）的人才培养模式，开展技能培训实训室、岗位技能培训课程建设、教师培训等合作，实现培训企业与学校教学资源互补及共享，并在培训机构担保下由第三方信贷机构为学生提供信用贷款，解决学生培训费用的问题。经过三年探索实践，合作双方所得红利全面释放，人才培养质量得到有效提升。

关键词： IT 培训　校企合作　信贷机构　人才培养模式　企业培训

对于校企合作的研究是职业教育研究的重点之一，因为政府、学校、企业是职业教育主体，职业教育必须由企业参与已成为共识。我国职业教育中校企合作出现的时间并不长，在合作中出现很多问题，为此很多普通高校、高职院校针对校企合作的办学模式、运行机制、动力机制、法律法规等方面展开了研究，希望寻求一套科学的校企合作体系。这些研究的核心问题就是如何提高企业参与高职教育的兴趣，寻找企业、学校、学生共赢的合作方式，提升学生的就业能力以及职业教育的内涵。

广州科技贸易职业学院电子信息工程技术专业是 2011 年中央财政支持建设专业，从 2012 年开始分别与达内时代科技集团、广州龙芯中科电子科技有限公司、深圳尚观科技有限公司、广州易第优软件科技有限公司合作建立基于企业培训的校企合作模式。经过三年的实践，自愿参加培训的学生占专业总人数的比例由 5% 增加到 45%，学生主动参加的意愿逐年提高。学生经过半年的专业培训，专业技能得到快速提升，就业能力、就业质量、专业对口就业率得到明显的提高。这种校企合作模式能有效培养高质量、高端技能型 IT 人才。

---

① 作者单位：广州科技贸易职业学院。

一、与 IT 培训企业共建以培训职业能力为核心的人才培养模式

该校企合作模式把三年制的高等职业教育分为能力培育、技术提升、人才使用三个阶段。第一阶段为能力培育阶段，也是校内学习阶段，通过两年的校内学习，培育专业基础扎实，具有较好的专业技能、良好的专业素养及高端技能型人才潜质的学生。第二阶段是技术提升阶段，通过合作企业培训部门（或培训机构）为学生提供优质教学硬件资源、教师队伍及优质培训服务，通过市场化手段招收学生参加培训。愿意参加培训的学生按照市场统一价格支付培训费用，对经济困难的学生，培训企业通过信贷机构（如银行）为其借贷学费。学生支付培训费用，享受优质的教学服务，提升专业技能。学校为学生提供校企合作培训的平台，制订适合岗位培训的人才培养方案。第三阶段为人才使用阶段，也就是顶岗实习阶段。经过第二阶段的培训，学生已具备高端专业技能，且在培训机构的推荐下选择顶岗实习单位。经验证明，掌握高端专业技能的学生深受企业用人单位的青睐，因此也非常容易找到顶岗实习单位，且一般都在产品研发、测试等技术型岗位顶岗，工资待遇及工作环境都让学生感到非常满意。

随着社会对高端技能型人才需求的提高，我们的人才培养模式也要作相应的调整。目前，大部分高职院校从原来的本科"压缩饼干"人才培养"2.5＋0.5"模式，过渡到面向应用、实践型的"2＋1"人才培养模式，这种模式中的"2"是指 1～2 学年即 4 个学期的校内理论课程学习，"1"是指 1 年的企业顶岗实习。基于企业岗位培训的"2＋0.5＋0.5"人才培养模式，是从"2＋1"人才培养方案的执行过程中摸索出的、更符合现代职业教育培养高端技能型人才要求的人才培养模式。其中"2"还是以往"2＋1"模式的 1～2 学年的校内学习，第一个"0.5"为企业培训，第二个"0.5"则为企业顶岗实习。学生第一至第四学期在校内学习文化基础、专业基础课程，接受大学校园的各种文化教育，培育专业基础能力、专业素养、文化素养等大学生应该具备的综合素质。在第四学期安排校企合作课程，作为培训的先导课程，并可以引入企业工程师参与教学。第五学期为实施企业培训阶段，学生根据自己的实际情况，从企业培训市场提供的多个培训岗位中选择适合自己的培训项目，在企业培训机构进行为期半年的技能培训，实现专业技能的快速提升。经过第五学期的培训，学生的专业技能得到很大的提升，都能够在第六学期找到很好的顶岗实习单位及岗位。人才培养方案的具体实施过程见图 1。这种人才培养模式比以往的"2.5＋0.5"或"2＋1"模式更具有科学性，能培养出更多的高端技能型人才，更加符合目前高等职业教育的人才培养目标。

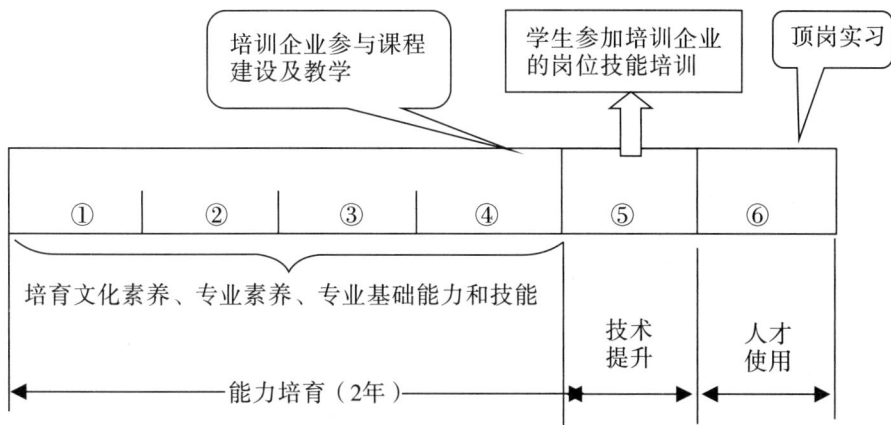

图1 依托市场化 IT 培训企业的校企合作人才培养模式实施过程

二、与 IT 培训企业建立校企合作模式

目前开展 IT 培训的公司越来越多，据估计，全国开展培训业务的公司有将近 2 500 家，培训的项目也逐渐增多，如今已经覆盖了 IT 领域的方方面面，包括 Java、Android、iOS、C＋＋、PHP、嵌入式、软件检测、数字艺术设计、网络工程等，凡是 IT 行业需要的技术和技能都能找到相应的培训企业。

该校的电子信息工程技术专业与广州龙芯中科电子科技有限公司、广州达内职业培训学校（隶属达内时代科技集团）、广州易第优软件科技有限公司、广州信盈达科技有限公司这四家公司建立了校企合作培训嵌入式人才业务，充分利用培训企业具有企业项目实践经验的师资队伍、丰富的硬件设备及基于产品项目的培训教学模式，弥补了学校教学环节中师资队伍、实训条件方面的不足。在校两年的素质培育，又弥补了培训企业短期培训的缺点。

该校跟这些培训企业在学生培训、课程建设、师资培训、实训室建设、教研科研等方面逐步开展深度合作。在学生培训方面，培训企业通过市场化手段招收学生，学校只提供信息平台，学生在第五学期根据自己的兴趣、爱好及个性自主选择适合自己的培训企业和培训项目。在课程建设方面，学校与培训企业合作编写培训教材，合作建设网上学习平台，目前该校跟广州龙芯中科电子科技有限公司、广州易第优软件科技有限公司合作开发了嵌入式培训教材。在实训室建设方面，该校跟广州龙芯中科电子科技有限公司、广州信盈达科技有限公司共建嵌入式应用实训室，在第四学期将校企合作课程安排在该实训室上课，由合作企业的工程师来授课。因为授课的质量直接决定参加该企业培训的人数，所以企业非常重视教学效果和质量。通过企业工程师授课，学生能够接触企业实际工程案例，因此学习积极性、主动性、兴趣大大提升。企业为了提升招收培训学员的数量和质量，对喜欢学习的学生则更加重视，邀请学生课余时间到企业参加免费的学习，为学生提供更大的学习平台，如此培养的人才更加贴近企业的人才需求指标。这种学生、学校、企业互利共赢的良性循环合作模式将进一步提升教学的质量、丰富教育的内涵。

三、建立由信贷机构参与的培训费用支付模式

培训企业是市场化经营的企业，它们要在市场中生存及发展，对参加培训的学员必须按市场的价格收取一定的培训费用。如何解决没有经济来源的学生的培训费用问题，成为这种培训模式能否可持续发展的关键。建立由学校、培训企业、信贷机构（如银行）三方共同参与为学生提供信贷服务的学费贷款模式，能够科学有效地解决学生培训费用的问题。在学校、培训企业的担保下，信贷机构作为第三方按银行利率向学生提供信用贷款，学生在就业后分期付款，为学生完成学业提供了经济保障。培训企业收取的培训费用，以及与企业签订的培训和就业保证合同，为学生的培训和就业质量提供了保障。学校和培训企业共同跟踪就业后学生的情况，为学生毕业后的还款提供了保障。学生零首付入学、毕业就业后分期付款的模式有效解决了学生的学费问题，培训企业的学员数量和质量也得到了保障。培训使学生的知识水平、专业技能及就业能力都得到了极大的提升，这为学校的人才培养质量提供了保障。

在培训过程中三方都获取了一定的利益，同时也承担了一定的责任和压力，有了责任和利益才能保证培训的质量。学生支付了培训费用，承担了就业后还款的压力，学习积极性、主动性得到极大的提升，一改以前在校内的被动学习状态。培训企业要在市场竞争中生存和发展，在收取培训费用后，必须承担培训及就业合同的各项义务，时刻抓好培训的质量，以满足培训学员的要求。学校作为人才培养的主体，在提升人才培养质量的同时也将会进一步加强对学生的管理。

这种合作模式由培训企业主导，以市场为手段，学生、培训企业都享有权利与义务，学校、培训企业、信贷机构互为保障、互利共赢。各参与方都能达到其目的，而不伤害任何一方的利益，相互之间共同发展、共同进步。

四、人才培养质量有效提升

该校电子信息工程技术专业从 2012 年开始探索这种校企合作培训的模式，从 2013 年 2 个学生、2014 年 6 个学生报名参加企业培训，发展到 20 个学生参加

企业培训，充分说明这种模式得到学生的认可和信赖；从开始的跟 1 个企业合作发展到跟 4 个企业合作，从 1 个培训岗位发展到 4 个培训岗位，说明企业参与的积极性很强，培训企业都积极主动地找学校洽谈合作。2012 年到 2015 年在嵌入式开发、单片机应用开发、PCB 设计、PHP 技术岗位共培养了 25 名高端技能型人才。其中 2011 级的黄同学在广州龙芯中科电子科技有限公司培训半年后，参加 2013 年广州市电子产品设计与制作竞赛活动获一等奖，目前在广州市竣达智能软件技术有限公司从事嵌入式系统开发，工资待遇6 100元/月。2012 级的李同学、陈同学在达内时代科技集团的嵌入式应用开发岗位培训 5 个月，他们设计的作品参加第十三届"挑战杯"广东大学生课外学术科技作品竞赛获得二等奖，并且申报了专利。毕业后李同学在小飞哥电子有限公司从事嵌入式系统开发，待遇5 400元/月；陈同学在广州机械科学研究院有限公司（国企）担任电子工程师助理岗位，待遇4 200元/月。谭同学在广州龙芯中科电子科技有限公司培训 5 个月后，设计的作品成为"攀登计划"广东大学生科技创新培育项目，并获得后期开发资金的资助，毕业后在广州市十牛信息科技有限公司的嵌入式开发岗位工作，月薪达到5 200元。古同学在去广州龙芯中科电子科技有限公司培训之前基础不是很扎实，经过 6 个月的培训，毕业后在广州欧轩网络科技有限公司的硬件工程师岗位工作，成为该公司智能硬件项目总负责人，月薪达到7 200元，而且被提拔为新公司的总负责人。这些学生参加培训后，专业技能得到明显的提升，设计及制作的参赛作品都获得了好成绩，毕业走上工作岗位后工资待遇高、工作岗位稳定、职业岗位提升快。

参考文献

1. 谷赫. 应用型本科计算机科学与技术专业人才培养方案探讨［J］. 职业技术教育，2015（20）.

2. 朱相鸣，黄邦彦. 高职院校计算机专业与 IT 培训机构办学模式之比较［J］. 武汉船舶职业技术学院学报，2013（6）.

3. 张美荣. 基于校企合作的高技能人才有效培训模式探讨［J］. 机械职业教育，2014（10）.

4. 黎军，王水清. 校企合作岗前实训培训一体化模式与实施：以高职电子商务专业为例［J］. 电子制作，2014（9）.

5. 巫劭平，等. 校企合作实施职业技能培训的实践与研究［J］. 职业教育，2014（1）.

关于管办评分离背景下人才培养质量评价体系的研究

钟　阁　谢继延　汪建华[①]

摘要： 随着我国管办评分离教育体制改革的不断深入，人才培养质量评价体系改革也迫在眉睫。应通过政府、学校和社会三方协同联动，构建多维度、多元化的人才培养质量评价体系，对高职教育质量评价进行尝试和总结，从而提升教育教学管理水平和人才培养质量，满足社会可持续发展的需求和愿望。

关键词： 管办评分离　人才培养　质量评价体系　第三方评价

党的十九大报告中明确指出，要完善职业教育和培训体系，深化产教融合、校企合作。职业教育的目的是培养应用型技术技能人才，要始终贯彻教学质量是学校的生命线的原则，紧扣服务区域经济发展和民生需求、产业需求，解决供给侧和需求人才失衡问题。[②] 在"政府管教育，学校办教育，社会评教育"三方协同育人的背景下，加强人才培养质量评价建设，对深化高职院校内涵发展，提升办学质量，全面增强毕业生的创新精神、实践能力和职业素养等综合素质，满足社会经济发展和产业需求具有重要作用。因此，高职教育构建科学的人才培养质量评价体系是很有必要的。

一、管办评分离的背景

《中共中央关于全面深化改革若干重大问题的决定》对深化教育领域综合改革进行了全面部署，提出了"深入推进管办评分离"的改革要求，着力打造现代化的教育治理体系。教育部在2014—2017年连续四年的工作要点中将"管办评分离"作为重要内容。

从政府的角度看，管办评分离加快了向服务型政府转型，改变了政府既"管"又"办"且"评"的局面，提高学校办学自主权，扩大社会力量参与度。政府发挥宏观调控的作用，把办学自主权等权力下放至学校，把管理困难或者管

---

① 作者单位：广州科技贸易职业学院。

② 卢闪闪. 高职人才培养质量评价指标体系构建 [J]. 河南教育（职成教），2019（1）：53–54.

理效率低的权力转让给其他的第三方社会组织，统筹规划高等教育的发展格局，通过政策指引、经费保障、监督管理等一系列手段，为人才培养创造良好的环境，促进其健康发展。①

从学校的角度看，建立现代学校制度的一个重要方面是加强学校自主办学、自主管理的能力。管办评分离使学校借助政府转型及政策支持，通过内部质量保障体系的构建，调整完善内部结构，推进内涵式建设，提高办学水平，提升教学质量，促进自身的发展，培养出更多优秀的应用型技术技能人才满足社会可持续发展需求。

从社会的角度看，管办评分离在政府和学校之间搭建桥梁，引入社会第三方中介组织，加强社会各类、各行业组织参与教育事务管理、协调、评价的相关教育活动。评价结果向社会公开，为政府提供决策参考，提高学校办学水平，并针对相关政策及问题提出有效建议及意见，从而与政府和学校形成一个相互监督管理的模式，营造出有序、公平、合理、可持续的教育发展环境。

综上，管办评是一个有机整体，"管"是对于政府而言，以人民的切实利益和宏观层面为出发点，进行管理和决策；"办"是相对学校而言，强调的是办学主体的多元化，保障办学的自主权；"评"是相对社会而言，对人才培养质量的评价，确保主体评价的多元化。经过多年的努力，新的政府、学校、社会教育治理关系基本构建。但是，在厘清"管、办、评"职责上，仍然存在政府行政干预教育评价、学校质量监控与评价体系不健全和社会参与教育评价专业性不强等问题。管办评分离背景下政府、学校、社会第三方评价机构职责结构如图1所示。

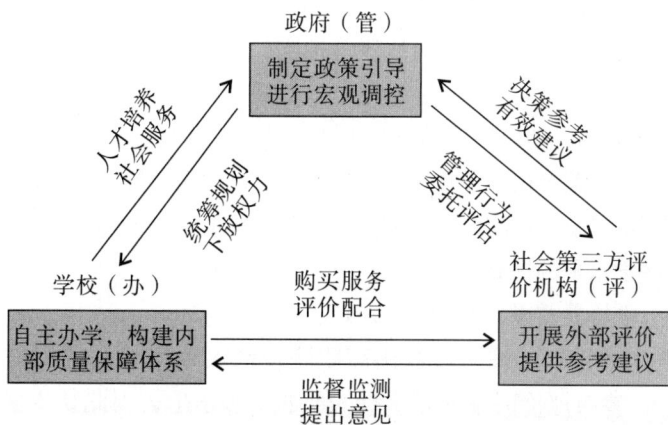

图1 管办评分离背景下政府、学校、社会第三方评价机构职责结构

① 邵婧怡. 管办评分离背景下高校内外部质量保障体系实施路径探析 [J]. 高教论坛，2018 (7)：82－85.

二、高职院校人才培养质量评价体系中存在的主要问题

目前高职院校人才培养质量评价体系根据评价主体不同，可分为内部评价和外部评价两类。其中，内部评价由学校、教师和学生三方构成内部评价的主体，主要是学校作为办学主体对自身办学情况进行的自我评价和内部诊断与改进，包括教育教学管理评价、教师对学生在校评价、学生对教师教学评价及专业和课程评价等；外部评价是学校以外的机构进行的教育评价，包括政府或者社会第三方评价机构对毕业生的思想道德修养、专业知识、实践能力和创新精神等综合素质做出的客观评价。内部评价与外部评价是相辅相成、相互作用的，不能相互替代，我国目前在这两方面的评价仍存在一些不足。

1. 内部人才培养质量评价存在的问题

（1）评价内容偏于片面。目前多数高职院校内部人才培养质量评价往往更偏重日常教学的常规管理，如教学检查、听课、评课、学生评教等。评价的客体主要是教师，注重的是教师教学过程的监管，忽略了对教师自身价值实现的引导。同时缺少对于实践教学过程等其他教学环节的监测评价，多数是对课堂教学过程、计划、秩序和理论教学的评价，忽略了学生实践能力、专业素养和职业能力的培养与评价。学生同样把重点放在应试技巧上，忽视自身综合能力的提升，从而导致教学质量管理创新意识不强、高职特色教育教学特点不明确、质量评价不到位，使高职院校对于人才培养目标定位不准确，人才培养方向出现了一定偏差。

（2）定性评价为主，缺少定量评价。对于教师的意识形态、教学效果、学习氛围及学生学习过程中的学习状态、情感和素质能力等指标进行定性的价值判断，使得在评价过程中，没有明确的评价标准，忽视这些指标的定量评价。对于学生，学校基本上是以学业成绩定量评定，侧重对学生培养质量的结果性评价。

（3）缺乏有效的反馈应用机制。对于评价结果和数据分析不到位、各个环节连续性不强的情况，相关单位缺乏重视，未对教学质量监测评价过程中发现的问题做出及时的处理和反馈，缺少相应的改进办法，问题没有得到有效解决和改善，不利于教学质量和整体教学水平的提高。

2. 外部人才培养质量评价存在的问题

（1）评价主体单一。现阶段我国高职院校的人才培养质量评价主要是院校内部自主开展，参与评价的主要是学校的教职工和学生，因此缺少多元化评价主体，企业、家长及社会参与度低。如何提高社会参与度仍是个问题，毕业生走向工作岗位后，服务对象是用人单位和社会，其评价意见直接反映出学校人才培养质量，具有重大的参考价值，有着非常积极的意义。

（2）社会第三方评价机构缺少影响力。目前不少高职院校引入第三方评价，

其中以麦克思公司较为普遍，其评价结果的可信度、规范性和科学性都相对较高。但我国对于专业的社会第三方评价机构尚未有明确界定和政策支持保障，因此其信息调查的社会影响力略显不足，仍缺少社会认可度。社会第三方评价机构缺少影响力的另一个原因在于专业性有待提高。有的机构完全是按市场模式建立起来的，其中市场营销人员力量强，而专业人员数量不够，研究队伍力量薄弱。

三、进一步推进人才培养质量评价体系建设的思考与建议

1. 政府宏观调控统筹管教育

虽然管办评分离为高等教育人才培养质量评价的实践探索提供了政策依据，但在实际实施中仍存在一些现实问题。政府应将下放权力落实到位，保障学校的自主权，同时进行相关立法保障，明确各主体责任，为各方评价，尤其是第三方评价活动的有序进行提供依据和政策保障支持。建立相应的监督和约束机制，规范评价过程中各方行为，避免为了追求利益违反制度规章或道德规范，严令禁止为不正当竞争而公布虚假数据及评价结果，严肃学术环境，保证评价结果的客观、公正、真实、可信。

2. 高职院校教学质量评价体系构建

根据社会对高职人才的需求，针对教师教学质量、学生学习效果和能力素养等方面，制定出符合高职特色的教学质量评价标准及指标体系，进行内部自我诊断评价。

以笔者所在学院为例，教师教学质量可从教学态度、教学内容、教学方法、教学能力和教学效果5个一级指标进行设定，其中教学态度包含爱岗敬业、尊重学生、精神饱满，教学内容包含科学严谨、重难点突出、反映专业（学科）发展状况，教学方法包含灵活多样、运用现代化教育技术手段、及时反馈，教学能力包含理论联系实际、深入浅出、课堂组织能力好，教学效果包含学生积极性高、课堂效率高，共计14个二级指标（见表1）。学生学习效果和能力素养评价可从理论知识、实操技能和职业素养三个一级指标进行设定，其中理论知识包括通识性知识和专业性知识，实操技能包括基本通用技能和核心拓展技能，职业素养包括学习（工作）态度、团队合作能力和开拓创新能力，共计7个二级指标（见表2）。并对每一项指标进行权重分析和赋值，将评价标准量化。

表 1　教师教学质量评价指标体系

一级指标	二级指标
教学态度	对教学工作认真负责，按时上课、下课
	科学组织教案，熟悉教学内容，授课认真，精神饱满有激情
	爱岗敬业，仪表端庄；完成规定教学课时；尊重学生人格，严格要求，有问必答，辅导答疑及时、耐心，经常与学生交流
教学内容	基本概念准确清晰，逻辑结构合理，阐述科学严谨，观点正确，条理清晰，系统性强
	教学内容充实，重点突出，能理论联系实际
	信息量适度，吸收学科新成果，反映学科前沿状况，充实更新教学内容
教学方法	善于启发诱导，教学方法灵活多样，师生互动活跃，启发学生思维，使学生分析问题、解决问题能力与学习能力得到提高
	教学手段运用恰当，合理运用现代化教育技术手段
	对作业的要求明确，批改认真，反馈及时
教学能力	重点突出，难度、深度适宜，理论联系实际
	普通话标准，语言生动流畅，深入浅出，感染力强
	有良好的课堂组织能力，善于与学生交流沟通
教学效果	使学生能较好地理解并掌握主要教学内容，上课积极性高，教学秩序好，课堂气氛活跃
	教学进度节奏适中，能有效利用上课时间，上课效率高

表 2　学生学习效果和能力素养评价指标体系

一级指标	二级指标
理论知识	通识性知识：高效掌握基础理论知识，灵活运用所学基础知识
	专业性知识：高效掌握专业知识，灵活运用相关专业知识
实操技能	基本通用技能：器材、设备操作熟练，动手能力强，能自主解决操作过程中碰到的问题，项目实现程度高
	核心拓展技能：具有对新情境的感知和处理能力，能认知、拓展和解决新问题，具有项目实际开发能力、再学习能力、创新能力，项目实现程度高
职业素养	学习（工作）态度：无迟到缺勤情况，上课注意力集中、态度认真，积极参与各种学习活动，能够有效利用自己的时间，能根据不同学习内容的需要采取不同的学习方法，能经常总结自己学习中的方法和经验

（续上表）

一级指标	二级指标
职业素养	团队合作能力：具有沟通表达能力、团结协作能力
	开拓创新能力：具有问题提出能力、问题探究能力、思维创新能力

同时构建有效的评价反馈机制。教学质量监测评价的一个重要作用就是及时反馈发现的问题，制定解决措施和方案。可利用现代信息技术对信息进行收集、处理和跟踪，灵活地调整和改进教学活动，实现教学质量多维度动态管理，确保问题的解决和落实，提高教学质量。

3. 第三方评价体系构建

构建多元化、信息化的第三方评价体系，利用第三方人才培养质量评价平台，多方参与对人才培养质量的评价，可从基础条件、过程培养和结果达成三个方面着手。社会第三方评价机构从人才培养的目标定位及培养模式出发，主动参与人才培养过程中专业课程的设置和实践教学模式、内容、效果的评定，跟踪毕业生培养结果，包括毕业生的质量和职业素养，评估毕业生是否具有与就业岗位相匹配的专业应用能力、实践能力、创新能力和职业道德，并进行培养反馈。通过企业反馈和社会反馈，更加全面地反映学校人才培养的质量。制定出科学、公正、可行的评价标准，不同的评价指标应由不同的评价主体来完成，充分发挥不同主体的优势和特长。通过这种多元化、信息化的第三方评价体系，可以全渠道、全方位、全过程地对人才培养质量进行评价，保证评价内容的真实、客观，也更加能反映出企业和社会对于人才培养的需求和愿望。

同时要加强社会第三方评价机构的专业性和权威性。加速培养教育评价方面的专业人才，通过企业、行业协会制定规范标准。政府委托社会第三方评价机构组织评价时，应赋予其一定的权力，加大政策支持和帮扶，并进行合理、正确的监督和引导。还应利用社会第三方人才培养质量评价平台的信息资源等开展多维度、实时的动态监测管理及评价。

四、结语

在人才培养质量评价体系建设上，要坚持主体的多元化，应包含学校、教师、学生、社会和政府五个层面，坚持多方参与、协同育人，构建全渠道、全方位、全过程的人才培养质量评价体系。在内部评价的基础之上，结合外部第三方评价，提升教育质量的评价机制。政府应当大力扶持专业化程度和公信力高的社会第三方评价机构，发挥其社会影响力，推进教育教学诊断与改进，提高教学质量和办学水平，培养出适应社会可持续发展的高素质应用型技术技能人才。

基于物流职教集团的共享型供应链生态系统双创平台建设与应用设想

郑婷婷　王爱晶　陈斯卫[①]

摘要： 在智慧物流发展背景下，应运用"互联网＋"现代物流信息技术，设计搭建以物流职教集团为核心的多产业多维网络集成体系，促进产业上下游和协作关联企业集聚、共享、匹配、融合形成若干微观区块生态链，进而集成构建形成共享型供应链生态系统双创平台，促进物流业转型和发展。

关键词： 物流职教集团　共享型　供应链生态系统双创平台

党的十八大以来，以习近平同志为核心的党中央把职业教育摆在了前所未有的突出位置。李克强总理就深化职业教育改革作出重要批示，提出明确要求。加快发展现代职业教育既有利于缓解当前就业压力，也是解决高技能人才短缺的战略之举。职业教育要主动适应供给侧结构性改革需要，加强技术技能积累，努力站在服务国家战略最前沿，为建设现代产业体系提供支撑。"双创教育"正是促进技术革新和产业升级的有力支撑。教育部《关于深入推进职业教育集团化办学的意见》要求进一步扩大职教集团覆盖面，形成教育链与产业链融合的局面。

2016年7月，国务院部署推进"互联网＋"高效物流战略，以现代信息技术为标志的智慧物流已成为物流业供给侧结构性改革的先行军。电商物流迅猛发展，不断刷新物流业的历史纪录，催生各种新的商业模式和业态，智慧物流从此进入快速发展的新阶段。中国的物流业正面临一次巨大的机会，若能够利用大数据、互联网，进行物流与供应链重构，形成供应链生态系统，将使中国物流业不仅在规模上全球领先，同时也能够在技术水平和效率上全球领先。

笔者所在的广州物流职教集团近年来在校企协同育人、产学研合作各方面进行了积极的探索。在此基础上，提出了建设基于物流职教集团的共享型供应链生态系统双创平台的设想。

---

① 作者单位：广州科技贸易职业学院。

一、平台创建目的与意义

1. 突破物流供给瓶颈约束，积极推进"人才供给侧结构性改革"

广州正在建设"三中心一体系"（国际航运中心、物流中心、贸易中心和现代金融服务体系），各职业院校都在积极推进"人才供给侧结构性改革"，以便在人才培养方面有效应对来自行业、企业人才需求变化的最新挑战。广州理念先行，行动跟进，响应实施《广州市高校创新创业教育项目管理办法（试行）》（2017），推进彰显广州特色的平台建设项目、课程与教学研究、特色活动项目、创新创业训练项目等创新创业教育改革，进一步激发广州城市创新活力。

物流业是链接供给侧和需求侧的基础纽带，是支撑经济社会发展的基础性产业和战略性产业。供给侧的改革势必牵动物流服务供给的改革，突破物流供给瓶颈约束——"供给能创造需求"，国家层面已将物流业的发展认定为推进供给侧结构性改革、增加公共产品和公共服务供给的重点方向。

2. 以物流职教集团为抓手，活化现有政、校、企、行资源和打通信息孤岛

创新创业教学为通识性教育，主要进行创新思维的训练和创业实践相关专业知识的学习，因此教学对象不限专业，不限年级，本科学校和高职高专均可辐射，且均可取得良好的教学效果。

以物流职教集团为抓手的电商物流共享型双创平台（见图 1）面向广州地区高校，特别是高职院校。通过中高职"3+2"、高本"3+2"项目进行纵向整合；通过现代学徒制吸引校企合作资源；通过实习实训基地建设和线上资源建设丰富创新创业训练手段和资源；通过产学研项目促进技术革新和创业项目的落地和孵化，为在穗大学生创新创业（就业）提供信息、服务等线上平台和线下创新创业实习实训教学场地或设施；通过平台资源的活化，依托政、校、企、行协同机制，创建大学生"三创"（创意、创新、创业）人才孵化基地；为在校教师提供科技创新产学研实践项目和课题。

创建创新创业（就业）线上线下平台和成果转化基地，有助广州地区高校创新创业资源和利益的共享。通过线上线下联动，把创新创业的相关数据反馈给教育行政部门和相关高校，不仅能够使政府精准掌握在穗大学生创新创业状况，进而制定科学有效的资金扶持政策，也能指导高校创新创业教育教学，并为其他专业大学生创新创业提供典型案例参考，提高广州大学生创新创业成功率。

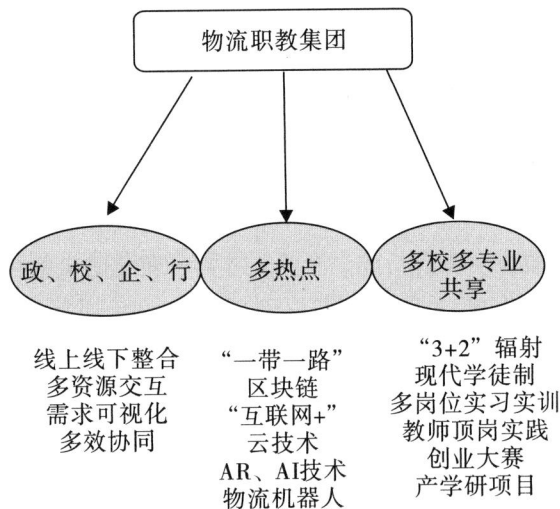

图1　物流职教集团平台功能与作用

3. 供应链生态模型建构丰富了创新创业教育全链条课程体系的价值

以物流管理为核心的专业群创新创业核心因子的影响力，并考虑各子系统的相互运作机制，建立系统评估体系，准确地选择定位，制定相应的战略和对策，为加快建设适合创新创业的社会环境提出决策建议，为学生从双创的"最先一公里（教育课程体系）"到"最后一公里（项目落地）"提供系统的理论支撑。

其通过"互联网＋"技术手段，实现线上线下的实时交互式创新创业课程教学，融合信息技术与创新创业教育，打破时间、地点等因素的限制，实现受众面的快速移植和推广，具有很好的教育价值。

二、平台体系架构及功能设计

基于物流职教集团的共享型供应链生态系统双创平台搭建的是以物流产业为核心的多产业多维网络集成体系，通过促进产业上下游和协作关联企业集聚、共享、匹配、融合形成若干微观区块生态链，进而集成构建形成生态系统。

这一生态模型的构建包括四项内核建设及创新创业教育组织管理和保障体系建设两项平台外延建设，核心模块是四个功能窗口的信息交互系统平台。通过双线（线上线下）信息交互，建设实习实训、产学研合作、供应链创新创业教育训练（培训）和创新创业项目孵化体系。具体有以下建设步骤：

1. 打通线上信息网络，建立多主体共享的信息交互平台

将政、校、企、行参与主体信息资源库打通，为项目平台提供基础数据。逐步拓展平台系统功能，应用区块链技术、"互联网＋"、云技术、AR技术、AI技

术，打造多元融入交互式供应链生态体系架构。

平台运用多媒体和多种互联网工具进行线上线下信息分享和教学、产学研互动。使用超星平台、微信客户端、微信公众号等多种互联网移动客户端教学工具，推送课程内容、微课、真实场景视频、创新创业讲座和沙龙等学习资料，并随时进行即时沟通和交互。线下场景设置将带领学生体验校内校外的真实工作场景，使其获得感性认知和体验，还可参与企业项目进行真实项目操作，在实践中检验和加深学生的学习体验，锻炼创新创业能力。通过现代通信手段将线下教学实践情况进行实时交互，结合校内外场景进行情境式教学，方便快捷，即时反馈。还可通过即时通信工具邀请企业专家对学生的学习进行专业指导，用"互联网 +"创新创业教育提升课程的教学效率和水平。

2. 建立信息平台核心功能窗口

在基础数据上建立四项核心功能的窗口：实习实训需求对接窗口、产学研合作窗口、培训需求对接窗口、创业孵化对接窗口，进行信息交互和需求对接。核心功能架构如图 2 所示。

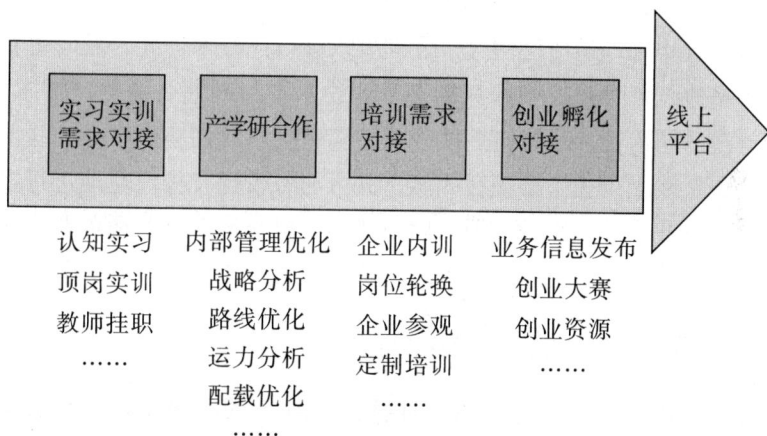

实习实训需求对接	产学研合作	培训需求对接	创业孵化对接	线上平台
认知实习 顶岗实训 教师挂职 ……	内部管理优化 战略分析 路线优化 运力分析 配载优化 ……	企业内训 岗位轮换 企业参观 定制培训 ……	业务信息发布 创业大赛 创业资源 ……	

图 2　核心功能架构

3. 通过工作循环实现长效发展机制

在四项核心功能的基础上，通过工作任务流实现平台信息交互，形成良性循环的双创工作环，实现长效发展机制。工作循环架构如图 3 所示。

创意创新创业孵化
创新创业大赛
激励助变
孵化培育

双师素质团队建设
培训中心/工作室
产学研项目驱动

实时交互
多元共享
供应链生态体系

双创实习实训基地建设
实时交互重点实训室建设
活化现有资源
升级改造重点资源

双创供应链课程体系建设
数据库建设
产学研成果转化
创新创业项目成果转化

图3　工作循环架构

（1）以产学研项目为抓手，启动双师双创示范平台建设。

以产学研项目为载体，以双师为火车头，多方同步推进，方能使双创平台基地的建设落到实处，在双创人才培养中发挥重要作用。应系统培养双创人才，实现教学与产业深度融合，推广双创平台实践经验，促进成果共享与转化，扩大辐射面，实现示范引领、可辐射、可复制的社会效应。通过争取配套支持，建设高标准基地，学校将主动适应区域经济发展要求和行业技术需要，及时更新场地与设备，提升基地技术含量，确保双创平台建设水平与同期企业生产需求相一致，并且具有一定的超前性。通过打造线上线下实时交互双创实训中心，线上辐射各参与院校，成立线上孵化中心项目团队，并可与各校现有校内基地进行融合，获得平台配套的创业指导、工商注册、财税代理、融资推介等各项免费或优惠服务项目。按此建设标准，完成建设后，该基地将在区域及业内具有一定的示范效应。

（2）双创供应链课程体系建设。

创新创业大学生群体具有"原生性技术"缺乏的显著特点，在前期创业基因调查项目中，笔者发现时间管理、关键因素识别和压力处理，是创业人群中三个最重要的能力。应结合这一专业群大学生"资源调配""资源运作""生产要素再布局"等能力优势领域，予以开发与培育，营造真正适合在校大学生的创业生态模型，并发挥共享型平台优势，进行互补型课程建设协作。

（3）共享型双创实习实训基地建设。

加强校企合作，多方协作，进一步完善创新创业教育的实践环节。笔者计划在原本的校企合作基础上进一步深化合作，让学生在创新创业的学习过程中真切体验到企业的真实场景和工作环节。

依托原共建基地，打造智能化实训场地，建设智能配载优化实训室和智能分拣配送实训室。安装多媒体通信交互设备，引入最新物流科技设备，打造标杆创新科技体验中心，使其更加符合学生的学情和现代创新创业教育的需求，让学生真正有锻炼、有成长、学有所获，让创新创业教育真正落到实处，同时也可以为企业作出贡献，用双赢的模式为长期的校企合作打下基础。

双创平台需有可落地的物理空间，为创新创业提供健全的基础设施，使师生均有相对稳定的办公、学习、实践场地，以及商务接待空间、水电网络、办公设备等基础资源。可以在现有校企合作实习实训基地基础上，打造示范性智能物流实时交互实训中心。条件不成熟的，或希望进行多点联动的，还可以考虑建设线上众创空间。

（4）创新创业项目孵化和培育。

这是内核四项建设的起点和终点，由此形成不断循环向上的长效发展机制。孵化创新创业项目，开发课程，获取教研立项，申报各类奖项，沉淀和共享教学成果。线上众创空间可同时孵化大量创业团队，融合现有线上线下办公空间、办公家具、办公网络、会议平台、文印服务平台资源。众创空间从物理空间到运行的机制、人员等支持全部可实现。

在有一定积累后，可以通过打造物流与供应链领域特色创新创业大赛，给产学研项目等创新创业项目提供展示的舞台，对接社会资源，进行项目孵化和培育。大学生创新创业项目团队在校企双导师的指导下，在双师工作室项目运行过程中，将突破各项技术难题。通过整合政、校、企、行各方资源，为企业提供技术和人才支持，并通过申请专利，转化技术成果，扩大成果辐射面，助力企业产能升级。

在这一过程中，成果还可以转化反哺职业教育发展，助力课程体系、师资队伍、实践教学体系及社会服务能力建设，真正实现多方共赢。可建立双师资源数据库，并建立激励评价机制，对资源进行培育和管理，还可建立创业导师能力素质模型。

4. 创新创业教育组织管理和保障体系建设

双创平台的建设需要创业导师、企业项目等配套支持，为创业队伍提供创业导师邀约、匹对、合作一体化服务。平台基于导师带领，为创业队伍提供队伍组建、股权分配、业务资源配置、投融资推介、企业管理辅导等多维度资源，帮助创业团队快捷创业起航。以下五项机制建设为平台建设保驾护航：①政、校、企、行多元参与的组织机制建设；②资源共享、产教融合的运行机制建设；③协同育人、共同发展的利益机制建设；④利益共享、责任义务明确的保障机制建设；⑤应需设置、健全的服务机制建设。形成《双创教育组织管理制度》《双创产教融合共享型平台管理制度》《双师管理制度》等制度，明确多元参与的协作和约束机制。

平台构建以物流产业为核心的多产业多维网络集成体系，通过促进产业上下游和协作关联企业集聚、共享、匹配、融合形成若干微观区块生态链。各建设任务相互支撑，不断循环促进整个开放体系的建设和优化。

三、拟解决的关键问题

1. 有效应对目前职业双创教育难题和挑战

"物流业是服务业，主要是生产性、生活性服务，是为其他产业提供物流服务的供给方。"智能物流理念逐步在推进，如果不能根据市场需求为制造业物流、电商物流、城市共同配送、冷链物流、农产品物流、危化品物流、医药物流、应急物流等领域提供有效供给的话，将影响诸多产业的转型升级，智慧物流的目标更无从谈起。在大的供给侧结构性改革政策下，物流发展不可再走老路，而是需要一个新的模式，最终想要完成智慧物流转型，就要优化结构，完善物流业信息化布局，实现技术装备创新，推动产学研一体的发展机制。当前，我国供给侧结构性改革正在深入推进，未来，随着"互联网＋"对物流业的不断影响，智慧物流必定会迎来更大发展前景。而当前时代特点要求我们的职业教育更贴近市场需求、行业需求和企业需求，有一定的前瞻性、柔性和快速适应性。

高等（职）教育原有的模式是根据市场调研结果，制订人才培养方案和教学目标，一年后实施，三年后推向市场，那时结果需求早就发生变化了。因此，培养模式要更具有前瞻性。柔性，说的是通用性和多岗位适用性，这是建立在岗位经验和多岗位轮岗基础上，通过技能实践来训练的。而在校园内很难实现多岗位轮岗，缺乏全流程的认知，限制了创新的发展。快速适应性，也就是要培养快速学习和应变能力。这是当前智慧物流的核心要求。只有实现这三个目标，高等（职）院校培养的产品（人）才能真正和企业需求进行无缝对接，实现高等（职）培养目标和企业人力资源价值最大化。

2. 真正通过产教融合，促进双创教育发展

对于参与平台的物流企业和物流园区来说，成本的压力导致它们在进行技术革新和业务升级转型中心有余而力不足，正需要来自高校的创新力量。产教融合电商物流共享型双创平台正是将这两种力量整合，让参与各方各取所需，各尽其能。通过平台基地建设，创新双创平台机制体制；建设双师双创孵化中心，提供创新创业载体，培养创新创业团队，孵化创业项目，提升双创实践能力；系统培养双创人才，实现教学与产业深度融合；实现双创平台成果转化。

3. 建立多元参与、多重保障、多方共赢的共享型平台长效发展机制

探索和重新设计组织机制、运行机制和利益机制，以适应不断变化的社会环

境的需要。建设"双带动"合作机制，即以线上线下校企合作带动职教发展，推动产业升级转型。

四、前景和展望

物流业正面临着转型升级的时代要求，有大量的升级改造技术需求和业务整合派生的中小微创业机会，特别适合大学生初创尝试。

不同于以往高职院校教学中模拟实操的概念，该平台导入的是实时业务场景和岗位实操情境；产学研项目也以企业真实需求为基础展开，与效益紧密关联，形成深度产教融合的协同发展模式。

这是一项以创新创业为契机，以提升物流效率、促进物流业转型升级为导向，让产出可视化、可衡量、有实证的设想。希望能让这一设想尽快落地，发挥应有的效益，也为物流职教集团等组织提供长效发展的思路和参考建议。

高职院校跨境电商校企合作现状及发展对策研究

刘亚玲①

摘要：跨境电商是一门涉外性、实践性较强的新兴学科，通过校企合作开展教学活动是有效提升高职院校跨境电商课程建设水平和人才培养质量的重要途径。但当前许多高职院校的校企合作仅流于形式，进展不顺利。本文分析了当前跨境电商校企合作的主要模式和阻碍跨境电商校企合作有效开展的原因，并就如何促进跨境电商校企合作持续、有效、良性开展提出相应的对策与建议。

关键词：跨境电商　校企合作　现状　发展对策

2013 年以来我国跨境电商得到迅速发展，但由于国内大多数高职院校未能及时相应调整跨境电商人才培养方案，导致当前跨境电商人才供需缺口仍然较大。对于高职院校国际贸易、电子商务、商务英语等专业而言，如何高质量地培养跨境电商人才是当前亟须解决的问题。《国家职业教育改革实施方案》提出高职院校应"推动校企全面加强深度合作"，而通过跨境电商校企合作在一定程度上可以有效解决高职院校跨境电商人才培养存在的问题。

一、当前跨境电商校企合作的主要模式

1. 校企共建模式

校企共建模式由高职院校与跨境电商企业共同制订跨境电商人才培养方案和实施跨境电商课程教学活动。学校在设置跨境电商人才培养目标、课程体系、课程标准、课程教学内容时，积极参考跨境电商企业专家的意见。由于大多数校内专职教师目前还缺乏系统完善的跨境电商知识和实践技能，可在课程教学实施过程中邀请跨境电商企业专家对课程教学活动进行指导，有条件的学校还可邀请企业兼职教师进行授课。

2. 订单班模式

跨境电商人才需求较大的跨境电商企业，可采用订单班模式与高职院校开展校企合作。学校与企业在学生入学时便通过考核、面试等环节选择部分学生组建

---

① 作者单位：广州科技贸易职业学院。

面向该合作企业就业的订单班，以双方协同的方式围绕订单班开展多方位合作，包括校企双方合作制订人才培养方案，共同组建师资团队，共同编写和建设教材，共同领导与管理。

3. 现代学徒制模式

现代学徒制模式由高职院校与跨境电商企业根据跨境电商工作岗位的实际需要，共同研制人才培养方案、开发课程和教材、设计实施教学、组织考核评价、开展教学研究。校企签订合作协议，教学任务实施双导师制，由学校专职教师和企业师傅共同承担。学校专职教师主要承担系统的专业知识讲授和基础技能训练；企业师傅通过带徒形式，依据人才培养方案进行岗位技能训练。

4. 顶岗实习模式

顶岗实习模式主要由跨境电商企业与高职院校协商设计教学计划，跨境电商企业在跨境电商课程学习期间、寒暑假期间或毕业顶岗实习期间，根据企业需要向学生提供指定岗位进行实习培训。学生在企业实习期间由企业按员工身份进行管理。大多数企业会给学生支付相应薪酬。学校主要按照学校相关规章制度负责学生安全和管理。

5. 校中厂模式

校中厂模式是由高职院校提供办公场所及其他基础设施、跨境电商企业派驻员工在学校开展业务的形式。这种模式可以引导企业将一部分或全部的业务活动转移到学校，并通过校企联合笔试、面试等环节甄选出校内对跨境电商具有浓厚兴趣的优秀学生，由企业员工对学生进行实践指导，学校教师也可以员工身份参与校中厂的实践活动，学生与教师不出校门即可获得企业培训和实战历练的机会。

6. 创业孵化模式

创业孵化模式主要针对对跨境电商创新创业具有浓厚兴趣的学生，由学校提供办公场所、营业执照注册资料及其他基础设施，创业学生在校内创办自己的跨境电商企业，开展各类业务活动。学校提供创业企业运营的基础设施，有助于解决创业学生的后顾之忧，从而有效促进创新创业活动的开展。

二、跨境电商校企合作无法有效开展的原因分析

校企合作的各方实现合作共赢是校企合作项目有效开展的基础。尽管当前跨境电商校企合作开展覆盖面广且形式多样，但大多数校企合作项目仅流于形式，无法实现深度合作，其中不少校企合作项目甚至在开展中途由于种种原因而夭折。究其原因，主要是校企合作项目各参与方的目标和利益无法得到实现和保障。

1. 企业层面分析

对于跨境电商企业来说，参与校企合作项目的主要目标是缓解当前跨境电商人才不足的问题，并获取一定的经济效益。但由于许多高职院校跨境电商人才培养方案和人才培养模式未能及时有效地进行改革，学生的跨境电商综合实践能力和自主学习能力仍不能满足企业的要求。企业想把一部分跨境电商业务交给学生来操作，但学生的职业能力尚未成熟，导致企业不得不投入更多的人力和精力对学生进行操作指导。同时，很多学校要求校企合作项目的参与学生须完成正常的课程安排，学生只能在晚上完成企业安排的工作，导致企业无法正常运作项目。当企业发现，通过校企合作获得的人才和经济效益远远低于一个正式员工创造的效益，尤其是参与项目的学生不能确保长期参与项目或留在企业时，企业的合作意愿逐渐降低。

2. 学校层面分析

高职院校希望通过校企合作推动跨境电商人才培养方案和人才培养模式改革，并利用企业资源为教师、学生获得实践机会，缩小教学内容与企业实践的差距，有效提高跨境电商人才培养的质量。但在校企合作过程中，由于学校办学机制和企业商业机密等因素影响，很多学校不能参与或无法委派教师参与企业的运营，而企业由于人手不足等原因，无法充分参与指导学校的日常教学活动，学校的人才培养模式改革无法达到预期目标，导致学校对跨境电商校企合作的关注日益减弱。

3. 教师层面分析

跨境电商是一个全新的业态模式，许多高职院校普遍缺乏知识和技能较为成熟的专业教师，很多从事跨境电商教学的教师从国际贸易、电子商务、商务英语等专业转型而来。他们希望通过参与跨境电商校企合作项目获得重要的实践经验，改进自身的知识和技能结构，实现跨境电商教学能力的快速成长，为开展跨境电商课程建设和教学改革积累经验。但很多学校的办学机制不允许教师参与企业日常经营活动，而企业出于商业机密的考虑，不允许教师参与很多重要的跨境电商运营环节。这导致许多教师在校企合作项目中仅承担校企沟通和学生管理的工作，自身的实践经验和教学能力并未得到实质性提高，加之学校普遍缺乏相应的校企合作激励机制，极大地影响教师参与校企合作的积极性。

4. 学生层面分析

跨境电商是一门实践性很强的学科，学生通过参与校企合作项目能获得更多的实践机会，在学习理论知识的基础上迅速提升跨境电商职业能力和职业素质，为将来就业甚至是创业积累一定的实践经验。部分校企合作项目还能提供带薪实习机会，甚至直接为学生提供工作岗位。但实际情况是，绝大多数的校企合作项目出于商业机密的考虑，业务的核心部分仍由企业员工负责，企业授权学生的操作大多是性质较为单一的产品上传，学生不仅觉得工作内容枯燥乏味，而且不能熟悉跨境电商运营的全过程；参与项目的学生需要学习正常的课程任务，只能在晚上完成项目工作，但企业师傅和学校教师由于个人原因，往往无法在晚上给予学生充分的现场指导和管理；此外，很多校企合作项目仍处于起步阶段，目前还没产生经济效益和社会效益，企业没有给予学生薪酬，学校也没有给予奖励，学生普遍觉得参与校企合作项目没有收获。校企合作项目开展具有不连续性、困难性、枯燥性，加之学生自身存在一定的惰性，导致很多学生主动要求退出校企合作项目，也使得这些项目无法继续开展下去。

三、促进跨境电商校企合作持续、有效、良性开展的对策与建议

针对跨境电商企业、教师和学生在校企合作过程中面临的问题，高职院校应建立校企合作长效保障机制，解决企业、教师和学生在校企合作过程中的后顾之忧，确保校企合作持续、有效、良性地开展。

1. 基于跨境电商行业人才需求构建跨境电商人才培养目标和课程体系

跨境电商企业开展校企合作的首要目标是解决人才短缺的问题，因此学校应广泛听取企业专家的建议，校企协同制定跨境电商人才培养目标和课程体系，改革教材内容与教学模式，不仅要重视学生跨境电商知识和职业技能的培养，也要重视学生沟通能力、学习能力、解决问题能力、抗压受挫能力等综合职业能力的养成。

2. 充分发挥学校优势，结合企业特点优化校企合作模式

要建立长期有效的校企合作关系，选择适宜的跨境电商合作企业是基础。学校应从企业规模和发展前景、企业设定的校企合作目标、企业对学生的吸引力等方面对企业进行考量，尽可能选择已有一定合作基础的企业开展深层次的校企合作。学校也应深入企业，了解企业需求，制定措施保障企业在校企合作中的合理利益，充分发挥学校在人才、场地、设施和师资等方面的优势，改进合作思路，解决企业由于商业保密、企业成本等原因导致的校企合作意愿低的问题。学校还应根据合作企业的规模采取灵活多变的校企合作模式，以适应不同企业的人才需求。对于大型企业，可以按照企业和岗位的需求，校企共建订单班或采用现代学徒制模式；对于中小型企业，可采取顶岗实习、校中厂等合作模式。

3. 多方面改革人事管理制度，鼓励教师积极深入地参与校企合作

高职院校应在政策允许的范围内改革人事管理制度，鼓励教师以在岗创业或入股企业的方式深入参与跨境电商企业的运营活动，提高自身的跨境电商实践能力；对参与校企合作进行教学工作量认定，以鼓励教师全程参与、深度介入校企合作活

动；在进行教师绩效考核、职称评定时，教师参与校企合作的业绩成果等同于教学成果、教科研成果，视作人事考核的评定指标。

4. 采取多种手段充分调动学生参与校企合作的积极性和主观能动性

高职院校在修订人才培养方案时，应将校企合作项目纳入正常教学安排，要求学生必须参与指定的校企合作项目才能修得相应学分；对于积极参与校企合作的学生，采取"双评分制"评价其课程成绩，由企业师傅与学校教师对其进行共同考核；实行学分置换制，参与校企合作表现优异的学生可申请免修相关课程，或以校企合作项目导师评分置换相关课程成绩。

参考文献

1. 杨琳琳，郑芳. "434 现代学徒制"在跨境电商人才培养模式中的应用 [J]. 教育现代化，2019（25）.

2. 陈烈强，等. 高职"订单式"人才培养模式的发展障碍与发展策略研究 [J]. 职教论坛，2015（24）.

3. 邓志新. 校企合作共建实训基地的模式创新：以跨境电商创新创业孵化中心为例 [J]. 深圳信息职业技术学院学报，2016（4）.

4. 许颖乔. 基于工作室运营阿里平台的校企合作实践初探 [J]. 职教通讯，2017（5）.

5. 杜艳红，廖丽玲. 课程植入型跨境电商"订单班"人才培养的研究与实践 [J]. 牡丹江大学学报，2017（4）.

6. 李秋娟. 跨境电商校企共建模式探讨 [J]. 中国国际财经（中英文），2017（22）.

7. 孟向红. 浅谈职业教育实现校企合作的有效组织方式 [J]. 学周刊，2019（18）.

基于数字化转型的市场调查教育创新探索

陈洁玲①

摘要：中国智造、数字化转型代表着我国实体经济的升级发展方向。为实现"教育信息化十三五规划"的发展目标，本文通过调研数字营销、工业互联网特点，结合市场调查课程的研究，对市场研究方式及使用技术如何优化和创新进行思考探索，为市场营销专业适应数字化、智能化发展提出培养教育的建议。

关键词：信息化　数字化转型　市场调查　教育创新

随着多媒体数字技术的高速发展、大数据和计算机运算能力的不断进步，互联网科技已进入人工智能科技革命的时代。同时中国经济正处于蓬勃发展和产品高质量发展的产业转型关键时期。在国家倡导双创教育的政策环境下，市场调查作为市场营销专业的先锋，必须要与新媒体和数字营销结合，并在搜索引擎、大数据、智慧云计算和高度智能化的网络环境下，探讨新教学方式和新职业技巧，为培养适应新时代发展的学生赋能。

一、数字化转型对于市场调查教育创新的研究意义

1. 数字世界下的测量认知

在数字世界，测量工具以惊人的速度发生改变。尽管先进的统计工具和智能技术可以更快地呈现出数据分析结果，然而方法不能代替理解，可以洞察的分析结果往往没用，而不能洞察的结果却需要理解数字测量过程的产生逻辑才能检验是否正确。② 数据蕴藏价值，当数据以人们容易理解的方式沟通的时候，信息可以产生对话和讨论。如果没有从洞察到行动的过程，那么所有数据很可能变成空话。

2. 数据沟通者

信息时代推动数据畅流，数据已成为新型的、通用的商业语言，以及个体沟通与说服组织的媒介，帮助组织从数据中获得洞察力和理解力。数据以前所未有的方

---

① 作者单位：广州科技贸易职业学院。

② 加里·安杰尔. 衡量数字世界：使用数字分析达成更好的数字体验［M］. 赵艳斌，等译. 北京：电子工业出版社，2017：1 - 5.

式成为传达信息的部分。从公司组织到个人消费者，都开始依赖数据，使用数据来认知事物和相互交流。数据在财会、人事、生产、销售等各部门的商业会议中得到频繁讨论。新型的大数据技术作为改善现有流程的方式已经被很好地认可，数据畅流文化已然在商业社会中形成。培养具有数据畅流能力的新型人才成为我们的新型目标，因为他们将联系与协同商业决策者与数据语言编辑者。

3. 消费行为市场研究

2018 年 CMRA 中国市场研究行业趋势发展报告表明，目前互联网调查已成为常态，大数据成为传统市场研究热情拥抱的一个领域，七成以上的公司自身在寻求大数据解决问题，或通过购买服务获得方案。[①] 大数据表现出目前可收集和存储的信息的大量性、高速性和多样性。数据以比以往任何时候更快的速度从更多的来源产生。与数据的数量和种类同步的是容纳、存储和数据分析的技术能力。[②] 数据研究狂热的迸发，从计算机行业向一切商业领域和传统行业蔓延。数据像是新的石油，机会显得无穷无尽。

4. 智能的个性化服务

人工智能是数字化时代技术成熟的象征，个性化是人工智能服务应用的必然趋势。现今生产过程已由单一、重复的流水线生产模式转变为大规模、个性化、自动化的智能制造模式。社会更需要劳动者具备创新能力，没有创新能力的职业将被人工智能取代。当前教育的重要任务就是培养创新人才。创新人才的培养离不开个性化的教育方式。当然这些精准的个性化学习系统离不开大数据分析、用户画像、人工智能等技术的支持。

5. 工业互联网下的连接共生

2018 年 3 月，李克强总理在《政府工作报告》中提出，要围绕推动制造业高质量发展，打造现代化的工业互联网。我国步入了自动化的机器互联、人机融合的工业互联网时代。越来越多的传感器接入电子设备，颠覆传统的产品。比如智能冰箱一旦接入传感器，就能在牛奶快喝完时自动订购牛奶——这只是其中的一个简单功能。[③] 我们的家电系统和安保系统正日益网络化。一个普通的 5G 基站就可以连接 100 万台机器。据分析师预计，到 2025 年将有 500 亿台机器能够联网，相应产生的数据和服务、经济规模和效益都相当可观。[④] 越来越多的个人

---

① 沈浩. 2018 市场研究行业发展趋势调查报告发布 [EB/OL]. [2018 - 10 - 31]. https://jingyan. baidu. com/article/fa4125ac03fbd228ad709247. html.

② 杰米格纳尼，等. 超越可视化：DT 时代的大数据沟通与决策 [M]. 宋杰，译. 北京：人民邮电出版社，2015：10 - 15.

③ 达文波特. 数据化转型 [M]. 盛杨灿，译. 杭州：浙江人民出版社，2018：14 - 16.

④ GE：工业互联网注重"软"服务 [J]. 信息化建设，2015 (1).

分析应用程序通过传感器采集数据，各个领域在数据畅流的产品生态系统内交叉渗透，相互协作，共生发展和繁荣。

综上所述，市场调查需要向着高效、快捷、科学、稳定、精确、相连的方向发展。

二、基于数字化转型的市场调查教育创新的关键因素

1. 转变教师教育观念

为适应数字化时代教育创新需要，学风建设成为首要解决的问题。作为职业教师，教育观念转变直接影响着教学质量的提高。教师必须要改变习以为常的教学方式，积极利用好信息化技术给课堂带来活力；[①] 利用好案例实践带领学生完成职业任务，通过小组互动来激发学生探究学习课程的兴趣；将以学习知识为主的单纯说教式理论教育，改变为以岗位实践能力为主的"教、学、做"一体化新模式。

2. 营造良好创新环境

所谓"好厨子还要菜刀利"，教育创新需要工具，没有教育环境的配套支持，教师就难以开展教育建设。教育基础建设是营造良好创新环境的前提条件。在国家教育发展的"十三五"规划政策环境下，应该借助创新发展的战略机遇，着力打造优质的信息化技能实践平台和数字化教育设施，不断完善学校的保障政策体制和健全发展机制。同时，需要配合岗位实践技能任务，不断打造信息化精品课程，引领学生思考数字化，融入数字化。

3. 激发学生创新思维

为避免"学习过程枯燥""模仿多创新少"，教师应该精心创设情境，以"任务驱动"的方式激发学生兴趣及自主学习的欲望。引导思考意识，激发学习兴趣，是打破学生思维枷锁的关键。课程教学内容应该与实训任务相结合，通过岗位情境的问题重现，示范技能操作。在实际任务的执行过程中，让学生分组成立项目公司，通过担任项目老总和不同技能分工，合作完成任务。建立敢想、开放、动手的课堂氛围。在练习中增强学生的领导能力、合作精神、创新精神，以及解决问题的能力。

---

① 孙云珍. 运用信息技术实施创新教育的策略 [EB/OL]. [2013 – 05 – 07]. https：//wenku. baidu. com/view/7adbe42610661ed9ac51f303.

三、基于数字化转型的市场调查教育创新的实施建议

1. 创设情境，深化应用

分析市场调查主题分类与数字化技术的应用前景和匹配类型，创设情境，培养学生的学习兴趣和操作能力，深化商业场景应用。创新课程教学内容和呈现教学方式，增强教学互动性。以技能操作实践任务作为课程主线，引导学生参与讨论和学习调研。根据市场调研的发展趋势，课程拓展可讨论如下问题：①研究适应数字化多媒体网络的策划调查实施方案；②研究适合数字化多媒体网络环境使用的问卷设计方案；③研究市场调查实施阶段结合数字营销的创新方法；④研究如何利用人工智能技术和大数据，使数据收集快速化、便捷化，数据分析自动化；⑤研究如何利用互联网平台智慧云计算技术，使市场调查报告视觉化和数字化。

2. 多向融合，共生发展

通过对外合作，积极打造共生共建的校园生态，推进可持续发展的学习环境。进一步强化师生融合、校校融合、区校融合、校企融合、课赛融合，构建"教、学、做"一体化的循环职教系统，努力提升教育质量、激发学生兴趣。借鉴全国优秀院校的成功经验，吸收专业学者和行业专家补充授课，与周边的经济开发区、生产企业达成教育合作，建立校园创业实践基地、创新孵化基地等。根据市场调查课程特点，结合院级技能赛、省级技能赛及全国市场营销技能大赛等各级递进式赛事形成良性互动、相互竞争的教学环境。

3. 丰富资源，健全机制

塑造精品课程，内部形成改革创新机制。一方面，需要充分利用好信息化网络资源，积累典型案例，根据创设情境制作微课、多媒体视频、动画，使用信息化数字平台提高与学生的互动，科学监测教学质量，完善精品课程建设。另一方面，继续健全教学激励机制，完善师生评价体制和教育保障制度，发挥教师团队及学生的主观能动性，让创新教育举措能落到实处。

四、结语

数字化带领的工业革命颠覆所有职业，市场营销专业的教育从业者必须敏感地意识到时代变革的要求，着力将信息技术、人工智能、大数据智慧云、数字化营销等研究融入市场调查课程创新中，让研究成果可以深化课程教学建设，结合企业实际需求和学生兴趣，重新组织课堂教学，提供有价值的案例，积极投身创新，勇于进行教育改革。

谈素描基础训练在艺术设计中的重要性

黄修献①

摘要：在艺术门类的授课中，素描基础训练是一门必修课。随着生活品质的提高，人们对艺术设计有了更高的要求，课程的内容也越来越多。素描不只是一种绘画方法，更是一种艺术表达方法，对于艺术设计起着重要的作用。本文对素描的概念进行说明，并且对素描基础训练对于艺术设计的重要性进行探讨。

关键词：素描训练　艺术设计

素描，我们可以将它理解为一种艺术的表现方式。它不论是作为一种艺术表现的基础，或是本身就作为一个艺术作品，总是会随着当时的文化环境、知识概念、艺术发展水平、美学感受等要素的不断变化而出现新的特点、新的时代感受。素描可以吸收各个民族的新的时代特色，从而为我们的艺术设计提供更多的活力。

一、素描的总述

1. 概念

素描的概念从广泛的意义上说只有一种。但是我们把素描进行了更加详细的分类，在艺术基础课程中将素描分为绘画、设计等，我们甚至对绘画素描进行了更加详细的分类，这就使得素描的概念更加专业。但是，同时我们也把素描的基础训练范围设定得越来越狭窄，无法得到扩展，使素描之间的界限更加分明。素描的基础训练一定要涵盖多方面，这样对于艺术创作才更加有益。

2. 问题

很多学设计的学生认为没有必要进行素描的基础学习，致使其空学设计概念，而没有绘画的能力去支撑他的创作，只用电脑去绘制，缺乏灵感。我们通常说设计的缺陷来自素描水平的低下。对素描训练的轻视，导致艺术设计没有感情。当前的高等设计课程存在着缺点，学生多对电脑的应用掌握熟练，而对一些绘画的学习技能知道得很少，没有艺术设计的基本技能。这是我们教育的缺憾，以后应该注意这一点。

---

① 作者单位：佛山市南海信息技术学校。

二、素描基础训练可以为艺术设计拓宽思路

素描对于作品的设计起着重要的辅助作用，也是学习艺术绘画的一个重要的门路，加强素描基础训练可以增强设计师的艺术涵养和艺术表现能力，从而使其设计出更好的作品。素描就好像高楼大厦的奠基石，为艺术设计这幢摩天大厦奠定了坚实的基础。我们对于现代素描的训练仍需要努力探索，以发现更多新的方式方法。以此来看，素描的意义重大。

素描水平的提高除了勤学苦练外，还需要更多的表现和创造，而不只是对事物的写实。上文曾谈到素描的分类，具体而言，各式各样的素描需要完成不同的任务，我们可以将它分为两类。一类当然是素描本身就具有的艺术感的表现，另一类就是对于设计艺术所提供的辅助作用，像是广告、影视、建筑等设计平时都需要进行素描训练学习。在这种情况下要靠素描来指导它们的实际行动，为设计提供更多的思路。所以素描不仅是绘画的方式，也是艺术，具有无法代替的地位和作用。素描基础训练的加强不仅可以更好地提高学生的素描水平，也可以指导学生在设计方面达到更高层次。

素描可以作为艺术的一种媒介。现在我们的技术水平有了显著的提高，开始运用许多新的工具，如电脑、打印机等。素描与艺术设计是相互关联、无法分开的，许多设计师以素描作为他们设计的开端，寻找更多的表现方式，以更好地表达自己的设计风格理念。因此，素描的意义已经超过了它本身，它的训练至关重要，可以为我们的设计领域提供更多的灵感。加强素描的训练，可以很好地表达设计者本身想要传达的意思和观点，让艺术设计更加有灵气、更加生动，从而建立起设计者与普通大众的感应，让群众更好地理解作品。只有被普通人接受的作品才是成功的设计，这不仅是设计师本人天分的展现，也是对设计师勤学苦练的检验。可见对于素描基础的训练是相当有必要的，它是设计师设计的基础。不管什么艺术形式都是后天形成的，如果只重视所谓的天赋，那必然是要被淘汰的，必须用训练充实我们的天赋，多学习，从众多的技巧中去寻找更多设计的灵感。如果缺乏积累，就会使作品缺乏活力，没有坚实的基础，意义也会变得狭小，缺乏突破。

在笔者看来，一个优秀设计师的创造性思维绝不能局限于一个狭小的范围内，这样的设计思路是僵化的，具有极大的局限性，又怎能去谈论其设计作品的艺术性和吸引力呢？同时，设计的各个环节都对设计师的美术方面的能力有着极高的要求。换个角度来看，设计可以说是艺术和文化的另一种表现方式，所以学习素描对于设计师来说是极其重要的，不仅有利于提升设计师自身艺术素养，还可以帮助设计师更加了解这种特殊的艺术形式。

因此，艺术院校的教师应该充分了解当下艺术教育的变革与发展，并且在自己的教学过程中将这些变革与发展体现出来，引领学生关注学科变革，紧跟时代发展趋势。同时，随着我国高等艺术教育的快速发展，我国的大部分艺术院校都开设了艺术设计专业，而素描则是作为艺术设计专业的基础课程存在的，是艺术教育的重要组成部分。

三、素描基础训练可以提高设计师的构图能力

现今，我国的高等艺术院校在进行艺术教育教学时，常常会提到"设计素描"这样一个词。这个词语的出现，表达了我国现今社会对特殊艺术设计人才的迫切需求。在教学过程中，各高校应当针对目前社会的迫切需求来培养专业人才。在进行基础教学时，必须作出改变，体现设计专业的特殊性，从而与过去单一的、简单的、纯艺术的素描教学区别开来。因此，要在素描的课程内容、教学方法和模式等方面进行变革。

在上文中，笔者对素描的概念进行了详细叙述，简单地说，素描就是以简单的线条去勾勒和描绘各种事物的艺术表现形式。同时，素描是从传统的绘画中产生的，是作为一种艺术绘画技巧而存在的。它对于设计创造的事物有着极强的造型能力，可以帮助设计师以一种直观的方式将自己的设计创造表现出来。而且，艺术设计不是一种简单的自然绘画，是要将自己的设计思维与现实相结合，并进行整理、变易和想象等，从而把自身的理念与意图以图画的形式表现出来。由此可见，艺术设计不单要求设计师拥有高超的绘画技巧，还要求设计师拥有高水平的艺术素养。素描作为艺术设计的基础训练是十分关键的，可以从脑、眼、手等方面对学生进行综合教育，使学生学会如何分析设计主题，如何进行思维创造，如何将自己的设计表现出来。更深刻地说，艺术设计专业教育的最终要求就是对这三方面能力的要求，追求这三种能力的和谐共进。脑的方面就是要求设计师拥有活跃的思维，能够进行丰富多彩的艺术想象；眼的方面就是要求设计师拥有优秀的感知市场发展的嗅觉和对时尚流行的辨别能力；手的方面就是要求设计师拥有极强的动手能力，可以轻松地将自己的创意和想象表现出来。因此，素描基础训练是现今艺术设计专业必不可少的重要课程之一。

四、结语

本文对素描的艺术概念及其在艺术设计中的重要地位进行了论述，从而得到这样一个结论：素描的基础训练对于艺术设计来说是极其重要的。大多数的高等艺术院校都设置了素描基础训练课程，可见各高校对这一课程的重视程度。同

时，课程内容大致分为三个部分：结构、表现和创意。用上文的话来表达，也就是在脑、眼、手三方面进行综合性训练。素描基础训练不仅有利于拓展设计师的创造性思维和提升设计师的艺术素养，还能够增强设计师的动手能力，强化艺术造型和表达。

但是，如今在实际的教学过程中，许多学生甚至是部分教师都忽视了素描基础训练这一课程的重要性。在他们看来，如今的计算机技术十分发达，艺术设计可以通过计算机来完成，所以对素描的掌握就不是那么必要了。显然，这一观点是不正确的。这些学生对素描基础训练的片面认识，局限了他们的思维，使得他们没能清楚地认识到素描基础训练对艺术设计的重要作用。这对他们未来的发展是极为不利的。希望这篇文章能让他们有所启发，改变对素描基础训练原有的轻视，认识这一课程对学习艺术设计的帮助。

参考文献

1. 葛慧. 艺术设计人才在地方高校非遗教育实践中的培养［J］. 科技展望，2016（25）.

2. 徐方. 美术基础课在艺术设计课程中的重要性［J］. 青年文学家，2013（8）.

论动画场景设计的空间塑造及应用研究

莫泽明①

摘要： 随着计算机动画技术的日新月异，动画的表现形式层出不穷，内容丰富多彩，视觉效果也是越来越震撼。而动画场景不仅是角色得以表现的舞台，还是整个动画画面的重要组成部分，起到渲染整部动画气氛的作用，构成动画风格的主要视觉内容。本文通过影片的分析研究阐述动画场景设计的功能作用、表现形式和方法，探讨如何让更多的学生设计出符合剧情、画面精美的动画作品。

关键词： 动画场景　空间　色调　光影

一、何谓动画场景设计

动画作品中所说的"场景"指的是动画或者是电影当中的场面，其中"场"是影片当中一个比较小的段落，表现的是故事情节中的某个片段、某个情节，属于一个时间概念；"景"指的就是景物，是一个空间概念。因此，动画场景就是指动画影片中除人物角色以外的一切造型设计，它是动画影片用以刻画人物以及发展情节的必备工具。一般来说，在设计动画场景时需要以故事发生的背景和时空环境为依据，且必须包括整个动画场景中构成要素的色彩以及造型等。我们知道，场景代表了时间和空间，但是动画场景设计并不仅是描绘时空背景，还有很多具体的内容，如角色服务成为角色运动的支点，通过场景时空的变化塑造角色心理变化，达到刻画角色、展现故事情节、完成戏剧矛盾冲突的目的等。

二、动画场景的功能和作用

在动画作品中，动画场景是非常重要的组成部分，涉及面广，且将艺术性和功能性集于一体。一个好的场景设计能达到"未见其人，先闻其声"的艺术效果。动画场景的作用与功能主要表现为以下两方面：

1. 表达时空关系

动画场景中的时空关系主要是指动画当中角色所处的活动以及生存空间，属

---

① 作者单位：佛山市南海信息技术学校。

于由各类人造以及天然景物构成的一个可视环境，同时也是展现作品当中的故事以及故事过程的空间环境。正是有了这一空间环境，人们才可以通过动画的故事画面了解到动画故事的时间、空间背景以及影片所要表达的观点。在动画当中，故事情节以及场景往往和叙事内容是联系在一起的，因此也可称为叙事空间。叙事空间需要和动画中的时代象征、情节内容以及事件性质相符合，充分表现出故事中的历史底蕴、民族文化、角色背景（身份、职业、年龄、爱好），将整个故事发生的时间和地点交代清楚。如动画电影《大鱼海棠》的开场镜头中一个小男孩在水中的画面以及一群大鱼的出现，已经向观众充分展现了时空要素。

2. 营造情绪气氛

导演为根据剧本的要求刻画心理空间，往往需要场景奠定和营造符合剧情发展的气氛和情绪。在物质空间中，通过许多局部造型因素逐渐勾勒出整个作品的氛围，让观众将这些因素带入作品情境之中，组成一个主观上的空间环境，这就是场景设计的魅力所在，也是它和其他设计的不同之处。例如在进行环艺设计时，往往只需要规划好场景设计，保证画面的清晰度，将作品中空间的层次和关系表现好就行了，完全不需要营造作品的情绪和感情色彩。然而在进行动画场景设计时必须以角色和剧本为依据，完善每一个细节使其符合剧情，不单要规划出有特色的场景，还需要营造出符合作品表达的氛围。整个场景的造型都是为了塑造生动、真实、活泼的角色。比如，当角色心情舒畅、明朗时，他周围通常是鲜花或者阳光等明亮的背景；当角色难过和情绪低落的时候，他周边的景色就会变得黯淡，往往是下雨天或者阴暗角落这类背景；同理如果需要表现出悲伤的情绪时，角色周边的环境可以是有落叶的午后或是阴雨绵绵的潮湿天气。

三、场景设计的表现手法

1. 运用色彩表现场景

色彩是动画场景的重要组成部分之一，同时是表达动画思想的途径之一，可以说色彩给动画注入了灵魂，使得动画变得更加有血有肉。众所周知，不同的色彩给予观众的感受和表达的情绪是不同的，利用色彩可以很好地影响人们的感情和思想，所以想要完成一部优质的动画就必须要运用好色彩，通过色彩升华整部动画，让动画成为艺术品。动画作品的场景主要是通过色彩的不断运动来达到色彩的和谐、联系和对比，进而形成动画作品中的独特色彩构成。在很多的影视动画作品当中，色彩的表现手法其实和绘画的色彩相差无二，只不过动画当中的色彩相对来说更加注重表达动画中人物的情感和特点，达到渲染气氛、奠定基调和风格的目的。在动画作品当中，通过色彩来表达人物的心理往往有着很强的主观性，在进行动画场景的色彩设计时，必须要以整个故事的情节为基准，才可以让色彩表达得更加主观、更加有创意。如动画电影《花木兰》中大量运用了具有典型性的中国色彩，影片中的建筑具有典型的中国北方建筑色彩风格。在处理色彩时，完美地将富有民族特色的、人们喜欢的红色和蓝色融入其中进行渲染，和作品中开朗精干的性格角色造型相匹配，瞬间让整个动画作品变得更加具有民族性。

2. 运用色调渲染气氛

在动画场景设计中，色调指的是对整个绘画作品颜色的评价和概括，它其实是作品色彩外观倾向的表达。纵使一幅作品中运用了很多种颜色，但是其倾向只有一个，就是作品的色调。我们通常用冷暖、色相、纯度、明度来定义作品的色调。

一般来说，动画作品中的色调设计是很有讲究的，每个情节段落都有着不同的色系，它们互相协调，烘托主题。在设计动画色彩基调时需要按照色调统一的规律，还必须以作品的情节发展和主旨为基础，才可以完成一部优秀的、色调和谐的动画作品。此外，依情节而变的色调也是增加观众对于影片兴趣度的要素之一。例如在动画电影《花木兰》中，在匈奴入境时，作者运用相对压抑的冷色系颜色来表现，而当花木兰荣归故里时，则运用喜悦的暖色调。又如在动画电影《西游记之大圣归来》中，当刻画山妖闯入长安这一情节时，动画中的天色阴暗、乌烟瘴气，整个天空都运用了偏暗的深蓝色，充分展现了山妖入侵时人心惶惶的情绪。

3. 运用光影塑造空间

光影不仅是用来塑造动画深度和距离的手法，还是使画面具有立体感的表现方式之一。在动画场景中光亮、阴暗面的分布都可以让画面具有很强的空间感。如动画电影《你的名字》中的一个洞内场景就利用光影来表现山洞的空间感。在画面处理上，将洞口处理成明亮的，而将山洞内部塑造成阴暗的，这样很容易就让人产生恐惧、封闭等压抑情绪。由于近大远小的透视关系，明朗的区域越小，就会显得越远，暗处的空间就越大。《你的名字》中还有一个室内房间场景，是通过一亮一暗的对比来表现窗户的亮光和床的影子，很好地呈现了场景的空间感。

四、结语

纵观国内外优秀的动画作品，每一部作品的场景设计都是那么赏心悦目、打动观众。动画场景是动画作品的重要组成部分，也是最能体现情节气氛的，它既展现剧情故事发生的历史背景、文化风貌、地理环境和时代特征，又为角色提供适当的表现场合。因此，在创作中，必须把握好场景设计的手法、表现形式，才能够在适合剧情需要的前提下设计更多的好作品。

参考文献

1. 韩笑. 动画场景设计［M］. 北京：京华出版社，2010.

2. 于静宜，张渊. 动画角色与场景设计［M］. 沈阳：辽宁美术出版社，2013.

3. 李洁，宋军. 动画电影中场景气氛的营造［J］. 电影评介，2008（3）.

模块四

中高职衔接课程教学研究

融合校园文化，创新高校思政课实践教学

廖泽香[①]

摘要：将高校思政课实践教学与校园文化相融合，有助于破解当前思政课实践教学所面临的学生积极性不高、活动教育性不强等难题。校园文化有利于增强学生在思政课实践活动中的主体意识、整合实践教学资源、开展隐性教育和增强学生自我教育等。高校可通过围绕主题开展独具特色的系列活动，依托团学活动开展各类实践教育活动，利用网络新媒介扩大活动影响等途径创新思政课实践教学。

关键词：思政课　实践教学　校园文化　创新

高校思政课实践教学通过紧密结合理论教学，有针对性地开展一系列实践教育活动，对培养知行合一的高素质人才有着重要作用。校园文化是学校精神文明建设的重要阵地，也是提升大学生思想政治素质的重要渠道。应充分挖掘校园文化的育人功能，探索高校思政课实践教学与校园文化在实践育人方面的深度融合，使其成为高校思政课实践教学改革的突破口。

一、高校思政课实践教学存在的主要问题

1. 学生的积极性不高

学生作为高校思政课实践教学活动的主体，他们的参与程度直接决定实践教学效果的好坏。尽管高校思政课实践教学已取得一定成效，但从总体上看，学生参与实践教学的积极性不高仍然是高校思政课实践教学面临的困境之一。剖析其中的原因，主要有：第一，学生"专业本位"的认识错位。与高校思政课的学习相比，学生希望花更多的时间和精力去学习专业课程。高校思政课实践教学需要学生利用课外时间进行准备，这让他们对该类活动产生叛逆或逃离心理，从而导致对教师布置的实践活动任务思想上不够重视、行动上消极应付。第二，当前高校思政课实践教学普遍缺乏新意和创意，对学生缺乏吸引力，难以激发他们的参与热情。这表现在实践教学内容陈旧，缺乏时代感和现实感；实践教学形式以演讲、朗诵、辩论、讨论、观看视频为主，学生普遍感到厌倦，参与兴趣不高。

---

① 作者单位：广州科技贸易职业学院。

2. 活动的教育性不强

高校思政课实践教学作为对理论教学的拓展和延伸，担负着实践育人的重要任务。然而，高校思政课实践教学的教育效果并不尽如人意，其原因一是高校思政课实践教学活动缺乏规范性和系统性，普遍存在主题不突出、随意性大、过于注重形式、片面追求娱乐化、覆盖面不广等问题。二是学生对显性的思想教育方式较为敏感和抵触。该类实践教学均具有较强的理论性和政治性，内容也多以宣扬正面典型人物或事件为主。在学生看来，高校思政课实践教学活动的教育目的过于明显，教学内容又多是高大全的形象，与他们的现实体验相去甚远，导致他们难以在心理上产生情感认同。

二、校园文化对高校思政课实践教学的辅助作用

1. 增强学生的主体意识

校园文化是学校教育的一部分，全体学生都有参加校园文化活动并从中受益的权利和义务。校园文化既对全校学生的行为起到约束规范作用，也能够增强学生的主体意识，增进团体的团结，凝聚大部分学生的思想共识，进而使其产生强烈的责任感和校园归属感。此外，校园文化还能有效地激励学生以主人翁的积极态度参与各项活动，在亲身感受学校人文精神和文化内涵的过程中自觉地接受思想政治教育。依托校园文化开展高校思政课实践教学，既能使每位学生都参与活动，也能让他们都有机会成为活动的主角和受益者。

2. 整合实践教学资源

大学生思想政治教育工作是一项系统性工程，贯穿于学校教学、管理的各个环节，校园文化为高校思政课实践教学提供了丰富的教学资源。如目前国内高校普遍开设的校园论坛，内容多涉及历史人物、时政要闻、道德观察等，这是进行大学生思想政治教育的有效途径。高校中的社团是大学生进行思想交流、兴趣培养、能力锻炼的重要平台，学生对于社团往往有着较高的心理认同度，这些社团开展的各项活动，如辩论赛、演讲赛、模拟法庭、书法赛、影视作品演播或评论等，也是高校思政课实践教学经常采用的活动形式。在社团活动中注重思想教育的引导和启发，对于提高高校思政课实践教学效果是十分有益的。在校园文化的背景下重新审视和考察高校思政课实践教学，有利于充分整合和利用好校内的实践教学资源，为高校思政课实践教学活动提供丰富的载体和形式。

3. 多渠道开展隐性教育

首先，校园文化通过形成独特的文化氛围，像一双无形的手改变生活在其中的学生，影响他们的人格塑造和精神世界。校园文化是一个集体的共同意识，为学生在人格特征、行为方式和道德品质的评价方面提供标准和尺度，并使他们自

觉用这个尺度去规范自己在校园中的言行举止，从而在从众心理和舆论压力下产生自我约束的自律意识。其次，校园文化活动具有形象、直观、展现力强等特点，充分地将德、智、体、美等思想教育内容融入各种具体的文化情境中，让学生在活动中体验真善美，提升包括思想道德素养在内的综合素质。另外，校园文化是社会文化的一部分，它吸收、融合了社会主导文化，在这样的文化氛围中创设情景并开展思政课实践教学，有利于学生更好地了解社会，保持思想的先进性和创造性。

4. 增强学生的自我教育能力

以学生为主体的校园文化活动有利于增强学生的自我教育能力，从而实现学校育人目标。一方面，学生通过亲身参与各项体验活动，在切身体验中将理论与实践相结合，既感受理论的力量，又体会实践的重要性，逐步做到知行合一。另一方面，学生通过参与彰显个性和青春风采的各项文化艺术活动，与他人沟通和交流，萌发见贤思齐、追赶先进的上进心。总之，将思政课实践教学与校园文化相结合，能够把大学生的日常表现、生活作风、人际交往等纳入实践教学的内容之中，拓宽思政课实践教学的范围和形式。

三、融合校园文化，创新高校思政课实践教学的实现路径

1. 基本原则

（1）明确主题，凝练特色。

高校要将思政课实践教学与校园文化活动有机结合起来，首先必须根据高校思政课的理论教学内容，寻找和挖掘与学生校园文化生活的最佳结合点。具体来讲就是要确定活动主题，围绕主题进行实践教学活动设计，确保活动的开展既不偏离思政课的教学要求，又能将抽象的理论知识转化为形象生动、通俗易懂的活动目的，使高校思政课实践教学活动变得可亲可近，充分调动学生参与活动的热情。此外，高校还要适时对包括思政课实践教学活动在内的校园文化活动特色进行凝练和总结，常态化、定期化举办受欢迎、成效好的活动，通过不断的积淀形成独具一格的实践教学活动。

（2）创设情境，知识内化。

每个学生都是一个独立的个体，他们都是在自身需要的驱动下接受思想政治教育的。高校思政课实践教学活动要充分利用校园文化活动这个第二课堂，依据学生的思想状况和行为特点，通过模拟演练、情景再现、走出去、请进来等各种方式，创设逼真的生活场景，再现真实的社会情境，让学生在真实的情境中进行体验、感知和觉悟，获得真实的实践体验，真正将高校思政课的理论知识内化为自己的思想，外化为自身的自觉行动。

（3）创新形式，强化效果。

互联网的迅猛发展为高校思政课实践教学创新提供了新的思路。高校要善于创新，将微博、微信等网络媒介运用于校园文化建设和高校思政课教学实践活动，积极构建大学生网上德育系统，努力使互联网成为开展校园文化活动和思政课实践教学活动的阵地和窗口。

2. 主要做法——以广州科技贸易职业学院为例

（1）围绕主题开展特色鲜明的系列活动。

广州科技贸易职业学院积极创新大学生思想政治教育工作，确立"厚德励志""人生导航""文化修身""阳光心灵"等育人工程。首先，该校结合思政课教学内容和校园文化实际，确立并开展了以"做诚信、爱国、有为的新时代青年"为主题的系列活动。如围绕"如何做一个诚信的大学生"，该校在思政课课堂中组织开展"做一个诚信的大学生"主题演讲比赛；每年在大一新生开学典礼上举行诚信宣誓活动，引导大学生说诚实话、做诚信事；开展校园诚信周活动，开设无人售报亭、食堂自觉刷卡诚信窗口、无人监考诚信考场等，让学生在日常生活中体验诚信的重要性；每年定期举行"内诚于心，外信于人"全校性主题辩论赛，采取班级初赛、班际复赛、校级决赛的方式，让每个参与学生在思想的碰撞和争辩中感悟诚信的力量。

其次，为了弘扬"爱国、进步、民主、科学"的"五四精神"，引导大学生做一个忠诚坚定的爱国者，该校每年在五四青年节前后组织开展丰富多彩的实践活动。如开展五四新生才艺会演，充分展示青年学子的青春活力和崭新风貌；举行五四青年节优秀团组织和先进个人表彰活动，树立正面典型；开展主题团日活动，参观共青团史迹展，重温历史，继承传统；开展"团旗飘飘，青春飞扬"最佳团日多媒体展示大赛活动，促进青年团员的健康成长。

另外，为了引导学生在服务他人中不断提升自身综合素质，该校每年定期开展学雷锋系列活动，主要有：组织学生到小学开展"大手牵小手"义教活动；开展校园学雷锋活动月活动，组织进行校园清洁、爱书服务、电器维修、爱心义卖、无偿献血等；在高校思政课课堂教学中开展"我身边的雷锋"道德 PPT 制作展示比赛等。通过以上活动，大学生对新时期的雷锋精神有了更深刻的领悟和理解，更加自觉传承和发扬雷锋精神。

（2）以团学活动为依托开展实践教育活动。

丰富多彩的团学活动是高校思政课实践教学活动的重要载体。其一，近年来该校开展的志愿者活动为培养学生奉献精神和服务意识，让学生走出校门、了解社会提供了实践机会。该校围绕"志愿于心，服务以诚"的志愿精神，在校园中开展志愿服务宣传，有超过 80% 的学生自愿加入志愿者服务队伍。该校将高校思政课实践教学与志愿服务有机结合，不断扩大活动的参与面和覆盖面，确保活动取得良好效果。具体做法是：定期组织学生到福利院、学校、志愿者驿站、贫困山区、陵园、科技中心等单位开展献爱心、义教、科普宣传、交通指引等志愿活动。志愿服务精神已逐渐成为该校校园文化精神的主旋律，以春风化雨般的方式影响着学生的心灵。

其二，该校通过各类校园论坛，让学生自觉接受思想教育，争取早日成才。如结合时事热点，定期举办青年论坛，让学生围绕"创建文明校园""建设幸福校园""弘扬传统文化"等主题开展讨论，取得共识；另设有"科贸大讲堂"，邀请青年成功企业家与学生对话，畅谈人生理想，分享成功经验，让学生在榜样的力量中思考人生，规划未来；道德讲坛则邀请全国道德模范赵广军等人作专题报告，深化学生对道德的理解和认识，自觉做一个讲道德的人。

（3）利用网络新媒介扩大活动影响。

网络文化是校园文化的重要组成部分。该校一方面利用网络组织开展"建设文明幸福校园"主题网上征文和专题论坛活动，另一方面组织学生参与网络爱心传递、网络投票、网络悼念、网络打假、网络环保宣传等网络活动。该类活动给青年学生提供了自我表达的机会和广阔空间，引发了他们对生活、社会、国家、民族等各种情感的理性思考。

另外，该校还充分利用微博、微信等网络新媒介平台对教育实践活动进行宣传报道。活动开始前，教师通过微博、微信提前发布活动信息，利用网络进行活动宣传。活动正式开始后，教师又利用网络对活动进行图文同步直播，让更多的学生及时了解活动开展情况；同时发布相关话题，在网络上发起关于某项活动的讨论和交流，引导学生畅谈参与活动的体会或感受。活动结束后，教师以图片、视频等形式将活动的精彩瞬间发布到网络上，利用网络进一步强化和扩大实践教育活动的影响力。

3. 保障机制

（1）发挥思想政治教育工作者的主导地位。

融合校园活动开展高校思政课实践教学，需要充分发挥思政课教师、政治辅导员等群体的主导作用。他们的主导作用包括：第一，确保活动的思想性，坚持在丰富多彩的主题活动中弘扬主旋律，对大学生进行爱国主义、集体主义和社会主义教育；第二，提高活动的艺术性，始终用高雅的文化艺术活动陶冶大学生的情操，提高大学生的综合素养。

（2）建立合力育人协同机制。

将校园文化与高校思政课实践教学活动相融合，还必须建立协同育人机制。学工部、校团委、思政部、教务处等相关部门要协同合作，统筹好各类实践教育资源，实现资源共享。同时，以上部门应该建立沟通协调的长效机制，及时研究解决校园文化与高校思政课实践教学融合过程中出现的脱节或重复问题，有效发挥校园文化在创新高校思政课实践教学方面的积极作用。

四、结语

综上所述，将高校思政课实践教学与校园文化活动相结合，不仅能使思政课的实践教学内容更贴近学生的学习、思想、生活实际，还可充分利用校园文化的育人功能强化思政课实践教学的效果，是创新高校思政课实践教学的又一新途径。

参考文献

1. 卢继富．团学活动视角下高职思政课实践教学探究［J］．长江大学学报（社会科学版），2013（10）．

2. 纪春．推进高校校园文化建设，强化思想道德教育功能［J］．文教资料，2013（27）．

3. 王志雄．试论高校思政课实践教学存在的问题及对策［J］．顺德职业技术学院学报，2010（2）．

基于项目团队教学法的市场营销
实践教学策略探讨

杨　珩①

摘要： 实践教学是市场营销课程中的一个重要环节。在许多高职院校中，市场营销实践教学仍显薄弱。项目团队教学法作为项目教学法的一个延伸，通过学生自组团队、自寻项目、完成企业真实项目的方式，能有效提高学生自主学习能力、团队合作能力、创业能力，实现市场营销课程的工学结合。

关键词： 项目团队　市场营销　实践教学

一、现行市场营销实践教学现状

市场营销是一门实践性很强的学科，实践教学是市场营销专业中至关重要的课程。在许多高职院校中市场营销专业的实践教学仍显薄弱，主要存在以下几方面问题：

（1）教材理论性过强。目前市场营销专业所使用的教材大部分是理论加案例式课本，近年新出版的工学结合课本不少，但理论性仍然较强。这也导致了市场营销专业课程上，理论课时几乎占一学期的一大半，大部分教师以理论教学为主。课本中所出现的案例，要么是大企业，要么已经过时，学生总觉得案例离自己很遥远。

（2）校内实训室功能不足。大部分高职院校都配有校内实训室，但实际上这些实训室使用效果一般，主要是由于校内实训内容难以展开，一些学校仅仅是把上课地点从普通教室搬到了实训室，而上课内容其实未改变。还有一些校内实训室主要用于市场营销模拟软件的操作，而这些软件的使用往往与实际市场营销有很大差距。

（3）校外实训基地收效欠佳。尽管大多数高职院校都已经建立自己的校外实训基地，但实际运作中仍存在不少问题。第一，企业是注重经济效益的机构，

---

① 作者单位：广州科技贸易职业学院。

不会纯粹向学生提供实践场所，也需要根据自身的需求来提供实习职位，难以接受大量实习学生。第二，企业有自己的商业机密，在实际的实习中，学生大部分都是从事简单的促销、销售工作，难以接触企业核心部门。因此，学生对这些实训兴趣不大，最终实训效果欠佳。

二、项目团队教学法及其成效

项目团队教学法利用各种市场资源，按照企业市场营销工作实际，让学生自行组成项目团队，以教师给予项目或学生自行寻找企业项目的方式，根据企业的实际需求为企业设计各项市场营销方案，真实完成各项目，以此掌握市场营销理论、训练技能，真正实现市场营销专业教学的工学结合。下面以广州科技贸易职业学院采用项目团队教学法中的一个案例来说明其具体操作方式。

（1）确定项目任务。教师、学生共同联系相关企业，寻找商机。这里以其中一个任务——为米轮音响设备有限公司（以下简称"米轮公司"）设计新产品营销策划方案为例。米轮公司是一家新成立公司，它推出了一款新型入耳式装饰型耳机，该耳机最大的亮点是采用水晶装饰，外形精美且音质优良。米轮公司老板找到该校教师，希望学校师生能为这款耳机打开销路，树立品牌。

（2）确定项目团队。首先让学生自成团队，每团队控制在 4~6 人。在组建团队的基础上，由团队成员推举团队队长。队长的主要任务是负责统筹协调队员完成任务，还须在任务完成的每个阶段及时向教师汇报任务完成情况。

（3）展开项目调研。各团队围绕项目进行案头调研和二手资料调研。如在此案例中，各团队积极收集米轮公司信息、米轮公司竞争对手产品、耳机行业信息、耳机消费者市场需求等相关信息，整理分析调研内容。同时，在整个过程中，主动向教师汇报调研情况，不断完善调研计划。

（4）展开头脑风暴，制订实施计划。各团队召开头脑风暴会议，进行创意训练，对接下来项目的具体实施制订初步方案及计划。各团队要制定一份米轮营销策划方案项目进度表，明确每个步骤任务，以及队长与队员各自和共同的任务，写下各人负责部分，明确个人角色，这也有助于教师考核。

（5）制订营销策划方案。各项目团队完成营销策划方案创意，形成初步方案，撰写营销策划方案，制作 PPT，准备提交方案接受教师及企业检查。

（6）实施营销策划方案。各项目团队执行各自完成的营销策划方案，经历促销及销售管理的完整过程，检验营销策划方案的可操作性，从而进一步掌握市场营销课程体系。

（7）展示项目成果。项目完成后，各团队以书面策划方案及口头 PPT 形式向企业人员、教师及其他团队成员展示其成果。展示之中，要求团队成员着正装，企业人员及教师负责点评并给出建议，其他团队成员可以提问，由展示团队成员回答。

在此案例中，专业教师带领学生成立米轮项目团队，该团队共有 6 名学生。项目团队推举队长 1 名，在队长带领下，团队成员根据米轮公司情况展开耳机行业调研、消费者需求调研。通过调研，学生初步了解市场状况，再通过多次头脑风暴会议，确定初步创意与实施计划，最终形成米轮耳机营销策划方案。米轮公司总经理对方案表示满意，并愿意让学生实施该方案。在实施环节中，团队成员建立米轮耳机淘宝店，实行轮流客服值班制，指导教师针对网店客服这部分内容专门对学生进行培训。为了提高淘宝店铺流量，该团队成员在手机、耳机、饰品等相关论坛、测评网站发布耳机测评报告，让更多消费者了解这一款新型耳饰耳机。该团队还策划校园促销活动，优惠销售米轮耳机，取得了良好销售业绩。通过米轮项目，学生真正做到了理论联系实际，工学结合，以项目提升营销实践技能。

基于这种项目团队市场营销实践教学方式，广州科技贸易职业学院市场营销专业教师带领学生完成多项与企业合作的项目，均取得良好的教学效果。

三、项目团队教学法的优势、困境与策略

项目团队教学法是一种以学生为中心的教学法的扩展。教学中，师生平等，生生平等。其优势主要表现在以下几点：

（1）实现工学结合，学以致用。项目团队教学法是工学结合的有效教学方法。学生通过参与项目团队，不仅可以学习市场营销专业知识，一边学一边用，更能灵活地运用所学知识。在以往的课堂上，教师单纯的讲解容易使学生失去对市场营销课程的兴趣，即便有兴趣，由于课后没有多少实操机会，也使课堂上掌握的基础知识不够牢固。项目团队教学法以项目团队形式展开市场营销实践教学，让学生在团队中，以企业真实项目为载体，在项目实施过程中及时掌握理论知识，发现问题，灵活解决问题。

（2）提高学生自主学习能力。在传统课堂上，学生被动地接受知识，许多高职院校上课现状往往为学生迟到、旷课并在课堂上玩手机、睡觉，在这样的情势下，学生对课堂教学兴趣不大甚至感到厌倦，不知道所学知识有何实际用处。采用项目团队教学法，学生通过教师的指导，与团队共同完成一个真实项目，对项目产生浓厚兴趣，自主学习新知识、温习旧知识，学会主动向教师请教，主动与团队成员协商解决遇到的困难，甚至是多方求指导以解决问题。学生的自主学习能力大大提高，不再被动式接受知识。

（3）提升学生团队合作能力。在当今企业，员工的团队合作能力日益被看

重，一些企业在面试时，甚至专门考察应聘者的团队合作能力。在市场营销专业中，团队合作能力是学生实战能力及综合素质的重要表现。在项目团队教学法中，学生以团队的形式完成项目任务，每个步骤都需要团队成员和谐相处、共同商议、共同努力、共同决策，这在极大程度上培养了学生的团队合作能力，提高了学生的合作精神与沟通协调能力。

（4）提升学生创业能力。当前我国大学生创业比例不到毕业生总数的 1%，很多大学生抱怨打工工资低，想着要自己做老板，却不肯自己创业。项目团队教学法中的项目团队即相当于一个创业团队，学生需要自己找企业、找项目，完成企业要求的具体任务，这种模式锻炼了学生的营销实战能力，培养了学生的创业能力，为学生的创业打下了基石。

同时，在项目团队教学法实际操作中，也面临着一些困难，主要包括与企业合作的有效机制尚未建立，教师实践能力有待加强，教学班级人数多和教学课时不足，学生团队内部分工不均等问题。针对其困难，笔者认为可以从以下几个方面加以改进。

（1）建立有效的校企合作机制。项目团队教学法的顺利开展需要学校与企业有效合作。首先，要充分贯彻校企合作全员有责的思想，学校内部各个部门，尤其是校企合作办等职能部门应积极配合。其次，要建立校企利益分配机制，学校帮助企业在完成项目的同时发掘企业所需的人才，企业也可参与学校人才培养、课程建设等。最后，要加强校企交流，欢迎企业人员到学校，为学生提供技术指导，亦鼓励教师到企业学习。

（2）提高教师实践能力。项目团队教学法对教师的实践能力提出更高的要求，指导教师不仅要成为理论知识的传播者，更要成为实践技能的拓展者。学校可以加强教师培训，为教师提供继续教育机会，建立和完善教师考核制度，加大教师实践技能在考核中的比重。教师本身应积极参加社会实践，有计划地到企业参加顶岗实践，积极参与校企合作的各项技术服务。

（3）教师线上与线下指导并重。由于市场营销专业班级规模大部分为 40 人至 50 人，而实际教学课时与教师指导精力有限，导致一些项目团队未得到有效的指导。针对此问题，实行项目团队教学法时，可以把一部分任务放在课外，让学生利用课余时间完成，教师在线上利用 QQ、微信、邮件等进行监控。而在课堂上，则注重检查、辅导和评价等环节，以此来增加教学时间，提高教学效果。

（4）完善团队内部监督、评价制度。在各个项目团队完成任务的过程中难免会出现部分学生承担任务多、积极肯干，而另一部分学生懒散拖沓的现象。如果采取团队成员统一评分结果，难免会助长这种风气。因而在评价团队成员时，要注重监督，让团队成员分别填写任务分配表，每人写出自己和其他成员完成的内容以及对该任务的贡献率；教师可以采取团队分与成员个人分各占一半的方式来督促每位成员投入项目。只有这样，项目团队教学法才更加富有成效与活力。

参考文献

1. 肖静. 基于社会实践能力培养的市场营销实践教学策略探讨［J］. 时代教育（教育教学），2012（1）.

2. 许燕. 项目教学法在中职校园市场营销实践中的实施［J］. 新西部（理论版），2013（11）.

3. 金大伟. 市场营销课程教学中的学生团队合作能力培养［J］. 剑南文学（经典教苑），2012（12）.

4. 卢毅，韩军辉."团队项目训练法"在市场营销实践教学中的应用：以"与爱同行"营销策划综合训练为例［J］. 重庆科技学院学报（社会科学版），2010（5）.

5. 邓其贵. 实施项目教学法的做法、效果、现实困难及解决策略［J］. 柳州职业技术学院学报，2009（2）.

6. 王宏臣，马宪亭，胡田田. 工学结合模式下高职教师实践能力提升策略分析［J］. 长春教育学院学报，2012（10）.

从"包装设计"课程教学看
如何提升高职院校艺术设计课程教学质量

阳　丰①

摘要：在信息化知识经济高速发展的时代，高职院校的艺术设计教育本着培养创新、实用高素质复合型人才的宗旨，提出了产、学、研结合的人才培养模式。在艺术设计课程的教学过程中，应结合企业运营过程，积极地加强与企业间的互动，将企业操作规范融入专业教学过程中，使学生在具备较高审美创新能力的同时也拥有较丰富的理论基础知识和较强的操作能力。

关键词：包装设计　高职院校　课程教学　艺术设计

随着时代的发展，高职院校艺术设计教学应充分发挥学生的想象力，激发学生的创造力，培养具有创新能力的高素质复合型人才。然而，目前部分艺术设计课程的教学理念尚未更新，教学还裹足不前，不能与时俱进，影响了艺术设计类人才培养。因此，笔者结合高职院校艺术设计专业人才培养要求，试从"包装设计"课程教学来分析如何提升艺术设计专业课程教学质量。

一、重视教学理念的创新

教学过程中必须明确高技能设计人才的培养，包括专业岗位技能以及专业创新设计能力的培养。教师在教学过程中必须先明确这一重要目的，并围绕这些方面进行教学工作。随着社会的进一步发展，对专业人才创新能力的要求也日益加强，培养既有较强的专业执行能力又具备创新能力的人才，是社会对学校的一大要求。笔者对"包装设计"课程的教学做了总结，在教学中应本着职业教育以项目为导向，在任务驱动下进行工学结合的职业教学理念组织教育教学工作。

在教学理念创新过程中应注重开发校企合作项目、推进实践教学。高等职业教育的特色是重实践，因此实践教学应是艺术设计教育的重中之重，必须把教学体系的基点定位在相关的职业岗位群上。实践教学内容要及时反映前沿技术发展

---

① 作者单位：广州科技贸易职业学院。

水平，让学生了解到设计最前沿信息。在实践教学中更应该着重培养学生的团队合作精神，使其在实践过程中学会协作。实践教学可采用订单式培养、产学研合作、共建学校实训基地以及落实实习和就业等多种校企合作方式，让学生通过在企业里顶岗工作，巩固所学的理论知识，提高实际工作能力和专业素质，以适应设计产业的发展。

二、重视教学方法的完善

应将成功的设计项目引入教学过程，使学生的专业学习、专业实践以及日后的专业工作保持高度的一致性。按照企业、设计公司的工作流程进行课程学习，在各个教学环节中设计不同的专题项目，使学生在实训实践过程中加强对包装设计专业理论知识的理解，并用其有效地指导自己的专业设计工作。

把成功案例分析法、实际项目学习教学法、企业包装设计一线参观形式、一体化教学方法以及以工学结合为导向的方法结合，提高学生解决问题、团体合作的能力。在整个课程的阶段将各种方法结合起来，保证教学的有效进行，提高学生的学习积极性，有效地培养学生的综合能力。

三、创新完善考核机制

按照实际情况进行解决问题能力的考核、团体合作能力的考核、校内校外结合的考核、企业内专业实践的评价、考证合一的考核、设计大赛参与的考核、整体阶段专业表现的多方面考核。通过校内评价的方式，从学生分析能力、解决问题能力、手绘表现能力、设计软件操作能力、专业制作能力、口头表达沟通能力、团队合作能力的提高进行考核。从设计大赛参与率、企业内专业人士实践评价等方面进行社会评价。调整课程考核标准，使其更完善、更具人性化，旨在提升学生的积极性，促进教学质量的提高。从早期的专业课程教师评分标准（最终作业占60%、平时训练占20%、考勤占20%）向最终作业占30%、平时训练占30%、考勤占20%、其他评定占20%转变。

四、积极融入数字与信息元素

充分利用网络教学环境，通过专业渠道（网络论坛与行业设计师）进行交流学习，掌握设计师的创作表现，从而提高学生的专业水平。运用多种途径强化学生专业能力。利用网络教学环境，实现以赛促学。通过相关行业设计大赛带动学生的学习兴趣，提高其学习积极性，同时使学生能够获得专业大赛相关奖项，为日后就业打下坚实基础，实现对教学方式以及效果的验证。在师生间搭建交流平台，构建网络教学环境。通过 QQ、微信、微博、论坛等建立多方位网络，促进学生问题的解决，及时有效地与学生沟通，实现课后辅导学生、与学生交流。

五、结语

以上是笔者有关"包装设计"课程教学如何提升高职院校艺术设计课程教学质量的拙见。笔者认为在艺术设计专业的教学过程中应坚持设计理论与设计实践教学并重，以基础理论知识为前提，以专业知识为核心。为实现知识与能力及技能培养之间的"接口"，使学生能真正适应知识经济发展需要，教学质量的优化与提升不容忽视。

基于信息化教学环境的高职英语听说课堂
教学多元评价体系

李　茜　王　舜①

摘要： "互联网＋"时代的到来和现代信息技术的飞速发展，推动着高职英语听说的教学模式和评价模式的深刻变革，同时对传统的英语教学提出了新的要求和挑战。本研究通过剖析高职英语听说课堂教学评价体系的弊端，总结在信息化教学环境中高职英语听说课堂教学多元评价体系的构建原则，分析如何借助现代信息技术手段，改革高职英语听说传统课堂的教学评价模式，依据高职英语听说教学目标、评价内容、评价主体以及动态评价与静态评价有机结合等因素，构建多元评价体系，对学生进行多维度、多视角、全方位的评价，从而更好地实现高职英语听说的教学目标。

关键词： 信息化教学　英语听说　评价模式　多元评价

随着现代信息技术的飞速发展，基于信息化教学环境开展高职英语听说课堂教学评价成为一种崭新的评价模式，其科学性、可行性、多元性克服了传统英语听说教学中的多重弊端。通过信息化教学手段的合理植入，借助信息化教学平台的大数据分析功能，可构建科学、可行、多样的高职英语听说课堂教学评价体系。这种体系以学生为中心，使其在学习过程中及时掌握自己的学习动态。教师可充分评估学生之间的个体化差异，采取合理有效的教学方法将学生的语言知识学习和职业技能培养相结合。同时，用人单位能及时有效地将企业所需要的专业技能、素养传递给在校学生，反馈给任课教师，从而更好地实现高职英语听说的教学目标。

一、高职英语听说课堂教学评价体系的现状剖析

目前，高职英语听说课堂教学评价的方式主要有两种：第一种是以教师为中心，教师是主导者和教学的组织实施者，根据出勤率、平时作业、课中提问与展示、课堂测试以及期末考试等来检验和评价教师自身的课堂教学；第二种是以学

---

①　作者单位：广州科技贸易职业学院。

院质量监控办公室为组织实施者，如各级督导通过学生线上线下评教、督导听课及同行教师相互听课等方式来进行课堂教学评价。这两种传统的教学评价方式脱离了信息化手段的辅助，缺乏针对性、及时性和有效性，存在一定的弊端。

1. 评价内容单一

在传统的英语听说课堂教学评价模式中，普遍采用"形成性评价占30% + 终结性评价占70%"方式，形成性评价包括学生的出勤率、课堂（参与回答问题和课堂展示）表现、课堂测试、课后作业等方面；终结性评价即期末口语或听力测试的成绩。测试的内容倾向于书本知识，不能综合评定学生的职业能力，同时评价标准与用人单位的实际要求也有一定的差距。教师过分注重终结性评价会造成学生把最终的考试成绩作为自己的终极目标，只注重知识的识记而忽略自身语言应用能力的提升，不了解自己在日常学习过程中的优势与劣势，进而影响到创造力的发展。

2. 评价主体单一

在真实的教学环境中，教师是课堂教学评价的主体。在主观意识的影响下过分依赖于终结性评价，忽略以过程为导向，会造成教师根据期末成绩就对学生一个学期的学习下定论，再加上刻板印象和近因效应的影响，最终的评价结果难免会有失公允。同时，忽略了高职教育鲜明的职业特色，将以就业需求为导向的评价主体——以用人单位为代表的专家排除在外，这样既不利于培养的学生与用人单位进行无缝对接，也不利于学生将在校所学的知识与技能及时转化为良好的就业能力。

3. 评价标准单一

高职院校学生的英语基础普遍薄弱，存在较为明显的差异性，传统的英语听说课堂教学评价模式忽略了学生的差异性，对于不同能力水平和基础的学生采用简单化一的评价标准，不能因材施教。因此，大力推进信息技术与高职英语听说课堂教学的整合以及基于信息化环境的多元评价模式是全面提升教学质量的有效措施。

二、基于信息化教学环境的高职英语听说课堂教学多元评价体系的内涵

基于现代信息技术的高职英语听说课堂教学多元评价体系能够充分体现"教师主导、学生主体"的宗旨，从而使高职英语教学科学化、多元化和个性化。在"互联网＋"的背景下，英语听说的教学应采用信息化网络学习平台和课堂教师面授相辅相成的教学模式。在英语听说课开始前，教师通过网络学习平台将教学主题、内容和相关要求提前告知学生，并上传精心准备的课件，鼓励学生利用信息化手段对教学相关知识点开展自学。教师还通过网络学习平台实时观测每一位

学生的学习进度和时长，督促学生学习，并建立有效的课前学习评价系统，课前查看学生的自测练习，发现学生存在的问题，及时调整教学策略。课中，信息化网络学习平台可以详细准确记录每个学生的课堂参与度、课堂活动团队协作活跃度、课堂学习成果展示度和创新度，从而有利于开展学生自我评价、小组间互评、教师以及企业专家点评。教学评价可以贯穿于课前、课中和课后的整个教学过程中，即形成性评价和终结性评价相结合（其中形成性评价占60%，终结性评价占40%），学生可通过信息化网络学习平台将课中评价和课后评价相结合。评价体系结构如图1所示。

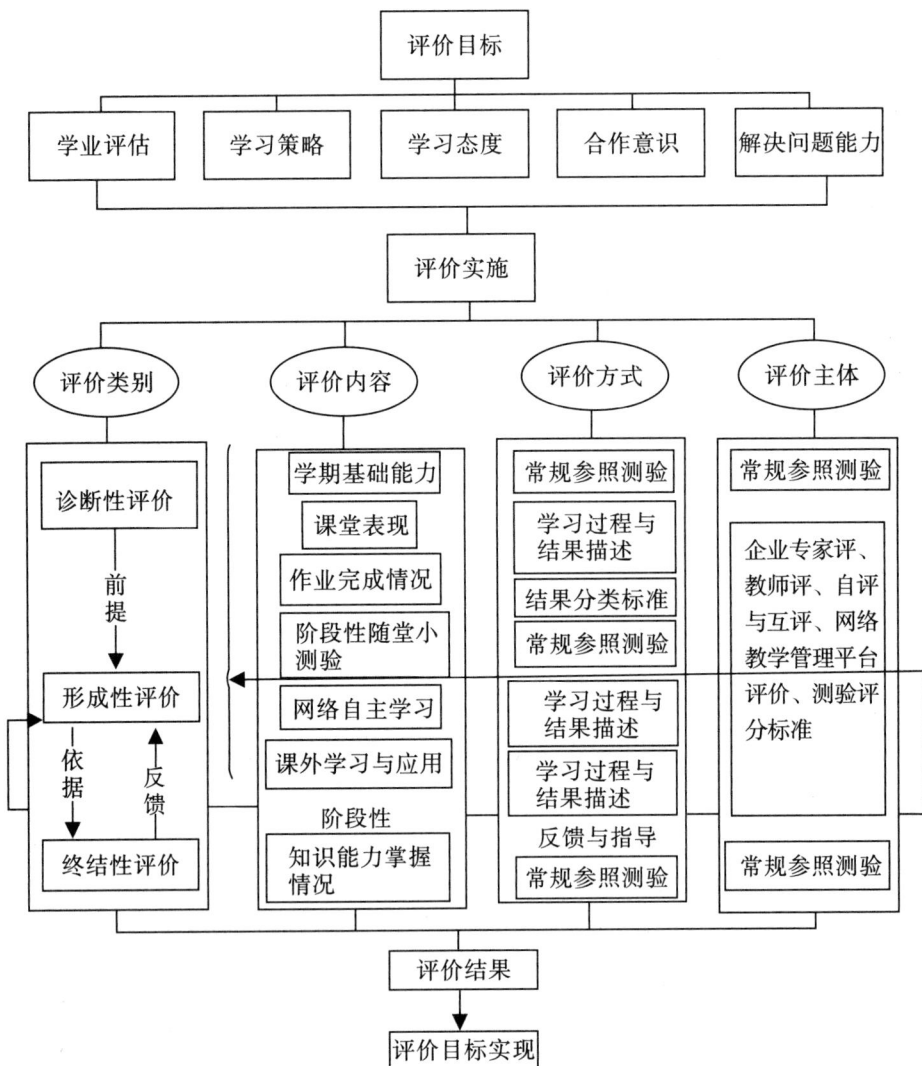

图1 高职英语听说课堂教学多元评价体系

三、信息化教学环境中高职英语听说课堂教学多元评价体系的构建原则

（1）充分利用信息技术构建能够反映学生学习基础、完整记录学生学习进度和课堂参与度、适应学生个性化发展的评价体系。

多元评价体系的构建应做到以学生为中心，课堂中的学生自评、小组互评、教师和企业专家点评都应注重学生在课堂参与中的每一处成长和进步。通过信息技术的合理植入，随时跟踪记录学生线下的自主学习情况以及课堂表现，作为实时对学生开展个性化辅导的依据，因材施教，协助学生制订和及时调整学习计划。学生通过信息化学习平台记录分析的学习数据，对自身进行评价，不断加深对自己学习情况的把握，了解自身的优势与不足，积极探寻适合自己的学习策略，培养自主学习的能力。

（2）构建多元评价体系，多维度、多视角、全方位考查学生的英语水平。

语言的学习是动态的、持续的、终身的，不同于其他专业性课程的学习。因此，在构建英语听说课程的评价标准时，应当充分考虑其课程的特点，全方位地从基础语言表达能力、专业实操能力以及职业涵养、跨文化交际能力等方面来进行评价。将动态评价与静态评价相结合，实现以期末考试成绩为依据的定量评价与贯穿于课堂教学全过程的定性评价相结合，即把诊断性评价、形成性评价和终结性评价有机结合。

四、信息化教学环境中高职英语听说课堂教学多元评价体系的构建

随着信息技术渗透各个领域，信息化教学也成为当今教育的主流，尤其对于职业教育而言，信息化教学无疑是一盏明灯，将实际教学中复杂抽象的技能操作直观活泼地展现在学生面前，也使得原本枯燥的概念性知识通过二次加工变得直观化、生动化、具体化，富有感染力，从而能够极大地提高教师的教学效果和学生的学习动力。因此，将各种信息技术合理高效地运用到高职英语听说课堂教学评价中，可以有效地规避传统教学评价模式所产生的弊端。多元评价是指通过多种方位和途径来评价学生学习效果的一系列方法，既包括标准化测验，也包括非结构化情景评价。多元评价的理论基础是多元智能理论和建构主义学习理论，评价的原则是以评促教。

1. 评价内容多元化

对于高职院校的学生进行形成性评价时，教师应当以激励原则为辅，深化教

学思想，用发展的眼光看待学生。评价的内容应当遵循理论联系实践、线上线下相结合以及学以致用的原则，将评价目标分为基础语言表达能力、专业实操能力以及职业涵养等几个方面。

基础语言表达能力是指听、说、读、写等基本英语技能，对于商务英语专业的学生来说，尤为注重的是国际商务环境下的英语语言运用能力，评价标准可参照 BEC（剑桥商务英语考试）的要求。专业实操能力是指学生正确得体地使用英语解决商务工作中的各类问题的能力，如参观工厂、组织交易会、进行商务洽谈、推介产品、商务宴请以及对公司业绩情况进行描述等的能力，这些实用的商务技能需要学生在相对真实的商务场景中通过实际演练掌握并完善，信息化的虚拟仿真技术为模拟商务实训提供了有效的途径。职业涵养包括学生的自主学习意识、人际沟通能力、团队协作能力以及创新精神。

2. 评价主体多元化

传统的英语听说课堂教学评价的主体单一，教师在评价过程中起着主导作用，忽略了学生作为学习者的角色。在信息化技术与课程合理融合的条件下，通过实时的学生自评、组间互评、教师点评及用人单位或行业专家点评，学生可以及时发现自身的差距和劣势，提高课下学习巩固的针对性和实效性，从而提升自身的学习自主性与开创性，深化其职业资本，提高就业竞争力。

在学生自评方面，根据建构主义理论，学生须在自主学习的过程中，明确学习目标，积极主动地参与学习，增强在学习过程中的反思意识，随时观察自己的进步和不足，从而更客观、全面地认识自己。教师可以指导学生通过信息化网络学习平台建立"个人学习档案袋"，将平时的常规作业、阶段性测试、课堂展示材料、课堂协作完成的项目、课程笔记以及学术活动和技能竞赛成果等有目的地集合起来，有助于学生在不同时期进行比较和反思，从而实现对学习信息的归类、分析和决策。

在组间互评、教师点评方面，需要教师提供评价标准的范例，每一位评估者都可以通过信息化网络学习平台为被评者打分，同时为其在完成组间分配任务过程中的合作、有效沟通、分析和解决问题能力以及创新意识等课堂表现撰写评语，然后，被评者依据组间成员和教师撰写的优点和改进建议进行及时总结和反思，确定改进目标以及切实有效的改进措施。组间互评可以让学生充分了解自己与他人的差异，扬长避短，为提高学生的人际交往能力起到促进的作用。

用人单位或行业专家点评是高职英语教学中不可或缺的一部分。企业人士知晓专业岗位的需要和标准，他们的点评促使学生针对真实就业环境下的职业需求挖掘自身能力和素养的差距，进而及时持续地修正和健全自己的职业资本。教师也可以通过这一评价体系及时调整教学方法和内容，确保教学的有效开展。用人单位和企业则通过真实参与实践教学的评价过程，从信息化网络学习平台实时收集的评价结果找到满足岗位需求的专业人才。

3. 动态评价与静态评价有机结合

高职院校的英语听说教学是一个动态的过程，因此我们应该充分发挥现代信息化技术在英语听说教学过程中实时呈现形成性评价的优势，将传统的英语听说课堂教学终结性评价转变为多元化评价。将动态评价与静态评价相结合，实现以期末考试成绩为依据的定量评价与贯穿课堂教学全过程的定性评价相结合，即把诊断性评价、形成性评价和终结性评价有机结合。诊断性评价也称为准备性评价，一般是在课程开始之前对学生目前的知识、技能以及情感、准备情况等通过常规的参照性测试进行考查，以判断他们是否具备达成目前教学目标所规定的初期条件，从而有的放矢地确立多元化的教学方式和评价标准，同时也为因材施教提供有效的依据。形成性评价贯穿教学全过程，信息化网络学习平台实时跟踪、记录和分析学生在各阶段的学习行为，有利于教师随时掌控教学进度，同时能及时引导学生拾遗补阙，对培养学生的自主学习能力起到了促进的作用，也提高了教学评价的信度和效度。终结性评价是指在教学活动结束后为剖析教学效果而进行的评价，一般以常规参照性测验为主要手段。因此，在信息化技术与课程融合中，构建诊断性评价、形成性评价和终结性评价的多维互补评价体系是高职英语听说课堂教学发展的必然要求，也是教学评价提升的有效途径。

4. 制定与实施信息化英语课堂教学相匹配的评价机制

合理的英语听说学制安排是发展科学高效的多元评价体系的先决条件，同时适当组织教师参加培训与建立完善的激励机制可促进教师组织、指导和调整教学过程的积极性。目前，学院的教学管理部门逐步意识到信息化教学是提高和优化教学质量的有效途径，同时提出把信息化教学作为教学改革和创新的首要任务。由于教师开展信息化教学需要投入比传统教学更多的时间和精力，包括进行信息化课堂教学的设计、课前课中课后学习资源的组织、精品在线开放课程的建设以及课后个性化的教学辅导等，因此，学院相关教学管理和行政管理部门应当尽快建立与信息化教学相匹配的评价与奖励机制，以此鼓励更多的教师积极开展高效的信息化教学，进而全面提高教师信息化教学能力和水平。与此同时，学院应制定有效的信息化英语课堂教学评价体系，建立教师的个性化专业发展档案，大力协助优秀的教师开展精品在线开放课程和网络课程直播，创建高质量、高水平的"名师在线直播课堂"，定期开展信息化英语课堂教学比赛，并将比赛成绩和教师信息技术应用与优化能力纳入教师资格认定、职称评聘和年终考核奖励等教师管理体系中。

五、结语

在信息化教学环境中，高职英语听说课堂教学多元评价体系的构建，改革了传统英语听说的教学评价模式，以学生为中心，培养学生的自主学习能力、团队协作意识和高效解决问题的能力，从而促进了教学目标的实现和学生的全面发展。与此同时，教师须付出更多的努力，通过信息化教学手段的合理植入，借助信息化网络学习平台的大数据分析功能，构建科学、可行、多样的高职英语听说课堂教学多元评价体系。要以学生为中心，使其在学习过程中及时掌握自己的学习动态。教师应充分评估学生之间的个体化差异，采取合理有效的教学方法将学生的语言知识学习和职业技能培养相结合。同时，用人单位应及时有效地将企业所需要的专业技能、素养传递给在校学生，反馈给任课教师，从而更好地实现高职英语听说的教学目标。

参考文献

1. HARLEN W & JAMES M. Assessment and learning：differences and relationships between formative and summative assessment ［J］. Language testing，2004（3）.

2. 林逸. 基于多元智能理论的高职"商学结合"教学多元评价模式研究［J］. 开封教育学院学报，2017（4）.

3. 刘桂梅. 学生参与度视角下高职英语教学质量评估体系构建实践及思考［J］. 当代职业教育，2016（6）.

4. 刘建达. 基于标准的外语评价探索［J］. 外语教学与研究，2015（3）.

构建秘书工作室，探索公共素质课程
实践教学新模式

李素玲①

摘要： 传统的公共素质课程的讲授往往是单一地传授理论知识，枯燥无味，学生不喜欢听，而通过"工作室制"这种新的教学模式，可以大大地提高学生的学习积极性。本文以秘书工作室的构建及运营为例，探讨了其实践教学具体模式对教学的作用及优势，必将对其他公共素质课程的实践教学产生极大启发及影响。

关键词： 工作室　公共素质课程　实践教学　模式

"工作室制"教学模式就是指以学生为主体，以教师为主导，以工作室为依托，以项目任务为引导，理论与实践相结合，强化教、学、做一体化，突出学生职业能力的培养，促进教学与企业、就业自然衔接的新型教学模式。"工作室制"工学结合新型教学模式具备高职高专教育人才培养模式的基本特征。因此，"工作室制"教学模式是高职高专教学改革的一个重要途径。目前在我国，"工作室制"教学模式的应用仅局限于部分高等艺术院校或高职院校的艺术及计算机专业中。在公共素质课程教学中，采用"工作室制"教学模式的，还比较少见。笔者结合自己在广州科技贸易职业学院十几年的教学经验，以应用文写作公共素质课为例，结合高职院校学生的特点，进行秘书工作室研究，探索公共素质课程的实践教学。

一、秘书工作室的构建

一般情况下，工作室是由5~6人组成的小团队，每个实践期内接纳学生不超过15人。目前该校秘书工作室的成员主要为大一、大二的学生，师生主要采用双向选择方式进行配置，教师也对想要进入工作室的学生进行资格考核，选择合适的学生进入工作室实践。

工作室还制定自己的规章制度，内容包括礼仪要求、考勤制度、奖惩制度、

---

① 作者单位：广州科技贸易职业学院。

劳动记录等，实行量化考核。目前该校成立的秘书工作室成员组成仅有 5 人，但已经多年在该校每年的秘书技能大赛中承担策划、组织、承办及后期的宣传和总结全程的工作，并取得了良好的教学效果。

二、秘书工作室的运行实践教学模式

1. 秘书工作室强化工作岗位实践

将实践与岗位紧密结合进行秘书工作室实践教学，是提高课程教学效果的一项根本措施。学校与企业需要共同根据市场的动向、文秘工作岗位的特点以及学生自身的特点，规划和设计工作岗位内容。如目前市场上对文秘工作岗位提出办公自动化的新要求，要求文秘工作人员适应时代的发展，掌握微博、微信方面的专业知识，为单位的公共宣传服务。这时教师要充分引导学生，让学生在自学相关知识的同时，在工作实践中充分利用微博、微信学会理论知识，将理论知识应用于实践。

2. 秘书工作室强化情景模拟和角色模拟

秘书工作室的工作实践是综合性的，它融合了商务礼仪、沟通及文秘专业的各项能力。在秘书工作室的日常训练中，需要设置和规划诸如接待客人、组织会议、与上下级沟通等各个方面的情景和角色模拟，让学生在不同的情景中扮演不同的角色，将前期所学的理论知识运用于情景模拟中，并在情景模拟中加以强化和加深理解。这样学生可以比较真实地了解相应的情景和完成角色扮演，并在模拟训练中锻炼自身的思维能力、沟通能力、表达能力、组织协调能力等，真正实现在工作情景、角色模拟中的能力提升。

3. 秘书工作室强化真实的工作项目训练

秘书工作室通过组织参加校秘书职业技能大赛、校写作大赛、省写作大赛、省秘书职业技能大赛等，让学生在真实的工作项目中进行训练，在做中学，在学中做，取得了良好的实践教学效果。每次的策划组织都较为成功，且日益完善和提高。

学校也采取景点、古迹参观和学术讲座两种方式来实现学生认知能力的提高。该校中文教研室每学期均组织带领学生到余荫山房、广东省博物馆或者校内办公室及创办得比较好的工作室参观，通过多样化的手段来激发学生对实践活动的兴趣及提升和深化其对实践活动的认识，也加强了学生与不同行业、同行业不同工作人员的交流与沟通。

4. 学校对秘书工作室的实践进行强制性控制

实践活动的有效开展，是提高学生理论运用能力的有效途径。在实践的过程中，学校需要对工作室实践进行强制性控制，规定获取毕业证书、顺利毕业必须完成相应的社会实践，这样学生就会有一定的压力，主动参与工作室的实践活动。该校规定每个专业的学生在校期间须完成相应学时的实践活动，如进行相应的社会调查，策划、组织、宣传活动，拟写、整理文书等。实践活动形式由教师与学生自主选择，实践时间由教师与学生协调处理，如一些学生可以选择晚上或周末进行实践活动，既保证了必要的实践时间，又不影响其正常课程的学习。

除此之外，秘书工作室对课外实践活动进行强制性控制，统一规划参观活动、竞赛活动，如每学期中文教研室统一制定本学期参观活动，给出一两处参观地点供授课班级学生选择，但学生都必须参加。另外，秘书工作室上半年发动学生参加秘书技能大赛，在所有授课班级中选拔 10 名优秀的学生最终参加决赛，同时鼓励所有学生去观赛。参观活动和技能竞赛活动均在秘书工作室策划下进行，但学校方面又有强制性规定，这样既保障了秘书工作室活动的顺利开展，又提升了学生的实践活动参与度，使秘书工作室的实践活动得以全面铺开。

三、建立秘书工作室对促进实践教学的作用

1. 秘书工作室使教学形式得以多样化

公共素质课程如果仅传授理论知识，无疑是枯燥的，而通过"工作室制"这种新的实践教学模式，可以大大地提高学生的学习兴趣和积极性。如运用商务礼仪课程知识在秘书工作室实践活动中模拟接待宾客，进而在学校举办的大型活动中真实地进行接待宾客的活动，理论指导了实践，实践强化了理论。又如运用应用写作课程的知识进行公文写作和活动文案的策划，同样先在秘书工作室进行模拟训练，进而在学校办公室及大型会议中进行真实训练。大型会议的举办也同样进行。通过这些不同形式的教学活动，将教学内容与日常实践紧密结合。

2. 秘书工作室使学生的综合素质得以提升

秘书这一岗位是每个企业的日常管理中都不可缺少的，其业务涵盖面广，工作内容复杂而烦琐，其中最经常打交道的就是人，而不是具体的事物。同时，秘书的工作包含管理的范围，除了要管理好日常的文档、资料等，还要打理好日常工作中的诸多事务。另外，秘书要协助上司工作，沟通协调其他同事或下属，还要负责接待、联系等内外沟通的工作等。因此企业或工作单位对文秘人员的综合素质要求很高，但这些综合素质仅依靠单纯的理论学习是无法达到的，必须通过大量的实践活动来完成，秘书工作室正好为学生提供了这样实践锻炼的机会，打破了以往实习在时间上的局限性，使学生可以边学习、边实践。

3. 秘书工作室使教师队伍的现状得以改善

秘书工作室的出现既能帮助学生提升综合素质，也可以帮助教师。因为很多教师大学毕业直接进入学校工作，没有真正从事过文秘岗位，甚至有些教师是从

中文或管理学等其他专业转型而来的，既缺乏扎实的理论知识，又缺乏文秘实践技能。如中文专业转型而来的教师缺乏秘书基础理论知识和实践操作技能，通过在秘书工作室中与学生一起进行文秘方面的实践训练，在做中学，既训练了实操技能，又弥补了理论知识，并真正领悟了理论知识的深层含义。

4. 秘书工作室使学生的学习成果得以巩固

在秘书工作室的实践学习中，学生可以复习课堂上学习的理论知识，在实践中加深理解，并结合自身实际，巩固学习成果。如学生通过在秘书工作室中拟写、收发文件，可以复习秘书写作中文件的拟写规范知识、文件的收发知识，并在具体的实践中加深对文件处理工作的认识，真正将知识在实践中得以运用。又如学生在秘书工作室组织会议活动，复习书本上会议策划、组织的知识，并在具体策划组织会议中将知识灵活运用，将学习知识复习巩固。

5. 秘书工作室使学生熟练使用计算机软件和各种办公设备

学生在秘书工作室的具体实践中可以练习使用学校为工作室配备的日常办公设备，如打印机、复印机、扫描仪、碎纸机等。学生在秘书工作室中进行模拟文档管理操作时，可以熟悉并运用计算机文档处理软件以及办公自动化设备等。通过礼仪训练模拟操作，可以练习使用礼仪软件及办公自动化设备。通过模拟会议室和办公室，可以练习使用会议软件及办公自动化的全过程。

6. 秘书工作室使学生将学校众多的活动与工作室结合

学校内部有众多的活动，秘书工作室可以与学校的活动紧密结合起来，在学校的内部活动中培养实操技能。如有上级领导参观时，可以由秘书工作室的人员负责接待事宜，这样学生可以将课堂上所学的礼仪接待知识在具体的接待活动中结合运用；可以安排秘书工作室学生去学校办公室观摩大中型会议的筹备、组织过程，通过观摩使学生熟悉具体活动流程，并参与进来；可以安排秘书工作室学生到各个院系、部门担任小秘书，负责文书整理、归档等日常工作事务，这样既能辅助教师的日常工作，又能在工作中实现理论与实践的统一。

四、秘书工作室的成立及运营对其他公共素质课程的启发及影响

成立秘书工作室领导策划组织实施各项活动，加强了学生学习的积极性和主动性，进一步加强了团队合作的力量，有利于学生未来职业的发展；以"工作室制"教学模式带动应用写作课程教学，让学生在活动中学，在实践中学，把知识掌握得更灵活和扎实，尤其在策划比赛中的训练，进一步结合了以赛促学、以赛促教的教学理念；以学生为主体，以教师为引导，更激发了学生的创造性和潜力，产生超出预想的好效果。

通过几个学期的实践，秘书工作室成立及试运营情况良好，对应用写作课程的教学起到极大的促进作用，启发其他公共素质课程成立相应的工作室，如数学教研室成立数学建模工作室，英语教研室成立英语沙龙工作室，体育教研室成立身体素质工作室等。以"工作室制"教学模式进行公共素质课程的教学改革，必将大大提高公共素质课程的教学质量和教学水平。

参考文献

1. 刘鑫．创建工作室加强秘书专业实践教学［J］．高教论坛，2009（11）．

2. 包之明．基于工作室的实践教学思考［J］．广西教育，2015（2）．

3. 陈青．浅论基于工作室的文秘专业实践教学模式的运行机制构建［J］．宿州教育学院学报，2015（6）．

"互联网+"时代信息化教学方式在思政课中的运用和评价

——以广州科技贸易职业学院思政课教学为例

喻　嘉①

摘要：在"互联网+"背景下，高职院校思政课有效运用信息化教学方式是非常必要的。本文以广州科技贸易职业学院思政课教学为例，探讨互联网时代背景下高职思政课信息化教学改革的手段和效果。

关键词：互联网时代　高职思政课　信息化

教育部 2012 年颁布的《教育信息化十年发展规划（2011—2020 年)》中明确要求以信息化引领促进教育的全面改革，探索教育理念和教育模式的创新，教育信息化将是实现教育强国的一个重大战略抉择。

一、高职思政课加强教育信息化的意义

高校教育信息化是指充分利用信息技术及现代教育教学的理念、方法、手段来进行教学，从而提高教学效果，实现教学现代化的过程。高校思政课作为公共必修课，通常都采用合班上课的方式，本、专科使用相同的指定教材。高职思政课学时则大大少于本科学时，这就使得高职思政课堂长期存在理论性强、知识点多、人数多、满堂灌、效率差等诸多问题。虽然多年来高职院校普遍采用了专题教学、翻转课堂等教学方式来改善，但总体上高职学生对思政课的学习主动性和积极性都不够。

互联网时代对传统教学提出了挑战，传统的"教师讲，学生听"的模式已越来越跟不上时代的发展，高职思政课教学模式在互联网时代也面临新的挑战和契机。当代学生每天花在上网方面的时间比较长，普遍手机不离手，成为"低头族"。学生获取资讯的主要渠道是互联网，也乐意接受利用互联网来进行交流和

---

① 作者单位：广州科技贸易职业学院。

学习。思政课教学应该正视这样的现实，主动求新求变，与其想方设法阻止学生上课玩手机，不如利用手机来丰富教学手段，提高教育教学的时效性。以广州科技贸易职业学院为例，不少学生大一就拥有了私人电脑，几乎所有学生都拥有了智能手机，绝大多数能承受必要的上网费用，利用互联网进行学习交流的基本技能通过简单学习也都能掌握。所以，高职思政课有效运用信息化教学方式是可行的。

二、互联网时代背景下高职思政课信息化教学改革的探索

该校的思政课采用的是大班教学，教室大、人数多，学生的注意力容易分散，教师在借助多媒体演示教学的时候，重点以文字、图像、动画、视频等形式用电脑和投影仪向学生传递教学信息，让课堂变得有声有色。然而在互联网时代的今天，学生不仅可以从教师那里获取知识，也可以从网络上获取有关资讯。学习方式的多样化，使得高职院校的学生思维比较独立。思政课除了借助多媒体手段，还需要充分利用信息化手段来丰富教学内容，激发学生的学习积极性、主动性。

1. 慕课、微课的实践探索

几年来，该校参考其他课程，学习其他院校，对思政课信息化教学方式进行了多种设计和实践。笔者发现，由于课程的特点，一些适合其他课程的信息化教学方式对于该课程并不适合。

探索的第一种方式是信息化慕课平台在线自学。通过走访、咨询其他院校有关专家，笔者了解到慕课平台建设所需花费是巨大的，一般需要数十万元甚至上百万元的经费，该校作为高职院校，在公共课上如此投入不太现实。而且慕课平台是需要相对专业的技术人才来进行日常维护的，这方面该校也存在短板。另外，笔者了解了一些高职院校思政慕课平台的建设效果，它们大多还是效仿或者借鉴本科学校的打造方式和内容，然而由于本、专科学生思政课学习的巨大差异性，这些高职院校学生思政慕课学习的效果普遍不理想。所以，现在该校暂时不再考虑慕课这种方式。

探索的第二种方式是微课。该校概论课程已经坚持在课程中结合使用微课教学好几年，其目的是尽可能激发学生学习的主动性，所以微课设计一贯注重"以生为本"的教学理念。其效果是明显的，学生可以自己选择时间，学习过程中如有疑问可以反复观看。该校在微课制作上也花了不少工夫，虽然一次微课视频不超过10分钟，但其中设计了大量图片、教师录音、动画等，把枯燥、抽象的思政课变得生动有趣。现在该校更多是通过易班网这样一个在学生中覆盖面很广的平台来实现微课教学的。尽管微课形式作用明显，但其教学碎片化的问题也是很

明显的，它展现的只是某个知识点或者教学活动的片段，是教学解惑的手段。微课教学不适合内容太多，更不适合理论太深，自然也不能对学生要求太高。所以微课教学起到的作用就是辅助教学，该校现在设计的微课大多是课前用来让学生预习某个知识点或者案例，或者课后作为对课堂内容的一个课外延伸。

2. 微信、易班网的使用效果

微信是众多手机客户端中安装率最高的应用软件之一，其免费、便捷的特点深受学生的喜爱。将微信运用到日常教学过程中，使其成为学生自主学习与配合协作学习的便利工具，更有利于培养学生学习的自主性和创造性。教师的教学环境可以扩展到课外，学生的学习环境可以是任意网络环境。微信的众多功能也为教学提供了技术支持，比如其通信功能可以实现视频通信以及多人群聊，使配合协作学习情境可以实现。该校的课堂上经常需要进行分组讨论问题，有时为了节省课堂时间、加强讨论效果，会在课前让学生在微信分组先进行讨论，利用文字、图片、语音、视频等多种交互方式，交流变得更方便、更有效。微信的公众号和朋友圈是该校的信息化教学最近利用得比较多的平台。过去该校主要是利用微信公众平台上传学习资料供学生学习，或者统计学生学习情况，得到一些学习反馈。现在该校开通了课程的公众号，在上面发表一些与课程相关的推文，如目前该校有个"文化岭南"公众号实现了师生共建，分享了很多学生假期侨乡文化研学报告，大多是学生自己的记录和心得，每篇推文下面都有很多学生读者的点赞和评论，很多好的推文还通过朋友圈被分享了出去，这种朋辈效应的作用是其他方式难以取代的。

易班网是高校教育教学、生活服务、文化娱乐方面的综合性互动社区，提供社区交流、空间存储、群组聊天、在线学习、活动发布等教育信息化一站式服务。该校几乎所有学生都开通了易班网账号，所以利用易班网来实现信息化教学在覆盖率上没有问题。该校使用易班网的时间不长，但进展很快。该校为了扩展学生视野、充实教学内容，不定期会安排一些跟课程相关的讲座，涉及政治、经济、文化、外交等诸多领域，但受场地限制，每次只能让部分学生参与，这不得不说是一个遗憾。现在该校用易班网来弥补，把讲座视频上传到易班网，让不能现场参与的同学可以网上自由学习。另外，该校课堂上经常利用学生都能登录易班网这个特点，当堂进行一些提问或布置问卷让学生在易班网进行填写，通过分析自动生成的数据判断学生对于所提问题的看法、倾向，由此判断教学效果，确定下一步教学计划。现在该校也常常将微课视频发布到易班网上，方便学生学习。

微信、易班网是目前该校思政教学采用比较多、效果比较好的平台，该校将继续思考，探索如何更好地发挥这两个平台对于思政课信息化教学的作用，还将积极探索发掘其他有效的信息化手段。

总之，互联网时代信息技术的发展带来了教育方式、学习方式的变化，更带来了教育理念、方法的冲击。思政课不能故步自封，必须顺应信息化时代，探索各种信息化手段，结合各种方法，不断尝试，找到一条适合思政课信息化教学之路，让学生在理解教学内容的同时，不断培养分析问题、解决问题的能力，提高学习能力。

参考文献

1. 肖学斌，朱莉. 新媒体对大学生思想政治教育的影响及应对［J］. 思想教育研究，2009（7）.

2. 史庆忠，牛佳. 大学生思想政治教育如何应对"微信"的挑战［J］. 经营管理者，2013（8）.

高职院校工作室管理模式探索

戴运筹①

摘要：随着高等职业教育改革的不断深入，越来越多学校实行以工作室为载体的人才培养模式，但在实际运行过程中，常因工作室管理不善导致很难可持续发展，实际使用率不高。本文从工作室模式实践出发，着重从工作室管理模式、运行机制等方面进行深入思考，为高职院校基于工作室模式下的实践教学管理提供启示与参考。

关键词：工作室　分级管理模式　探索

近年来，随着高等职业教育的不断发展，高职院校大力推行专业教学改革，积极探索行之有效的工学结合人才培养模式。很多高职院校采用了以工作室为载体的人才培养模式，为教师和学生提供了一个开放与发展的教育教学环境。通过工作室进行项目教学是解决课堂教学与社会实践相脱节行之有效的一种教学改革模式。于是，许多高职院校纷纷成立自己的工作室，并以此加强校企合作，提升学生的自主创业与就业能力。

然而，在实践教学管理中，工作室毕竟不同于普通实验室，作为培养学生职业技能的工作室更需要体现其职业性、开放性和可操作性。同时，工作室往往牵涉实际项目的独立操作、运营，以及其他服务功能等。作为校内实践教学平台的工作室如何进行有效的运行管理，就成为工作室模式下实践教学管理中必须面对的问题。在实践中发现，要达到工作室的高效运行，必须加强对工作室的有效管理，这样才能让工作室团队发挥各自的作用，让工作室的发展良性循环，真正提高学生的技能水平。

一、工作室管理思路

1. 实行工作室分级管理模式，打造良好团队

工作室主要进行项目创作，要高效地进行校企合作，工作室的人员结构应该由企业人员、教师、学生组成。在工作室管理上，实行分级管理模式。由一名教师担任工作室总负责人，一名实验教师担任二级管理者，一名学生担任项目团队

---

① 作者单位：广州科技贸易职业学院。

管理者。其中，工作室总负责人主要负责整个工作室的统筹与管理。实验教师主要负责工作室的资产管理、项目管理和指导工作。高职教学模式具有开放性，一般专任教师除了上课，很少固定在学校办公，导致教师很难很好地兼顾工作室，因此工作室应该配置实验教师进行项目指导、有效监管。当然，工作室的主体还是学生，要想工作室能更好地进行项目创作，学生能进行有效的学习，除了学生应该自觉自主学习外，还应该选好一名综合素质强的学生作为工作室管理人员，主要负责工作室的日常管理、工作计划的制订与团队的运营。工作室其他团队成员由在校学生根据专业方向和兴趣特点加入，规模一般为 6～15 人，一年级、二年级与三年级的学生实现传帮带，形成工作室运作从大一至大三的良性循环。另外，工作室主要进行项目研发，还至少需要一位企业骨干作为项目指导教师。

2. 完善工作室管理制度，明确工作室使用责任

首先，工作室须建立《工作室管理制度》《工作室资产管理制度》《工作室安全使用管理规定》《学生实验实训守则》等相关制度，让进入工作室的教师和学生都能清楚自己所承担的义务和责任，从而能更有效地使用工作室。同时对工作室的管理体制、管理职能及管理人员的权力、义务和责任进行规定，以规范工作室使用流程，保持工作室高效运行。最后从工作室的安全使用角度作出规定。

其次，工作室应设计《工作室设备使用登记表》，让每个进入工作室的学生做好设备使用登记，做到所有设备资产管理到人，公用资产也要分配相关学生进行管理，并签订相关协议。要求学生在使用设备时有一定的责任心，爱惜学校公用设施。在设备使用完毕后，按要求将设备归还原位，不得私自将设备带离工作室。

3. 规范实训项目操作流程和日常使用时间

明确工作室在实训项目中的操作流程、设备使用方法，并在工作室明显部位展示，让学生在实训过程中能够对应操作流程、设备使用方法、操作程序和规范明确实训的相应操作。在学生加入工作室之前，教师应该做好操作技能培训。同时，教师应针对工作室开展的不同实训项目制定相应的实训项目标准。实训项目标准是指导教师和学生进行实践技能训练的重要依据，明确了不同实训项目的实训名称、实训目标、实训内容、实训方法、实训条件、成果考核与评价的方式和标准等，为开展实训项目、实现技能训练提供了重要依据。当然，实训项目标准最好由职业技能经验非常丰富或具有相应职业资格证书的教师同企业指导教师共同制定。

工作室不像普通专业实训室，应该严明工作室成员的工作时间，不能太过散漫。当然，学生也不像企业人员，平时还有课程任务，应主要针对创意设计类工作室的时间灵活性和开放性进行必要的登记管理，在保证正常教学计划安排的前提下，满足教学计划之外的使用。严格的时间管理可以让学生形成良好的时间观

念，对学生形成团队意识和提升职业技能很有帮助。这样，学生也可根据自己的实际情况合理安排学习时间，有效使用工作室，很好地提高了工作室开放性实训的使用率。

4. 开发企业项目须签订合作协议，规范项目管理进度

工作室除了给学生提供项目实训场所以外，主要是进行真实项目的创作、校企合作项目的开发。学生一般是在工作室第一次接触真实项目，很容易以课堂实训项目的态度来制作企业项目，而由于要求不同，最终很多学生的成果难以被企业采用，对学生的创作积极性产生一定影响。工作室应该在开发企业真实项目时与企业签订合作协议，让学生把工作室当作真实的工作环境，这样不仅能提高学生的成就感和创作激情，同时能提高学生的工作效率。

工作室项目团队应该是一个团结奋进的集体。在接到企业项目开发任务后，应根据协议约定制作详尽周密的工作计划安排进度表。工作室总负责人应对项目进程进行实时监管，合理分配工作任务，项目团队才能发挥最大力量，最终做出的项目成果也才能经得起时间的考验。当然，在这期间指导教师需要定期指导，让学生找到任务的由头及创作的方向，毕竟工作室的创作主体是学生，所有的项目开发主要是学生来完成。但学生在真实项目的开发上还是缺乏经验，教师可根据每个学生的特点合理分配工作任务，大大提高团队的工作效率，同时也做到因材施教。

工作室项目团队无论在实训学习阶段还是项目创作阶段，都应该定期每周组织会议讨论，对上周完成的项目情况进行适时总结，以及对接下来的工作安排进行具体规划。这样对形成一个高效的工作团队有很大帮助。工作室在运行一段时间，特别是刚刚完成了几个真实项目的创作后，工作室团队成员彼此已经熟悉，创作积极性和操作技能也得到了一定提升，这时候通过常规会议不断激励团队成员，可增强团队的凝聚力。

二、结语

在工作室管理模式下的实践教学以项目为载体实现实践技能培养的教学过程特征，不仅为教师和学生提供了一个更为开放的教学实践环境，而且与传统的实践教学相比也具有更多的自主权和更广的实践教学面。构建良好的工作室管理模式可有效提高工作室的使用率，对学生专业技能的提升大有帮助，同时可让学生形成良好的工作态度、团队协作能力、工作压力处理能力、人际交往能力等。

参考文献

1. 朱志坚，曾志明．政校行企协同创新合作共建"五位一体"实践教学基地［J］．新教育时代，2015（14）．

2. 陈凤芹．以工作室为载体的人才培养模式在高职动漫设计与制作专业中的运用［J］．中国教育技术装备，2014（24）．

3. 孟春芳．基于工作室模式下的实践教学管理思考：以江苏建院模型制作工作室为例［J］．开封教育学院学报，2014（7）．

"课程思政"背景下高职院校礼仪课程教学改革

付　霞①

摘要： 教书育人、培养社会主义现代化建设人才是高等学校的主要职能之一，如何更好地配合思政教育发挥全方位育人主渠道，是未来各专业课程进行时"课程思政"的目标。高职院校礼仪课程作为服务类专业课程的基础课，具备良好的思政元素和基础，涉及范围广泛。本文将结合现实具体授课情况，分析如何在课程讲授过程中融入思政元素，探索"课程思政"与专业课的结合过程。

关键词： 课程思政　高职院校　礼仪课程

高职教育是我国高等教育事业中一个特别重要的形式，承担着为经济社会的发展输送高级技能型人才和应用型人才的重要任务。政府提出了高职教育人才培养模式适时转型的一系列指导思想，确立了高职教育要培养高级应用型人才的教学目标，提出高职教育培育人才不但应拥有职业素质，还应具有思想政治素养。企业要求毕业学生同时具备职业素质与职业技能，而建设中国特色社会主义又需要全民具备思政素养。近年来，高职院校一直注重技能应用型人才的培训，对思想政治的教育比较缺乏，部分学生理想信念缺失，文化认同感、民族自豪感、国家荣誉感不强。因此，强化高职学生群体思政意识，培育学生形成正确的三观，具备积极意义。新时代下，"课程思政"的广泛应用使思政课程与其他专业课程教学深度融合，从而将思政教育和专业教育有机结合，实现职业素质和职业技能共同发展的教学目标。

一、思政元素融入高职院校礼仪课程的必要性

习近平总书记召开学校思想政治理论课教师座谈会指出，青少年阶段是人生的"拔节孕穗期"，最需要精心引导和栽培。我们办中国特色社会主义教育，就是要理直气壮开好思政课，用新时代中国特色社会主义思想铸魂育人，引导学生增强中国特色社会主义道路自信、理论自信、制度自信、文化自信，厚植爱国主义情怀，把爱国情、强国志、报国行自觉融入坚持和发展中国特色社会主义事

---

①　作者单位：广州科技贸易职业学院。

业、建设社会主义现代化强国、实现中华民族伟大复兴的奋斗之中。高职院校礼仪课程志在弘扬中华礼仪文化，让学生培养高尚的情操和良好的礼仪意识，引导学生从细节入手，好好做人，认真做事，提升高职学生适应社会的能力和素质，使其成为人格健全、心灵富足、德行完满的谦谦君子。这与习总书记的指示不谋而合，再融入思政元素，将会使教学过程更加完善和饱满，使教学过程更具有时代使命意义。

二、思政元素与高职院校礼仪课程的有机结合

高职院校礼仪课程作为高职服务类专业的基础课程之一，具有良好的理念渗透基础。思政课程让学生塑造良好的道德品质，内化于心，而礼仪课程将礼仪生活化，融入学生的衣食住行中，将思政内容外化于行，所以"课程思政"背景下的高职院校礼仪课程教学目标就是学生知行的有机结合。这就要求授课教师具备较强的政治素养，关心国家大事，认真学习党的教育和各类会议文件精神，找好思政切入点准确表述，将专业知识中的重点问题与思政教育结合起来。课堂表现的方式也可以灵活多样，要让学生既掌握专业技能，又把握正确的思想意识。对于隐含的思政元素也不能表现得过于刻意，让学生反感。应通过巧妙切入让学生从一言一行中去展现思想道德的美，体现礼仪课程思政化的魅力。如在语言礼仪中，要求学生运用语言的艺术，婉转地表达主题思想，用对方可接受的态度和语气来表达观点，如此学生逐渐体会到语言的强大魅力，在日常生活中不断运用，结果让越来越多的同学认可自己，喜欢和自己交往，认为自己是一名道德品质高尚的学生。

三、融入思政元素创新高职院校礼仪课程教学过程

1. 做有情怀的专业课教学

汤姆·彼得斯在《追求卓越》一书中曾说："如果你想要你的下属为你造一艘经得起风浪的海船，不要给他们蓝图、木头、帆和榔头，而是要激起他们对辽阔大海的向往。人们从一个伟大的愿景中，真正感到了工作的意义——不仅是谋生，更是上升成了创造历史。"教师在教学过程中也是一样的。古语云：师者，传道、授业、解惑也。教师在向学生传授知识的同时，要了解学生的需求，挖掘学生的优点，激发学生的动力，进入学生的内心，以帮助学生树立正确的世界观、人生观、价值观，确立正确的人生目标，做一个有理想、有目标、有情怀的人，在学习专业课的同时也能够学到人生哲理，懂得做人做事的道理，心存感恩，胸怀天下，充满正能量。这就要求专业课教师有教学情怀，不断提升自己的

专业素质与专业能力，以学生成长成才为出发点和归属点，以社会、市场需要为基本要求，通过教育和引领让学生成为专业过硬、素质高尚、思想端正的社会人才。以对世间万物的敬畏之心看世界，怀着对学生的同理心做教育。

2. 结合案例完善教学方法

以广州科技贸易职业学院机电工程学院开设的汽车服务礼仪课程教材中"服务礼仪"这一章为例，其主要介绍了称呼礼仪、介绍礼仪、沟通礼仪等。在教学过程中，可以用生活中的小例子作为课程导入。例如，某班学生张磊与同班的陈向关系非常好，由于陈向长得比较胖，张磊比较可爱，相互之间都以"胖子""小可爱"等外号相称。有一天张磊去一家大型公司面试，对方要求他谈谈在学校怎么与人相处，他张口就说他和同学的人际关系很好，例如他的胖子兄弟，就和自己肝胆相照。当时面试官就面露不悦之色，结果可想而知。通过这样的小情境引出要讲解的礼仪的内容：称呼的使用方法、称呼的注意事项及会面中的不恰当称呼，让学生知道称呼的细节影响很大，在日常生活和交往中要注意使用文明用语和尊称，从而养成良好的习惯和品德。等到学生面试或进入职场时，良好的素养会让他们尽快适应工作环境，融入新的环境，同时赢得更多的认可。

3. 运用"互联网+"创新教学手段

互联网的不断发展给课程改革和发展带来了新的机遇和活力，传统课堂的模式被慢慢革新，多媒体教学方式越来越普及和丰富。而目前的大学生大多是"90后"和"00后"，他们是互联网的原住民，善于利用手机搜索和学习。鉴于此，教师也应该创新教学手段。以广州科技贸易职业学院汽车服务礼仪课程为例，教师在授课的过程中不但继续沿用传统的"板书+PPT+实践"的教学方式，使学生对知识有整体的了解和运用，而且充分利用网络资源精心录制了在线网络课程和微课小视频，将课程思政元素进一步渗透其中，使学生在课后也能通过观看视频学习，掌握知识，汲取精神养料。通过线上线下相结合的方式学习汽车服务礼仪课程，使学生切身感受到了礼仪的文化和传承魅力。建立了良好的互动基础后，不仅教师会上传作品和视频，学生也会运用简短的"微视""抖音"小视频的形式，结合课程案例录下自己完成作业、练习过程的小感悟、小片段，这样既能增强师生互动，也让同学之间产生了互动，增强了互帮互助的意识，增进了同学关系，促进了同学友谊。通过多种形式的互动，师生之间的信任度也不断升温，学生愿意认同教师讲的道理，同时教师在与学生互通过程中可以随时随地解决课程中存在的疑难问题。而运用易班网实施思政教学是汽车服务礼仪课程的又一亮点。教师通过该平台增加与学生之间的互动，课前事先布置任务，让学生熟悉要讲的课程内容并给出自己的观点，带着问题进行课上的学习。教师还通过转课堂的形式，充分发挥学生的自主性，让学生更多地参与课堂，做课题的讲师。

在课堂上通过易班课移动端发送案例和各类教学互动，在课后对学生表现给予加减分评定，使学生可以随时关注自己的得分情况从而更加认真地投入。这一系列的方法手段使学生在课程中学会互相合作、互相尊重，并养成良好的生活习惯、审美情趣、表达能力，充分展示自己的人格魅力。教师在寓教于乐的同时，将礼仪中的思政教育融合进来，做到专业知识与思政元素的无缝对接。

四、结语

思政教育是高等学校教书育人、提升学生思想品德的主渠道，而专业课程应该结合自身的特点积极配合课程思政改革，与思政课同向同行，相辅相成。教师应当遵循思想政治工作规律、教书育人规律以及学生成长规律，不断提高工作能力和水平。"课程思政"重在引领，但要触及灵魂，任重而道远。专业课程由于其自身学科内涵的复杂性，有独特的学科属性和知识体系，需要教师在进行"课程思政"的时候有系统的设想方案、完整的教学体系，制定教学目标注重科学合理性的同时还要加入情感渗透，在教学目标的指引下运用适合的、多样化的教学方法充实课堂，采用新颖的、多元化的教学手段丰富课堂，同时还要根据"课程思政"的要求修订教学大纲、选择适用的教材、开展适宜的课外拓展等。在实际授课中，应紧密围绕着"课程思政"的教育教学理念，充分发挥立德树人的作用。

参考文献

1. 邱伟光. 课程思政的价值意蕴与生成路径［J］. 思想理论教育，2017（7）.

2. 高德毅，宗爱东. 课程思政：有效发挥课堂育人主渠道作用的必然选择［J］. 思想理论教育导刊，2017（1）.

3. 邓晖. 从"思政课程"到"课程思政"［N］. 光明日报，2016 - 12 - 12.

4. 樊涛. "互联网＋"企业核心问题刍议［J］. 企业管理，2015（9）.

5. 金正昆. 大学生礼仪［M］. 北京：高等教育出版社，2000.

6. 赵琳，韩剑锋. 浅谈中国大学生礼仪教育的创新［J］. 中国城市经济，2011（3）.

7. 丁萍. 大学生礼仪教育的重要意义及途径［J］. 中国科技信息，2009（19）.

8. 罗红. 重视和加强大学生礼仪教育［J］. 内江师范学院学报，1996（3）.

广州社会工作领域创新创业课程体系建设设想

郑婷婷　　刘惠苑①

摘要：目前社会工作领域人才的流失率非常高，大大影响了社会工作的效率和效果。本文通过对目前社会工作领域人才流失原因进行分析，为培养和输送更多具有创新能力的社会工作领域人才提供解决思路，提出创新式地在本领域人才培养体系中导入创新创业课程，为社会工作领域创业提供更多的知识补充和经验传授，助力社会工作领域人才职业生涯发展。

关键词：社会工作领域　人才流失　创新创业课程建设　设想

一、课程体系建设的背景和意义

人力资源对于任何组织而言，都是一种战略性资源，具有决定组织生死存亡的战略意义。社会工作领域人才培养在近年得到了重视，社会组织人才需求也有自身特色，如表1所示。目前在人才供给面，以广州为例，已经形成了以中山大学、华南师范大学、暨南大学这些高校为龙头，联合市属公办高职院校，以及通过"3＋2"等联合培养模式为抓手整合的中职中技学校多层级组合供给的渠道。各层面也根据需求制订了相应的人才培养方案。

表1　人才培养方案素质能力表

组织类型	人才需求	能力建设核心
社会团体类	资源型人才、协调型人才、专项型人才	沟通管理能力、项目管理能力
民办非企业（以社会服务机构为原型）	资源型人才、协调型人才、手法型人才	目标管理能力、项目监控能力、宣传策划能力
基金会	资源型人才、市场型人才、执行型人才	公益营销能力、公益媒体资源能力、公益文案能力

---

① 作者单位：广州科技贸易职业学院。

广东省高职院校社会工作专业教育快速发展，发展特色可以概括为"实务先行，教育反推"，不仅建立起比赛、境外交流、研讨学习等常态化的发展模式，而且保持与行政部门和行业组织的良好沟通与协作。但在实践中，目前社会工作领域人才的流失率非常高，大大影响了社会工作的效率和效果。公益领域人才的流失状况非常严重，大大影响了社会组织作用的发挥。当前普遍观点是，影响社会工作领域人才留存的主要问题是薪酬待遇较低、社会地位不高、发展空间不大。公益领域人才的留存与发展问题，亟须找到解决之路。

就一线社会工作者主要供给方——高职院校来说，目前国内许多高职院校在社会工作专业人才培养上奉行业界诟病的"通才模式"，一边对欧美、新加坡等先进国家和地区的教育模式拿来即用，一边对本科院校的人才培养模式照搬照套，不切实际地"拔高"人才培养目标，力图将学生培养成为有较高研究水平与较强实践能力的专业人才，其结果往往是培养出来的人才"样样通样样松"，在行业中找不到对口位置，服务社会的能力出现偏差。在教学内容上表现出与社会需求的脱轨。此外，许多高职院校并没有设置社会工作的实践课程，或是多采用模拟实践的形式，并没有真正让学生到社会需求的一线进行实践体验，因而无法对学生形成一种驱动力，无法让他们产生真正的职业认同，故而高职院校的人才培养难以达到既定的培养目标。

二、课程体系建设设想

广州科技贸易职业学院社会工作专业，是在广州市科学技术协会、广州市社会组织管理局大力支持下开办的专业，已有 10 多年的办学历程。在就业上，专业采用以创业带动就业的育人思路，2016 年，专业教师与在校学生共同创办广州市荔枝青年成长促进会，为希望快速提高职场能力的青少年提供各类服务。专业通过创新创业的平台，挖掘社会创新要素，撬动社会综合资源，从而提高学生从业档次，提高专业的综合水平。通过荔枝青年成长促进会这一平台，2018 年 4月和 11 月，专业团队带领的学生公益队伍分别获得广州市民政局第五、第六届社会组织公益创投项目"能荔计划""能荔 MAX"立项，各获得 20 万元、25 万元公益资助金，同时获得企业配捐总计超过 30 万元。专业团队通过该平台，服务超过 10 万人次，得到广东电视台、广州电视台、《新快报》等多家媒体的广泛报道。

专业设计社会工作领域创新创业实务课程体系，运用应用能力测评工具，在培养初期给予学生发展建议。应用跨领域创新理论和工具：设计思维，培养学生的社会服务领域创新能力，开设创业实务专题实践课程，结合各类创新创业竞赛，提升学生的创新创业实践能力。技术路线具体为：

（1）根据实际需求，重新定义岗位设置和岗位能力模型，调整培养方案。

培养目标的重新定义采用一般营利性组织常用的工作分析法。例如，基于"只有可衡量的才可以被管理"和"时间有限"这两条管理原理，在企业管理领域中最可能衡量价值的方式就是"价值/时间（单位时间上一个人所创造的价值）"或是"劳动/时间（单位时间上一个人为创造价值所付出的劳动）"。企业最常用的基本成本效益管理模式 ABC 模式主张的衡量标准，有两个发展层次：

第一层次：基于活动的成本单元（Activities-Based Cost）。

营利性企业的做法是根据这种方式将每一个岗位、每一个员工在价值链中发生的所有动作拆解成一个个不同的小单元、动作，再把在整个企业内得到的不同小单元组合起来，得到整个企业每个动作的单位成本。

第二层次：基于能力的成本单元（Abilities-Based Cost）。

员工能力越强，能创造的价值就越高，对于企业而言，单位成本就会越低，所以企业愿意支持员工进行学习、培训，为其付费。

但有别于一般企业的分工和组织模式，非政府组织（NGO）的组织设计偏重于满足流程管理和项目管理需要，岗位的设置也有行业特色。这造成公益人创造的价值可能不用金钱衡量，或者其社会效应的体现是长期持续性的。目前公益类组织人才流失的主要问题，也体现在工作价值和薪酬给付之间无法实现平衡。

参考工作分析方法，进行合并同类项动作，区别常规性工作（事务性工作）和项目性工作。通过科学手段，实现团队的最优配置。常规性工作可以按照 ABC 模式进行工作效率成本单元给付方式，多劳多得，就像唐僧师徒西天取经，各司其职。

（2）课程设计技术路线：采用"深度产教融合"模式。

结合实际工作中项目式和模块式工作特点，划分课程模块。用真实项目导入，结合案例教学法、任务导入法等实践型技术路线。同时，校内教师和行业专家双师"制教学，将产学研合作贯穿教学过程。实现学生创新创业、教师科研、机构项目成功三赢的局面。

三、课程设计体系框架

课程模块包括以下部分：导论——公益领域创新创业认知，设计思维与社会组织理念创新，能力模型与社会组织模式创新，公益创业技术与产品设计，公益创业路径设计，公益创业团队设计，社会组织公益创投项目申报实务，公益领域资源认知，公益创业路演，社会工作领域职业生涯发展规划。

四、课程应用范围

课程可以在"三元融合"体系中进行应用。中职阶段进行前导课程讲授，高职阶段进行实践能力锻造，本科阶段进行创新创业转化。这是一门必要且实用的课程，可以在广东省甚至全国进行推广。

五、展望

通过创新能力培养，让社会工作领域的岗位工作更具灵活性和趣味性，符合年轻人的学习模式和工作模式，以创新吸引人才。

通过拓展社会工作领域创业能力，为社会工作领域培养和输送更多具有创新能力的人才，同时为社会工作领域创业提供更多的知识补充和经验传授，拓宽社会工作领域人力资源发展路径，让从业者多一条可选择的发展路径。

技能训练课型探索

王永红[①]

摘要：本文通过对近几年教学工作进行反思，提出技能训练课型，总结出技能训练课型结构。笔者在技能竞赛训练课程及实践性强专业课程教学中应用技能训练课型，取得了很好的教学效果，提高了技能训练的有效性，促进了学生综合职业能力的发展。

关键词：技能训练课型 行动导向 有效性

培养高素质劳动者和技术技能型人才是职业教育的目标之一，因此，职业学校必须要完善专业技能课程的教学，提升技能训练水平，促进职业教育的内涵发展。课型研究可以提高课堂教学效益及技能训练有效性，笔者认真学习了课型教育理论，对近几年"机电一体化设备组装与调试"等学生竞赛的指导工作进行反思总结，提出技能训练课型。

一、技能训练课型概念

课型，一是指课的类型，它是按照某种分类基准（或方法），在对各种课进行分类的基础上产生的；二是指课的模型，它是对各种类型的课在教学观、教学策略、教材、教法等方面的公共特征进行抽象、概括后形成的模型、模式。技能训练课型强调学生是学习的主体，以工作任务书为中心，应用行动导向型教学法，采用小组合作学习组织方式，引入"6S"现场管理理念，提高技能训练的有效性。

技能训练课型以真实职业情境中的行动能力为目标，以基于职业情境的学习情境中的行动过程为途径，以独立计划、独立实施与独立评估即自我调节的行动为方法，以师生及学生之间互动的合作行动为方式，以强调学习中学生自我建构的行动过程为学习过程，以专业能力、方法能力、社会能力、个人能力整合后形成的行动能力为评价标准。

技能训练课型重视小组合作的组织方式，它能发挥学生主体作用、引导学生主动学习及促进学生全面发展。采用小组合作有利于学生学会交流、学会合作、

---

① 作者单位：广州市信息工程职业学校。

学会倾听、学会尊重他人等，也有利于培养学生的探究意识和合作精神。为了发挥小组合作的优势，按照"组内异质、组间同质"原则编排合作小组，促进"组内合作、组间竞争"。

技能训练课型引入"6S"现场管理理念和方法，不仅提高了技能训练有效性，而且培养了学生"人人积极参与，事事遵守标准"的职业素养。"6S"管理是"5S"的升级，"6S"即整理（seiri）、整顿（seiton）、清扫（seiso）、清洁（seiketsu）、素养（shitsuke）、安全（security），兴起于日本企业。

二、技能训练课型结构

技能训练课型以工作任务书为中心，采用"完整的行动模式"组织教学，学生通过小组合作方式完成工作任务，不仅能够获得工作过程知识，而且能构建自己的知识体系，提高技能训练有效性。技能训练课型结构包括学习准备、任务实施、评价反馈及拓展延伸四部分，如图1所示。

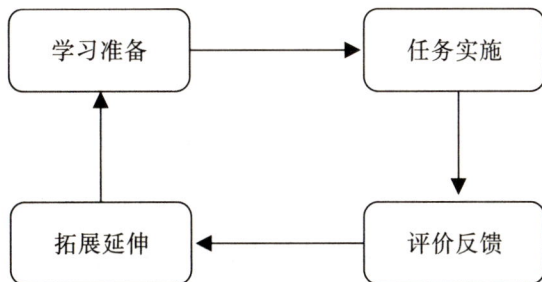

图1　技能训练课型结构

1. 学习准备

学生阅读工作任务书，理解任务要求，查阅技术资料，制定工作流程，根据工作流程进行小组成员分工；整理及检测设备，整理工具，营造整洁有序的工作环境。教师对学生不理解的问题适当给予指导。

2. 任务实施

学生按照工作流程实施计划，做好必要检查控制，填写工作过程记录；当出现问题时，小组讨论，协商解决，必要时请求教师指导。任务实施过程中，严格遵守"6S"管理，提高效率，保证质量。

在任务实施过程中，笔者虽然强调采用行动导向教学方法，但是并不排斥使用传统的教学方法，特别在操作技能训练过程中，采用四阶段教学方法，教学效果显著。四阶段教学方法，顾名思义，即将教学过程分为准备、示范、模仿和练

3. 学习状况发生变化

在课程教学中应用技能训练课型，减少了以往学生上课聊天、睡觉、玩手机等不良现象，调动了学生学习的积极性，活跃了课堂氛围，优化了师生关系。

技能训练课型源自教学实践的经验总结，已经在技能竞赛训练课程及实践性强专业课程教学中应用，取得了很好的教学效果，提高了课堂教学效益以及技能训练有效性，促进了学生综合职业能力的发展以及职业教育的内涵发展。

参考文献

1. 皮连生. 学与教的心理学［M］. 上海：华东师范大学出版社，2009.

2. 杨少光. 机电一体化设备的组装与调试［M］. 南宁：广西教育出版社，2009.

3. 徐国庆. 职业教育课程论［M］. 上海：华东师范大学出版社，2014.

信息化技术条件下汽车音响课程基于
项目式教学的设计与实践

汤 殷①

摘要：本文根据汽车音响课程教学要求进行项目式教学设计与实践，并讨论在设计及实施过程中如何引入信息化手段，探索符合中职学生认知规律的汽车音响项目式教学内容及组织形式，以使学生提升完成项目的效率，巩固理论与实际知识结合程度，为未来职业发展奠定基础。

关键词：项目式教学　信息化技术　项目设计　媒体资料　信息搜索

一、教学情况分析

在传统的教学里，中职学生在课堂中学习课本知识，通过实训巩固知识。在此类方式的实施过程中，学生兴趣不大，教学效果不明显。为提高学习效率，采用项目式教学将是很好的一个形式。

项目式教学是学生在教师的指导下，相对独立地完成一个项目的方法。项目式教学最显著的特点是"以项目为主线、教师为引导、学生为主体"②。教师设计项目，学生在项目要求和教师引导下，通过收集分析项目需求、查找信息制订计划、实施流程、检查及教师指导、总结几个步骤，在项目完成过程中掌握相应的知识和技能，达到教学目标。

本文通过引入信息化手段对汽车音响项目式教学的设计与实施进行探讨，论述在信息化技术条件下的汽车音响项目式教学的实现过程。

二、整合教材构建项目

项目式教学以项目需求为主线。项目需求的设计，是立足于教学目标和技能知识的需求的。因此，项目需求与教材的整合是项目设计的第一步，也是重要的一环。

根据中央广播电视大学出版社的《汽车音响》教材，传统汽车音响知识目

---

① 作者单位：广州市增城区职业技术学校。
② 郑金洲. 教学方法应用指导［M］. 上海：华东师范大学出版社，2006：64 – 66.

录包括六个章节的内容：①声学与调音，②音响设备性能，③设备匹配连接，④设备安装，⑤设备调试，⑥音响改装。① 表 1 为所构建项目涉及的知识与技能，可帮助学生查找相关信息以及帮助教师指导学生完成计划。

表 1   项目涉及的知识与技能

项目号	项目名称	技能目标	相关知识点
项目一	音响调音	掌握汽车音响设备调试的技巧，掌握人体声学感受、音质的评判标准	声学与调音，相关音响设备性能
项目二	经济型轿车音响的安装与调试	掌握音响（主机＋4 个扬声器）的安装、连接、故障排除、调音技巧	相关音响设备性能，相关设备匹配、安装、调试，声学与调音
项目三	中档轿车音响的改装方案实施	掌握主机、功放机、扬声器构成的音响系统的安装、连接、故障排除、调音技巧	音响改装，相关音响设备性能，相关设备匹配、安装、连接、调试
项目四	高档轿车音响的改装方案实施	掌握汽车内饰拆装隔音施工技巧，掌握主机、多类调音设备、多功放机、扬声器构成的音响系统的设计、安装、连接、故障排除、调音技巧	音响改装，相关音响设备性能，汽车内饰拆装及隔音，相关设备匹配、安装、连接、调试

通过设计项目，学生对相关的知识和技能有了直接的感受。项目一要求学生掌握汽车音响的调音。项目二要求掌握功率 200 瓦以下功率简单汽车音响系统的性能和安装调试技巧。项目三要求掌握 2 000 瓦以下功率中档汽车音响系统的改装及安装实施技能。项目四要求掌握大功率、多类前级调音设备及功放机与扬声器构成的复杂音响设备的改装及安装实施技能。完成全部项目后，学生可以全面接触书本涉及的知识，达到汽车音响课程培养具有汽车音响维修、改装能力学生的教学目标。

---

①   林世生．汽车音响［M］．北京：中央广播电视大学出版社，2007：1.

三、融入信息化技术，实施项目教学

学生在项目要求和教师引导下，完成收集分析项目需求、查找信息制订计划、实施流程、检查及教师指导、总结几个步骤。在项目实施过程中，利用信息化技术对每个步骤进行优化实施，可以提高学生的兴趣及实施效率，同时减少教师指导过程中的压力。

（一）收集分析项目需求

需求分析要求学生了解将完成什么工作、解决什么问题，并以此去查找资料制订计划。在此过程中，教师需要进行介绍和引导，说明正确实施的结果、可能涉及的内容、一些重要的操作步骤、中间可能出现的问题等。

项目需求指引可以采取直播或录播的形式进行，以减轻教师对多分组指引的压力。直播可通过手机上的微信、QQ 或直播平台 App 等进行，各分组学生利用手机观察教师的引导或操作细节，了解项目需求。录播可利用手机摄像头、手机视频录制 App 和配音软件，把直播过程的内容录下来，以视频的形式发布到学生微信群中，各组学生利用手机通过教师录制视频的引导初步了解项目并分析需求。

（二）查找信息制订计划

在项目实施的过程中，查找信息制订计划是学生自主完成项目和学习的重要一环。学生须获取相关信息资料，并根据信息资料分析问题、制订计划。基于项目需求分析查找信息资料在此过程中尤为重要。为提高学生查找相关信息资料的效率，可引入多媒体资料以及搜索形式，体现信息化的重要作用。

1. 相关知识和技能多媒体资料的制作

学生制订的项目计划，要根据相关知识和技能来完成，因此学生必然与其有所接触。在相关知识和技能的展现中，利用声、画、图的形式，往往比纯文字或单一形式展现更能提高学生兴趣。因此应尽量把相关知识及技能以声、画、图并茂的形式展现出来。

（1）视频的制作。

视频分为演示实录视频及动画视频。要制作演示实录视频，除了传统的摄像机摄影后用电脑音视频后期制作软件如绘声绘影、Pr 制作外，当前有很多手机视频制作 App 如 GoPro 视频编辑器、FilmoraGo、iPhone 视频编辑等都可以摄录视频并进行剪切、加字幕等。这类软件制作的视频接近学生日常使用需求，编辑时间长度适宜，适合制作演示实录视频。

动画视频可利用电脑软件如 Flash 等进行制作，但耗费的时间较长。因此，为方便日常准备，可用图片滚动的形式代替连续动画，即手工画图拍照，将图片编辑成 PPT 或者利用手机 App 把图片制作成视频播放。这种以图片逐帧播放的连环画视频，虽然没有专业软件制作的动画精美，但实现过程简单，能节省准备时间。

（2）视频的配音。

用上述方法制作出带文字的视频后，对视频进行配音即能制作出音视频多媒体文件。利用手机 App 如配音秀、配音阁等，可以对手机中制作好的视频进行配音，并导出最终音视频文件。通过此方法，在项目式教学中，可以制作出一个个独立的、时间简短的多媒体资料文件，方便学生查找和学习。

2. 相关信息搜索目录的制作设计

对于相关信息的搜索，传统的方式采取教师引导、学生查找的方法，但教师不能引导多组学生，因此可以设计出一个方法代替教师指导学生搜索有用信息，提高实训效率。把相关的视频资料加入 PPT 中，利用 PPT 超链接的方式制定目录，方便学生查询，代替教师对学生进行引导。目录可根据项目中学生遇到的问题或是项目需求中相关的知识内容进行编排，以便学生在遇到问题时快速查找到相关信息。

（三）实施流程

上述措施能提高每个学生小组了解项目需求及制订计划的效率。但在实施过程中，发现问题，解决问题，才是知识和技能结合实际，修正方案巩固知识和技能的关键。利用信息化手段在实施过程中让学生更好地共享发现的问题与解决问题的方法，将提高学生掌握知识与技能的效率。

1. 实施的过程引入录像技术

利用手机录像功能，可以记录项目实施过程。在项目式教学中，多采取分组的形式进行项目实训。由于各小组成员制订的方案考虑不尽相同，因此每个小组在实施阶段出现的问题和采取的办法也不同。在实施过程中，各小组安排一名小组成员把实施过程记录下来，有助于研究解决方法，完善方案和分享解决方法。

2. 实施过程问题的分析共享

项目式教学提倡在项目实现过程中体验与学习，强调过程而非结果。利用视频录像，各小组可回放和共享展示本小组出现的问题，如功能障碍（停机、啸叫、保险丝烧毁）等，通过回放分析完善方案，了解操作步骤。教师也可以把各组的问题视频引入资料中，让各组学生在制订方案阶段进行参考和学习，从而强化学生的体验，提高项目实施效果。

（四）检查及教师指导

可利用上述方法，制作信息媒体资料，以 PPT 文件的形式导入，再以超链接形式设计目录，制作出一个媒体资料导航查找资料库。在项目实施中以微信群的形式共享发布或以 U 盘加载的形式接入学生手机中。当前手机已经兼容多种 PC 端软件，利用手机共享打开 PPT 文件搜索加载，可以减少教师引导学生和学生查找资料的时间，提高课堂效率。

但在项目实施过程中，并不是利用此方法就可以全部放手让学生自行完成项目。由于目录基于预设学生会遇到的问题而设计，因此可能会存在一些预计以外的情况。这时仍需要教师进行干预引导，并根据此情况修改目录的设计，以保证利用信息化技术设置的导航搜索能更好地解决学生的问题。

（五）总结

在总结阶段，各小组成员须完成以下方面的阐述：①简述项目需求的分析；②查找的相关信息；③制订的方案及相关的依据，方案能避免的问题以及特点；④方案的实施和过程中出现的问题及原因；⑤修改后的方案及介绍。

在这个过程中，各小组可以通过视频实录、手机投屏幕配图或字幕现场讲解的形式，多方面展示自己的项目成果。最后由小组成员通过手机 App 制作投票程序，由其他小组和教师进行投票和意见留言点评，由教师把投票和点评数据结果投放到多媒体平台中进行评价，完成总结。

四、实践成果及反思

进行上述信息化方法的引入及流程的实施后，笔者在实施项目式教学的2015级电子 1、2015 级电子 2 以及用传统模式授课的 2015 级汽修 4 这三个班级中，通过听课记录、期末成绩进行比较，如表 2 所示：

表 2　实践成果总结

班级	人数	期末平均分	合格率（%）	期末卷改装设计题雷同情况	听课记录情况
2015 级电子 1	45	86	100	方案设备和参数不相同	课程互动积极
2015 级电子 2	44	84	100	个别方案相似，但设备类型不同	课程互动积极
2015 级汽修 4	51	73	92	全部与课本例题方案相同	课程互动积极性稍差

与用传统模式授课的班级比较，实施项目式教学的班级学习主动性较好。对

于发散性、创造性的问题，实施项目式教学的学生解决的方法更多样。可见，项目式教学让学生更有效率地学习相关知识和技能，并通过项目实施过程掌握更多解决问题的方法，效果明显。

但在项目式教学实施中，视频资料的质量、师生及时互动的技术等也时有问题出现，因此还需要采用更好的信息化手段进行优化，以更好地提高课堂有效性。

后 记

    本书是广州科技贸易职业学院联合中职学校、合作企业申报并获得广州市教育科学规划重大课题"'三元融合'中高职衔接贯通培养机制研究"立项研究的成果，是对中职学校、高职院校与行业企业如何在中高职衔接中深化产教融合、开展协同培养的实践探索研究。

    研究成果包括教学实践、理论研究与总结方面的论文、研究报告等，朱志坚、范琳负责拟定本书整体提纲。朱志坚、谢继延、范琳、曾兰燕对全书进行了统稿修改。在本书编写过程中，王爱晶、邬厚民、徐承亮、陈金兰、王颖颖等同志做了大量的资料收集与整理工作。本书也吸收了来自教学一线参加中高职衔接工作的教师和管理人员的研究成果。在此，我们向所有为本书撰稿、编写、审核付出艰辛努力的领导、老师和同志们表示敬意和感谢。由于我们水平有限，书中难免有疏漏和不足之处，敬请各位专家、学者批评指正。

本书编写组

2019 年 11 月 18 日